戦争の文化

下

CULTURES OF WAR

Pearl Harbor / Hiroshima / 9-11 / Iraq

John W. Dower

戦争の文化

パールハーバー・ヒロシマ・9.11・イラク

下

ジョン・W.ダワー

監訳　三浦陽一

訳　田代泰子
藤本 博
三浦俊章

岩 波 書 店

CULTURES OF WAR
Pearl Harbor, Hiroshima, 9–11, Iraq

by John W. Dower

First published 2010 by W. W. Norton & Company, Inc., New York.

This Japanese edition published 2021
by Iwanami Shoten, Publishers, Tokyo
by arrangement with John Dower c/o Georges Borchardt, Inc., New York
through Tuttle-Mori Agency, Inc., Tokyo.

凡例

一　本書は、John W. Dower, *Cultures of War: Pearl Harbor, Hiroshima, 9–11, Iraq*, W. W. Norton & Company/The New Press, 2010 の全訳である。

一　本文中の（　）の部分は原著者による補足であり、〔　〕の部分は訳者による補足である。

一　本文中の日本語引用史料中の旧字は、新字にあらためた（旧仮名遣いはそのままとした）。

一　読者に原文のニュアンスを知ってもらうために、訳文に原語を書き添えた箇所がある。

一　翻訳の分担は、以下の通りである。

〈上　巻〉

日本語版への序文・プロローグ・謝辞　三浦陽一

第一章・第二章　三浦俊章

第三章・第四章　田代泰子・三浦陽一

第五章　田代泰子・三浦俊章

第六章―第八章　田代泰子・藤本博

第九章　藤本博

〈下　巻〉

第一〇章―第一二章　藤本博

第一三章―第一五章・エピローグ　三浦俊章

翻訳作業終了後、監訳者が全般にわたって訳文を整える作業を行った。

目次

凡例

第II部 テロ（承前）

第一〇章 原爆投下の論理 1

第一一章 原爆投下の心理――魅惑、美、理想 39

第一二章 取り戻せない悪 85

第III部 国家建設 117

第一三章 日本占領とイラク占領 119

第一四章 法、正義、犯罪 177

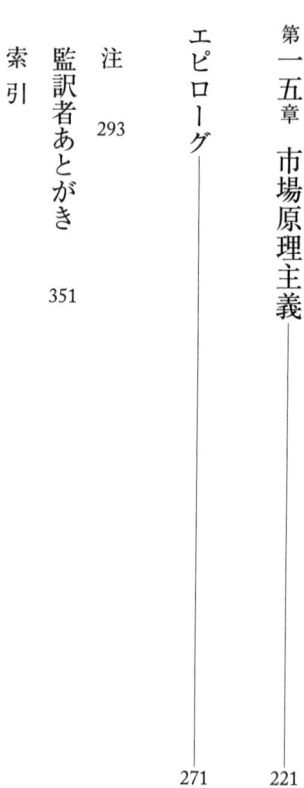

第一五章　市場原理主義　221
エピローグ　271
注　293
監訳者あとがき　351
索引

上巻　目次

日本語版への序文
凡例
プロローグ――ある探求の歩み
謝辞

第Ⅰ部　開戦
第一章　屈辱
第二章　情報活動の失敗
第三章　想像力の欠如
第四章　無垢、邪悪、忘却
第五章　戦略的愚行
第六章　天の恵み

第Ⅱ部　テロ
第七章　「ヒロシマ」という暗号
第八章　テロ爆撃
第九章　原爆をめぐる葛藤

注

下巻・図版出典一覧

71–73 Courtesy Los Alamos National Lab
74 Ed Westcot / courtesy Los Alamos National Lab
75 Department of Energy / courtesy Los Alamos National Lab
76 U.S. Army Corps of Engineers / courtesy Los Alamos National Lab
77 Courtesy Los Alamos National Lab
78 National Archives
79 Keystone / Hulton Archive / Getty Images
80 Alfred Eisenstaedt / Time & Life Pictures/Getty Images
81 Yosuke Yamahata © Shogo Yamahata/ courtesy IDG Films
82 Naval Historical Foundation
83 National Archives
84 Harry S. Truman Library and Museum
85 Courtesy of the U.S. Army
86 Naval Historical Foundation
87 John Florea / Time & Life Pictures / Getty Images
88 Tom Shafer/Bettmann/Corbis
89 John Florea / Time & Life Pictures / Getty Images
90, 91 Alfred Eisenstaedt / Time & Life Pictures/Getty Images
92 Courtesy of the U.S. Army Center of Military History
93 Courtesy of the U.S. Army Center of Military History
94 Associated Press Photo
95 Juan E. Diaz/U.S. Navy
96 Paul Morse/courtesy George W. Bush Presidential Library
97 Joe Radle/Getty Images
98 Abbas/Magnum Photos
99 Mario Tama/Getty Images
100 Joe Raedle/Getty Images
101 Marco Di Lauro/Getty Images
102 Ceerwan Aziz/Reuters/Corbis
103 Bettmann/Corbis
104 David Furst/AFP/Getty Images
105 National Archives
106 Ramzi Haidar/AFP/Getty Images
107 Gerry Penny/EPA/Corbis
108 John Swope/Naval Historical Foundation
109 Bettmann/Corbis
110, 111 Naval Historical Foundation
112 Marcel Mettelsiefen/EPA/Corbis
113 Scott Barbour/Getty Images
114 Paula Bronstein/Getty Images
115 Johancharles van Boers / U.S. Army / DefenseImagery.mil
116 Ghaith Abdul-Ahab/Getty Images
117 Davis Pridgen / U.S. Army / Defense Imagery.mil
118 Hadi Mizban/Associated Press Photo
119 Damir Sagolj/Reuters/Corbis
120 Ahmed Alhussainey / Associated Press Photo
121 Thomas Hoepker/Magnum Photos
122 Joe Raedle/Getty Images

第一〇章

原爆投下の論理

容赦なき暴力

「時間が教えてくれる」とか「歴史が判断する」などと言うことがあるが、もちろんこれは言葉の綾にすぎない。時間は教えないし、歴史は判断しない。時間の経過とともにわれわれが対象から距離を置けるようになり、その後の経過も知り、当事者の回想や史料によって増えた知見も使って、過去を見直せるようになるのである。そのとき、先入観が判断を歪めることもあるし、見解の対立も当然起こる。いずれにしても、時間の経過とともに過去についての知識は豊かになるし、理解の仕方も変化する。

広島と長崎への原爆投下を戦争の単なる一コマとして見るなら、原爆は恐るべき戦争の終わりを意味するだけであるが、戦争が悲劇とともにあったと見るなら、戦争の恐ろしさも、徹底抗戦を貫く日本の狂気も、アメリカが戦争を早期に終結させ犠牲者を減らそうとした側面も視野に入ってくる。また、広島と長崎を頂点とするあの戦争は空爆による大量殺戮の時代の始まりであったとも考えられる。その後、アメリカが爆撃作戦を行った朝鮮とインドシナでは、第二次世界大戦の空爆よりも多数の民間人が殺された。冷戦のピーク時には米ソが数万発の核弾頭を保有し、きのこ雲がふたたび立ちのぼるのを待つばかりとなった(88)。

われわれは、現代の暴力の歴史を象徴的な地名に託して表すことが多い。そのリストを作るなら、ベルダン〔フランス北東部の都市。第一次世界大戦の激戦地〕、ソンム〔フランス北部の県。第一次世界大戦の激戦地」、南京、パールハーバー、スターリングラード、アウシュヴィッツ、ドレスデン、スターリン時代の「シベリア」、ベトナムのソンミ（ミライ）、「九・一一」のニューヨークなどが入る。広島と長崎も入るだろう。現代では、どの国の戦争計画者も「総力戦」を前提にしているが、その総力戦のなかで、原爆の開発と使用は独自の論理をもって進行した。そして一九四五年の二つの「爆心地（グラウンド・ゼロ）」は、核兵器を使わずに死と破壊をもたらす、さらなる方法の追求へとわれわれを向かわせた。

なぜ、われわれはこのように野獣的な暴力に頼り続けるのか。その理由を簡単に説明することはできない。だが、最初の核兵器が日本に使用されたときの力学を理解すれば、人を容赦なき暴力へと駆り立てる政治的、制度的、心理的な要因の相互作用を知る入り口にはなる。原爆使用の論拠――その当時だけの事情もあるが、本質的には日米戦争だけのものではない――は、次のように理解することができる。（一）戦争を終結させアメリカ人の生命を救うこと。これは今でもよく挙げられる理由である。（二）敵を武力と権力で圧倒したいという強い衝動。これは第二次世界大戦では、英米が日本に対する無条件降伏要求をけっして緩和しなかったことにも現れている。（三）冷戦初期の力対力のグローバルな政治状況。ソ連を威嚇する「切り札」（スティムソン陸軍長官）としての原子爆弾。（四）国内政治への配慮。ルーズベルトが戦中に急死し、あとをついだトルーマン大統領と民主党が、無駄なプロジェクトに税金を費したのではないかという共和党側からの批判をかわし、戦後の軍事計画への支持を確保するためにも、原爆投下は必要と考えられた。（五）科学がもつ「甘美さ sweetness」と、それを実際に活用してみたいという抗（あらが）いがたい力。（六）巨大な戦争マシンに組み込まれた科学者・技術者が取りやすい行動傾向。（五）と（六）が結びついて、新兵器の開発と使用に向けた強い衝動が生み出された。(七)無制限の暴力がもたらす興奮と陶酔。これは昔からみられるものであるが、大規模破壊が可能になった現代では、とりわけ魅力的に感じられる。(八)復讐心。真珠湾攻撃や日本軍の残虐行為への仕返しとして、日本の住民全体が復讐の対象とされた。(九)「理想のための殲滅（せんめつ）」。これは、原子爆弾の破壊力を本物の人間を標的にして実証することが、将来のあらゆる戦争の防止にとって不可欠だという考え方である。

その他の要因もあった。戦場から遠く離れたオフィスで爆撃を計画し、兵士は標的の上空を飛ぶだけで任務が遂行できたこと、また、愛国心や前線の兵士同士の強い連帯感もあったし、もっとも深いところで働いた心理的衝動として、男性性（マスキュリニティ）を誇示したいといった欲求もあったかもしれない。こうしてわれわれは、人間性が危険性と崇高さをあわせもつという問題につきあたる。

原子爆弾の開発・使用の過程には、独自の生理的脈動のようなものがあった。それは妄想に近いもので、人間がこの世の破壊者かつ創造者たる神になったかのような気分になれる、濃密で忘れがたい瞬間の感覚である。人は思いがけず恐るべき力を手に入れたとき、怒りと哀れみが一体となって湧いてくる。アメリカが死神になる。それは同時に、人間の罪をあがない、生命あふれる新しい世界秩序への案内人になることでもある。アメリカの未曽有の力と高潔な理念が支配する世界がやってくる――。それはほとんど目眩（めまい）がするほどの絶頂感であった。

しかし、こうした高揚感は一時的であった。勝利の裏側では、深い不安が残った。原子爆弾の開発・使用は平和を生むというより、数年前には予想しえなかった不確実性を世界にもたらすのではないか。このような不安は、その後SF小説やハリウッドのパニック映画などで表現され、やがて時間とともに薄まっていった。そして二〇〇一年九月一一日、世界貿易センターのツイン・タワーが倒壊すると、アメリカ人が忘れようとしていた恐怖感が、集団的トラウマとして噴出したのである[89]。

トルーマンは、いわゆる「ポツダム日記」(一九四五年七月二五日)に、「原子爆弾は、……これまでに手に入った中で最も恐るべきものと思われるが、最も有用なものにすることもできる」と、原爆がもつ両面性をすでに書き記していた。これは表現の順序を逆にして、「最も有用なものではあるが、最も恐るべきものだ」と書くこともできたであろう。実際、この言い方のほうが順序として正しいと語ったアメリカ政府や軍の指導者は、二、三にとどまらなかった。ルーズベルトとトルーマンの下で大統領付参謀長を務めたウィリアム・リーヒ提督は、一九五〇年に刊行した回顧録で、次のように書いている。「将来の核戦争の被害は、考えるだに恐ろしい。原爆を最初に使用したことによって、われわれは中世暗黒時代の野蛮人の倫理基準を選んだことになる。私は、あのようなやり方で戦争をせよと教えられたことはないし、女性や子どもを殺すことで戦争に勝つなどというのは、あってはならないことだ」。マンハッタン計画に参加した物理学者I・I・ラビは、ニューメキシコでのトリニティ実験について、聖書的な言葉でこう述べた。「突如として、最後の審判が明日やってくるかもしれなくなった。そして、今日までその状態が続いている[90]」。

以上のような要因は、それぞれ重みが違い、重複している場合もあった。だがこれらは全体として、次のことを語ってくれる。心理的緊張や心理的固着が、敵意と戦争の大釜の中でどのように増大し、理性と感情と空想はどのように溶け合わされるか。血の恨みがどのようにして血への渇望となるか。

そして激情のほとばしりが、いかにしてほしいままのテロ行為terror、すなわちリーヒ提督が野蛮への後退と考えたもの、マンハッタン計画の責任者オッペンハイマーが「罪の実感 intimate knowledge of sin」と呼んだものへと変貌するのだろうか。[91]

拒絶された選択肢

広島に原爆を投下したB29のティベッツ機長や搭乗員たちも、オッペンハイマーなどマンハッタン計画に参画した科学者も、日本侵攻による死傷者数を予測したハーバート・フーバー元大統領のような政府の外の人たちも、アメリカ軍の日本侵攻計画が相当長期的な見通しのもとに立案されていたことを知らなかった。一九四五年の八月、九月、そして一〇月にも、日本本土侵攻の予定はなかった。このことが戦後になって明るみに出ると、米兵の生命を救うという原爆投下の論拠に新たな疑問がもちあがった。アメリカ軍部の計画では、九州南端に最初の上陸作戦（暗号名「オリンピック」）を行うのは一一月一日頃以降、続いて東京と横浜をふくむ関東に大規模な上陸作戦（暗号名「コロネット」）を展開するのは、一九四六年三月一日頃からとなっていた（日本侵攻作戦全体の暗号名は「ダウンフォール（終局）」であった）。日本本土侵攻は計り知れない数の米兵を危険にさらすといわれたが、それが実行されるまでには、たとえば原爆を使用すると日本政府に警告して降伏を促す時間がかなりあったのである。なのになぜ、急いで原子爆弾を使用したのか。一九四五年の六月半ばには、日本侵攻作戦の死傷者予測はかなり下方修正されていたし、マッカーサーは「日本侵攻の前の数カ月間、米地上部隊の損失はないであろう」と述べていた。[92]

原爆使用を急いだのはなぜかという疑問に対する答えの一部は、単純な事実にある。戦争がここに至るまでに、圧倒的な力に頼れば万事うまくいくし、そうするのが当然だとみなされるようになっていたからである。焼夷弾爆撃の目標都市を選ぶ基準は、軍事上・産業上の重要性ではなく、標的の密集性と可燃性に変わってしまっていた。一九四五年五月三一日、アメリカ政府の暫定委員会（本書上巻第九章既出。一九四五年五月初旬設置された非公式の委員会。政府に近い高位の政治家・科学者・産業界の委員から構成）の拡大会合で、人口密集都市に対する奇襲攻撃の形で新兵器を使用しない可能性が、話のついでのように議論されたことがある。参加者の一人の回想によると、原爆を使用しない最大の論拠は、「原爆による死者数は東京への空襲で出た死者数を上回ることはないだろう」から、というものであった。偶然にも、この五月三一日は、『ニューヨーク・タイムズ』が東京空襲で死亡した日本人の数を「一〇〇万」あるいはその倍もありうるという誤報を掲載した日であった[93]。

本当に原爆の使用が必要だったのか。戦後、その再検討を促したもうひとつの事実は、英米両国が長らく要請してきたソ連の対日参戦を、ドイツ降伏後三カ月以内に実行するとソ連が（秘密裡に）約束していたことがわかったことであった。スターリンが対日参戦を英米に確約したのは、一九四五年二月のヤルタ会談のときである。一九四五年五月七日、ドイツは無条件降伏文書に調印し、連合国は五月八日を「ヨーロッパ戦勝記念日」に指定した。したがってソ連の対日参戦は八月初旬と見込まれた。そして同年七月のポツダム会談で、約束の三カ月を一週間過ぎた時点で対日参戦の準備が整う旨、スターリンはトルーマンに伝えた。この通告を受けたトルーマンは、七月一七日の日記にこう記した。「スターリンは八月一五日に対日戦に参戦する。そうなれば、ジャップはおしまいだ」。アメリカとイギリスの戦争計画者は、真珠湾攻撃の直後から、ソ連が参戦すれば日本の指導者に深刻な影響を与えるだろう——日本は北東アジアに新たな戦線を開かざるをえなくなり、アジア大陸における日本の帝国的支配の中枢が脅かされ、「赤禍（レッド・ペリル）」という最悪の脅威に直面する——と、繰り返し強調してきた。ならばなぜ、ソ連が参戦する前に、原爆の投下を急いだのか？

　また、広島と長崎への原爆投下の数カ月前から、日本に条件付きの降伏を促す可能性をアメリカが模索していたことが、戦後に明るみにでた。このことも問題を複雑にした。この場合、ルーズベルトとチャーチルが一九四三年一月以降推進し、ドイツ降伏において堅持した「無条件降伏」政策が問題になった。日本側からすれば、無条件降伏は日本国の本質たる「国体」——天皇制と天皇自身——を極度の危険にさらすことを意味した。米英の諜報機関は、日本が狂信的な徹底抗戦に固執する最大の理由が「国体」護持にあることをよく知っていた。

　そこで、日本に条件付き降伏を許すという選択肢があったのではないかということが、戦後議論されるようになったのである。事実、元駐日大使で当時国務次官であったジョセフ・グルーは、一九四五年五月末以降、「皇室」の存続を日本に保証すべきだと、繰り返し提言した。七月中旬、アメリカは日本政府からモスクワの日本大使館宛電報を傍受・解読したが、そこにはこう記されていた。「天皇陛下に於かせられては戦争が速やかに終結せられんことを念願せられ居る次第」であるが、「米英が無条件降伏を固執する限り帝国は祖国の名誉と生存の為、一切を挙げ戦ひ抜く外無（ほか）」い、と。その後、七月二六日に発出されたポツダム宣言は降伏を要求しなければ日本は「即時かつ完全な壊滅」に直面するだろうと述べていた。宣言では、将来の日本政府は「現在の皇室の下での立憲君主制を含むこととする」というグルーの見解を反映した文言が、草案づくりの最終段階で削除されていた。実際、その後アメリカの占領政策のもとで天皇制は存続し、天皇裕仁個人も戦争責任を免責された。ならばなぜ、原爆を投下する前に「国体」の存続を保証し、日本に早期降伏をさせなかったのか。これが戦後の重要な問いとなった(94)。

＊

敗北した日本に占領軍が上陸し、日本が受けた物理的破壊——たとえば、ジョン・スウォープ（アメリカの写真家。敗戦直後の日本を取材。本書上巻第八章参照）に強い印象を与えた廃墟のような都市——と住民の困窮を直接目にしたことも、原爆投下が本当に必要だったのかを考え直すきっかけになった。たとえば一九四六年半ば、アメリカ戦略爆撃調査団は、原子爆弾の投下やソ連の対日参戦、連合国による日本侵攻がなくとも、日本は一九四五年末までには「たしかに」降伏を余儀なくされ、一一月までには「まず間違いなく」降伏しただろうと推測した。

こうした史実に反する想定は証明のしようがない（ゆえに批判した人も多かった）。だが、一九四六年以降も日本の抵抗が続くという、アメリカの諜報機関の予測が果たして正確であったかという疑問は、日本の敗戦当時もあった。オッペンハイマーも、「世界で最も文明的で人道的な国であると思いたい」アメリカとイギリスが、どうして「実質的にはすでに敗北していた敵に原子爆弾を使用した」のかと、戦後には人前で語るようになった(95)。

冷戦が激化し、かつてない破壊力をもつ原子兵器が世界に拡散すると、より多くのアメリカ軍指導者が、原爆投下への疑問を口にするようになった。自分は原爆投下以前に疑問を唱えたと主張する者も現れた。この人たちの名前は、少々意外である。日本への焼夷弾攻撃の立案者ルメイ将軍、「ジャップを殺せ、ジャップを殺せ、もっとジャップを殺せ」と部下を督励したことで知られるウィリアム・ハルゼー海軍大将（一九四四年のニュース映画には「太平洋で野蛮なサルども bestial apes〔日本人〕を溺れさせ焼き殺す喜び」に熱狂している姿が写っている）、ヨーロッパ戦線で焼夷弾攻撃を支持したアイゼンハワー将軍。そしてリーヒ提督は無条件降伏要求は不要で、望ましくないと述べていた。(96)

前記のハルゼーの原爆使用に対する批判は、リーヒ提督が原爆投下を暗黒時代の野蛮な振る舞いに喩(たと)えたのと同じくらい激しかった。一九四九年にハルゼーは議会での証言で、「民間人に対する爆撃――とくに原爆投下――は、道義的に正当化できない」し、これは「一種の絶滅正当化論」だとさえ述べた。これは、話が飛躍することで有名だったハルゼー将軍の、その場の思いつきではなかった。それより三年前、彼は「原爆はジャップをたくさん殺したが、ずっと前からロシアを通じた和平を求めて、ジャップはたくさん人を〔モスクワに〕送っていた」のだから、最初の原爆投下は「不必要な実験」だったと述べている。他の政府高官と同様、ハルゼーは原爆開発計画を知らなかったが、「原爆というおもちゃが手に入ったら使ってみたくなって、投下した」のだと述べて、不必要な実験の責任を科学者がとるべきだと語った。

ただ、ハルゼーが語っていないことがひとつあった。かなりの科学者たちが、自分たちが完成させたものが使われたことに心を痛めたし、原爆投下以前にも、内輪だけではあるが、はっきりと懸念を述べていたという事実である。戦後に声をあげた科学者として最も有名なのがオッペンハイマーであるが、オッペンハイマーは多くの同僚のあとに続いて苦しんだのであり、しかも実際に原爆が起こした被害よりも、自分と仲間の科学者たちが招いた原子兵器の今後の脅威に関心をもつ傾向が強かった。
　マンハッタン計画に関与した科学者たちの憂慮は、何度か文書にもされていた。たとえば、一九四四年一一月の長文報告書「原子核工学の展望」（通称「ジェフリーズ報告」）は、原子力分野におけるアメリカの優位と民間の科学者・民間企業と政府の活発な協力関係の継続を提唱する一方で、もしも国際協力が進展せず、「核戦争の手段を有効に管理しうる警察力をもつ国際管理機関」が創設されなければ、新兵器は「文明の破壊者」となると述べている。[97]
　「ジェフリーズ報告」から七カ月後、七月中旬のトリニティ実験の約一カ月前、シカゴ冶金研究所（マンハッタン計画の一部であった）の七人の科学者の委員会がまとめた内部報告書も、将来の核軍備競争への懸念を述べている。「原子兵器の政治的影響」と題するこの報告書は、委員長のジェームズ・フランク――ドイツからの亡命者で、原子エネルギーの研究により一九二五年、ノーベル賞を受賞――の名をとって、「フランク報告」の名で知られている。これは冶金研究所所属の科学者が長時間議論して作成した心の叫びのような文書であり、部外秘扱いで陸軍省に提出された。その前書きには、こうある。「原子力工学の現状を知るわれわれ全員は、わが国自身に突然破壊がふりかかり、わが国の主要都市ひとつひとつにおいてパールハーバーの何千倍という大災難が繰り返される光景を目の前に想像しながら暮らしている」。ジェフリーズ報告と同様、フランクと彼の同僚たちは、ソ連など他国との「核軍備競争」の発生を憂慮し、「国際紛争における一切の武力行使を不可能にする」ための「国際的権威」の創設をただちに考慮するよう訴えた。そして、たとえ英米両国の工業力が優越しているとしても、自らの科学的発見を「数年以上」秘密にしたり、それで将来の安全を保障し、「突然の攻撃から」防御できると期待したりするのは無謀だと主張していた。

フランク報告によれば、核兵器によるホロコーストという悪夢は、日本に原爆を使用すべきか、投下するとすればどのような方法でか、という問題とあらゆる点で関係していた。すなわち、核軍拡競争を防ぐカギは、英米と他国との間で「相互信頼」を早急に築き上げることにある。「この観点からすれば、わが国で秘密裡に開発が進んでいる核兵器がどのように世界に初めて明らかにされるかが、おそらく決定的な重要性をもつと思われる」。「原子兵器の政治的影響」というフランク報告の表題が示すように、「最初に使用可能となった原子爆弾を対日戦に」使用するかどうかは、単に軍事問題であるだけでなく、深刻な政治問題でもある。もし原爆が事前警告なしで突然投下されれば、核開発計画の存在さえ知らされなかったソ連など他国は、当然不信感をいだくであろう、と考えたのである。

そして彼ら科学者たちは、次のようにも予測した。「(ドイツが開発した)空襲用ロケット弾に劣らず無差別的で、かつそれより何百万倍もの殺傷能力をもつ兵器を秘密裡に準備し、かつ突如として使用した国が、この種の兵器を国際協定によって廃止したいと望んでいると表明しても、世界が納得することはきわめて困難であろう」。報告書は続けて、以下のように述べている。

このような観点からすれば、砂漠または無人島において、国際連合のすべての国の代表者の立会いのもと、新兵器のデモンストレーションを実施するのが最善かもしれない〔傍点は原文イタリック。フランク報告が作成された当時の一九四五年四月以降、連合国五〇カ国はサンフランシスコに集まり国際連合の結成を協議しており、六月二六日、国際連合憲章に署名した。国際連合の正式発足は一九四五年一〇月二四日）。もしアメリカが世界に向かって、「われわれが所有し、しかしまだ使用していない兵器がどのようなものかおわかりになったでしょう。他の国々がわれわれとともにこの新兵器を放棄し、実効性のある国際管理体制の設立に同意するならば、われわれは、この兵器の使用を放棄する用意があるのです」と言うなら、国際合意の達成に最適の環境が作れるであろう。

フランク報告は、このように新兵器のデモンストレーションを行っても日本の指導者が降伏しない場合、国際的支持のもと、日本に降伏の最後通牒にあたるものを出した後、「完全な壊滅を避けるために」一定の地域を無人化するよう事前に警告した上で、原爆を使用することも考えられると述べている(98)。

このフランク報告に署名した著名な科学者たちは、効果的な国際管理の土台を築くことが緊急の課題であって、「なんら人道的な考慮をすることなく」「早期に核爆弾を日本に使用」するのは望ましくないとし、国際管理の推進が「将来、アメリカ人の生命を救う」保証にもなると強調した。

フランク報告は、政府の公式ルートを通じて陸軍省の原爆投下計画の担当者に提出されたが、トリニティ実験までの数週間に、別の方法で憂慮を表明した科学者たちもいた。たとえば、物理学者レオ・シラードが起草したトルーマン大統領宛の嘆願書――これにはマンハッタン計画に参加した科学者六九名が署名した――は、以下のように要請していた。

第一に閣下は、日本に対して要求する条件を細部まで公表し、日本側がその条件を知った上でなおも降伏を拒んだ場合を除いては、合衆国が原子爆弾の使用に訴えないよう、最高司令官としての権限を行使されること。第二に、そのような〔日本が降伏を拒否するような〕事態になった場合、この嘆願書に述べた考慮点に加え、あらゆる道義的責任に鑑みた上で、閣下は原子爆弾を使用すべきか否かを決定されること。

以上の動きとは別に、一九四五年七月一二日、シカゴの科学者一五〇人にアンケート調査が実施された。その結果は、「日本国内で軍事的デモンストレーションを実施し、原爆を本格的に使用する前に新たな降伏の機会を与える」に賛同した者が四六パーセント、「日本の代表も出席させて米国内で実験的デモンストレーションを行い、原爆を本格的に使用する前に新たな降伏の機会を与える」に賛成した者が二六パーセント、「今次の戦争における原爆の軍事的使用に反対」する者が一三パーセント、そして「軍事的観点からみて、わが軍の人的犠牲を最小限に食い止め、日本の速やかな降伏を促す最も効果的な方法で原爆を使用」することに賛同したのは、わずか一五パーセントであった(99)。

＊

以上が、原爆投下をめぐるいくつかの選択肢であった。ほかにも、軍事目的以外で使用してみせたり、軍事目標のみに限定して使用することもできたかもしれない。日本の戦争継続派に衝撃を与えるのにソ連を利用するだけでなく、フランク報告や科学者の多くが核軍拡競争の回避に不可欠だと考えた「相互信頼」を生み出すような仕方で、ソ連に対応することもありえた。日本本土侵攻の開始予定までの数カ月間、すなわちアメリカの地上軍にほとんど犠牲がないとマッカーサーが予想した時期に、以上のような選択肢を探る機会は十分にあったようにも思われる。

戦後、アメリカの将校や政府高官のなかには――アメリカ戦略爆撃調査団と同様に――あのまま空爆と海からの封鎖を継続していれば、日本の指導者はかなり早期に屈服したはずだと論じた者もいた。戦中の機密文書が公表されるにつれ、原爆に関する情報の国際的共有や、民間人を標的としない事前デモンストレーションを支持したのは、理想に走りやすい科学者だけでないことが明らかになった。一例をあげれば、マーシャル陸軍参謀総長は、トリニティ実験よりも前の五月三一日、原爆実験にソ連の科学者を立ち会わせてはどうか、「大きな海軍施設のような純然たる軍事目標に対して」最初の原爆を使用してはどうかと考えたこともあった。マーシャルがそう考えてから一カ月後、トリニティ実験までまだ数週間あった頃、ラルフ・バード海軍次官は極秘扱いの「S1〔原子爆弾のコードネーム〕爆弾の使用に関する覚書」を提出し、「フェア・プレー」を重んじる「偉大な人道主義の国としてのアメリカ」にとって思わしくない方向に事態が進んでいると指摘した。バードは、日本政府は降伏への道を探っていると考え、秘密裡に「中国の沿岸部のどこかで日本代表と接触」し、「ソ連の意向と原爆使用計画を日本に知らせ、あわせて、無条件降伏後の天皇と日本国の処遇に関して、大統領は何らかの保証を与える用意がある」と伝えてはどうかと述べた。著名な歴史家ハーバート・ファイスは、結論的には原爆使用を支持したものの、アメリカがトリニティ実験の事実と写真およびデータを日本の指導者と「全世界」に全面的に開示したならば、事態は違っていたかもしれないと、戦後に述べている[100]。

しかし、最後に支配したのは、あいかわらずの力への依存と秘密主義であった。トルーマン大統領は回顧録でこう述べている。「ここは絶対にはっきりさせておきたい。私はこの爆弾を軍事的兵器とみなしていたし、それを使用することに疑いをもったことはない」。チャーチル首相もほぼ同じで、「原子爆弾を使用するべきか否かについては、まったく議論したことがない」と回顧し、こうも語っている。「日本に降伏を強いるために原子爆弾を使用すべきか否かは、問題になったことさえない。これは歴史の事実として残るが、その是非は後世において判断されるしかない。会議では全員が〔原爆の使用について〕一致しており、誰も論じようとせず、疑問も出なかったし、他の方策をとるべきとの提案の片鱗さえなかった[101]」。

無条件降伏

今日からみれば、チャーチルが正直だったとは言えないことは明らかである。科学者たちが深刻な憂慮をいだいていることを、彼は十分承知していたし、トルーマンも、天皇制の存続を保証すれば、日本は降伏を躊躇しないというグルー等の意見があることはよく知っていた。だが、慎重な行動を求める声が聞き届けられたり、原爆投下に代わる案が採用される可能性はなかった。政府のトップレベルを支配したのは、半世紀後、ブッシュ政権がイラクとの戦争に走った時と同じグループ思考であった。

「デモンストレーション」案は、暫定委員会で早々に退けられた。デモンストレーションでは、原爆がもつ衝撃と畏怖という「華麗な」要素がなくなってしまうし、一種の「偽物」だから、かえって敵を勇気づけてしまうかもしれない。実際の戦場なら、航空機から投下して建物や住民を壊滅させられるが、デモンストレーションでは、こうした現実の条件が整わない。デモンストレーションを無人地帯や非戦闘地域で行っても、日本の狂信的な軍国主義者は衝撃を受けないだろう。日本国内や周辺の投下目標候補地を事前通告すれば、日本は対空防御を固め、連合国の捕虜を投下目標地域に移しかねない。原爆は数発しかないから、無駄に使うことはできない、等々。

オッペンハイマーは核兵器開発の進捗状況を「ソ連、フランス、中国」に通知することには賛成したものの、この暫定委員会の判断を迷わず支持した。原爆実験成功一カ月前の六月一六日、オッペンハイマーが主宰した「科学顧問団」は、同僚の科学者の憂慮を完全に否定した。「われわれは、戦争を終結させる可能性のあるデモンストレーションは不可能と考える。直接の軍事的使用に代わる選択肢は考えられない[102]」。

降伏条件に皇室を廃止しない保証を盛り込むというグルーの案は結局実現しなかったが、当時、この案を支持する人は徐々に増えていた。〔外交史家の〕ガー・アルペロビッツなどが実証しているように、五月二八日、グルーはトルーマンにこの案を伝えており、その頃のポツダム宣言草案「第一二項」はグルーの提案を反映していたが、七月中旬にその文言は削除された。その間、少々驚くような軍民の指導者が、天皇の地位を保障する方向で降伏要求を明確化するのに賛成であると大統領に伝えた。この中には、統合参謀本部(断続的に何度か)、陸軍長官、陸軍次官補、海軍長官、海軍次官、大統領特別法律顧問、大統領付参謀長(リーヒ提督)、グルーに賛同する国務省高官、ハーバート・フーバー元大統領のような私的顧問らがいた。ポツダム会談では、チャーチルやイギリス軍参謀たちも、降伏条件をより明確化して、「日本軍の名誉と民族の存続に関して何らかの保証」を与えることに賛成していた[103]。

戦争が終わった後もグルーは、無条件降伏の文言を変更していれば日本の降伏を早めることができたという持論をスティムソン宛の手紙などで繰り返した。グルーは、連合国が「個人としての天皇を卑しめず、皇位制度も廃止しない」し、日本は「将来の政体を自ら決めることが許される」ことを明確に保証すれば、「穏健派」のエリート層による「和平を求める動き」が大いに、場合によると決定的に、強まると予測していた[104]。グルーがそう考えた背景には(どこまで正確だったかは別として)、すでに日本の支配層内部に、戦争終結を真剣に望む兆候がみえること、裕仁個人および皇室周辺は、日本の権威主義、軍国主義、侵略主義の興隆と戦争指導に深く関与していないこと、天皇制の存続は漠然と保証するだけでよく、日本政府は詳しい説明を求めてこないであろうこと、といった推測があった。

このいわゆる「グルー路線」は、「日本派(ジャパン・クラウド)」として知られる国務省の保守的外交官たちの見方を反映していた。一般の日本人には自治能力がなく、天皇制による社会の安定がなければ、無秩序か共産主義に陥る。そう考えた彼ら「旧世代の日本派(オールド・ジャパン・ハンド)」および彼らを支持したアメリカ政府高官と軍高官は、戦争終了後の軍事占領は比較的短期間になると予測した。日本軍を武装解除し、守旧派の文民「穏健派」を復権させて改革を開始させ、日本人の「再教育」を推進し、日本による将来の侵略を防ぐための国際的規制を確立すればよいと。六月中旬にホワイトハウスで開かれた会合の議事録によれば、リーヒ提督はこういった考え方の核心をこう語った。「無条件降伏を強いられなくても、近い将来、日本が脅威になることはない[105]」。

他方、「日本派」に批判的な人たち——「中国派（チャイナ・クラウド）」とひとくくりに呼ばれることがあった——は、無条件降伏要求を、戦争終結の問題というよりむしろ、平和で自由な戦後日本をつくるのに必要な前提とみなしていた。これこそが、一九四三年にルーズベルトとチャーチルが無条件降伏原則を明確にし、ドイツの降伏を受け入れる際にも堅持した考え方であった。「グルー路線」に反対した人たちは、日本の軍国主義と国内抑圧の要となっているのは天皇制であると主張した。七月上旬、アーチボールド・マクレイシュ国務次官補は、ポツダム宣言草案第一二項の文言に、こう批判を加えた。

> 過去において日本を危険な国にし、(われわれがそれを許容したとして)将来も日本が危険な国になりうる原因の大部分は、日本人の狂信的な天皇崇拝にある。天皇崇拝によって、現在の支配層——軍閥、軍国主義者、実業家、大地主、官僚の連合体——は、日本人を支配する力を得ている。アチソン氏(当時国務次官補、後に国務長官)が国務省幹部委員会で指摘したように、天皇制は時代錯誤の封建時代の制度であり、国内の時代錯誤的で封建的な支配層が操作し利用するのに格好の存在である。天皇制を現状のまま存続させれば、かつてと同様、将来再びそれが利用されるという、重大なリスクを冒すことになる[106]。

「日本派」とは対照的なこの考えからすれば、将来、日本を平和的で民主的な国家に成長させるには、戦闘終了後、勝者はまったく制約を受けず、徹底的な改革を推進する必要があった(このように勝者が敗者を改造する方式は、数十年後に「国家建設(ネーション・ビルディング)」と呼ばれるようになり、そのあとブッシュ政権に影響力をもった世代のイラク侵攻計画では、頭から否定されることになる)。日本の無条件降伏を追求した人たちは、普通の日本人が天皇に黙って従う臣民ではなく、責任ある市民になることを期待した。彼らは、天皇制の権威主義にも、「日本派」が期待を寄せた「穏健派」にも、信を置かなかった。裕仁個人を含めて、戦前の穏健派は民主主義を進展させようとしたわけでもなく、中国や連合国を侵略した軍国主義を阻止したわけでもなかった。こうした見方からすれば、敗戦日本を「非軍事化および民主化」するために必要な政治的権力と法的正当性を合衆国が獲得するためには、無条件降伏は絶対に必要であった。

既存のエリートの役割を重視し、かつ日本の民族的な特殊性に注目した「日本派」からみれば、歴史からみても文化からみても、日本の国民が主権を担えるとは思えず、こうしたリベラルな理想主義は馬鹿げているように見えた。しかし、降伏後の日本の急進的な改革案の作成に決定的な役割を果たしたのは、マクレイシュ、アチソン両国務次官補のように「グルー路線」を批判した人たちであった。(107)

＊

グルーは、真珠湾攻撃まで、日本に一〇年住んだが、そこまでの経験はなくても、天皇を含め日本の指導層が戦争の苦境から脱出しようともがいていることは推測できた。とはいえ、「現在の皇室の下での立憲君主制を含む」というポツダム宣言の第一二項草案にあった曖昧な規定を日本の「最高戦争指導会議」が読んだとしても、降伏へと簡単に傾くと考えるには、かなりの希望的観測が必要であった。

日本側の史料を見ると、とくに六月の沖縄陥落後、天皇制に危機が迫っていると裕仁が深く恐れていたことは明らかである。危機は連合国のみならず、表向き忠実に見える民衆からもやってくるかもしれないし、臣下たる国民は玉砕よりも「下からの革命」に走るかもしれないと、天皇は危惧し始めたのである。アメリカが傍受した七月一二日付（東郷茂徳外務大臣から佐藤尚武駐ソ連大使宛）電報にあるように、いまや戦争の速やかな終結が裕仁の「念願」であったし、それがようやくかなう時期が来たようにもみえた。だが、その念願がどうすればかなうかは、まだ見えなかった。七月、日本政府からソ連に対して行われた和平あっせんの打診の文書は、不明瞭かつ遠回しな言い方で戦争を終わらせたいと述べてはいたが、駐ソ連大使（佐藤尚武）の、めずらしく遠慮のない表現によれば、「事実に遠ざかりたる美句を連ねて」いるにすぎず、真珠湾攻撃に至る無謀な意思決定と同様、戦略的にも相手に与える印象の面でも拙劣な文書であった。[108]

もしもポツダム宣言にグルーが望んだような対日妥協的な文言を残し、それを早い時期に伝えていたら、日本政府はどう反応しただろうか。誰も確かなことは言えないが、その場合、日本政府は次のような要求を出したと想像してもよいだろう。天皇裕仁はすべての戦争犯罪裁判から除外されることを明確に保証されること、裕仁が皇位に留まれると確約されること、「神聖かつ不可侵」である天皇の地位と大権を維持し、日本国民を市民ではなく「臣民」として規定した憲法・国家制度の枠組みは変更されないこと――。当初から英米両国は、枢軸側の無条件降伏と「完全かつ恒久的な」武装解除は一体のものと考えていた（ポツダム宣言もこの原則を再言していた）。そのため、日本の軍部がこの点の明確化と留保を主張することはあり得た。その他、窮地に立たされた日本の指導者が、条件付きかつ契約的な降伏の機会をとらえて、日本占領計画の内容、戦争犯罪裁判の処理方法、朝鮮・台湾あるいは満洲における日本の支配権は存続できるか、といった具体的な問い合わせをしてきた可能性もある[109]。

＊

八月六日と九日に原子爆弾が投下され、その間にソ連が対日参戦したことで、天皇裕仁はポツダム宣言の受諾を支持し、六人（内閣総理大臣・外務大臣・陸軍大臣・海軍大臣・参謀総長・軍令部総長）で構成される最高戦争指導会議の膠着状態は終わった。日本は八月一〇日、「天皇の国家統治の大権に変更を加ふるの要求を包含し居らざることの了解の下に」ポツダム宣言を受諾する旨、アメリカに伝えた。翌八月一一日、アメリカはイギリス、中国、ソ連の承認を得て、トルーマン政権下で新たに国務長官に就任したジェームズ・バーンズの名で返答を行った（これは「バーンズ回答」と呼ばれた）。バーンズ回答は、ポツダム宣言で削除された草稿第一二項に匹敵する内容であったと言われることも多い。だとすれば、原爆を投下する前に、なぜこれを日本に伝えなかったのかという疑問を誘うことにもなる。だが、実際には、バーンズ回答は、狡賢い――もう少し繊細な言い方をすれば、核心をはずして巧みに曖昧にした――文言で書かれていた。そこでは、ポツダム宣言草稿の第一二項にあった「立憲君主制」や「現在の皇室」といった表現はなかったし、天皇個人の身柄も保証していなかった。そして「天皇の国家統治の大権」についての日本の懸念には、何も答えていなかった。

バーンズ回答は、前置きと五つの段落からなり、次の宣言的な言葉で始まっている。「天皇および日本国政府の国家統治の権限は、降伏の時点から連合国軍最高司令官に従属するものとし、同最高司令官は、降伏条項実施のため適当と認める諸措置をとる」。そして回答が期待された天皇の大権については、第四段落に簡略にこう書かれている。「日本国政府の最終的政治形態は、ポツダム宣言にもとづき、自由に表明される日本国国民の意思によって確定されるものとする」。だが、日本国民の「自由に表明される意思」は、天皇中心の憲法下にあっては存在しえないものであった。日本側は八月一四日(ワシントン時間)、こうした点を問題にすることなく、単に「ポツダム宣言の諸条項」ならびに八月一一日のバーンズ回答を受諾すると意思表明した。

日本のバーンズ回答受諾の直後、トルーマン大統領は声明を発表し、日本は「日本の無条件降伏を定めたポツダム宣言の完全な受諾」を行ったと宣言した。じつは八月一三日、日本政府のポツダム宣言受諾の意思表明が届く前日に、すでにトルーマンは連合国占領軍の司令官としての最高権威をマッカーサー将軍に与える諸指令を発出していた。それから数週間後、マッカーサーが敗戦後の日本で実際に司令部を開設したとき、日本側の使者がやってきて、降伏は事実上契約的なものだから、統治や政策決定は日米共同で行うべきだと主張すると、彼らはきっぱりと拒否され、追い返された。マッカーサーの権威は文字通り最高であった。敗北した日本は、いわば白人の天皇を戴くことになったのである(110)。

裕仁個人と天皇制の命運は、降伏後何カ月も未確定な状態に置かれた。この未確定状態は、マッカーサーにとって計り知れない価値があった。それは日本の保守派とのかけひきにおいて、暗黙の（ときに露骨な）切り札になったからである。保守派は、天皇制と裕仁個人を守るために占領初期の改革をすすんで受け入れ、急いで実行した。天皇を戦争犯罪人として起訴せず、退位も必要ないことを占領軍当局者が明確にしたのは、一九四六年初頭になってからのことであり、しかもこのタイミングで、マッカーサーは一九四六年二月、新憲法の草案を押し付けて日本政府を驚愕させた。この草案は日本の支配エリートたちを驚愕させ、戦争中であれば小声で口にしただけで不敬とみなされかねないような内容であった。

新憲法の下では、天皇主権は国民主権にとってかわられ、神聖かつ不可侵であった天皇は、単に「主権の存する日本国民の総意」にもとづく「日本国の象徴であり日本国民統合の象徴」となった（日本国憲法第一条）。マッカーサーの側近は、日本政府がこの草案が示唆する通りに憲法を改正しない場合、天皇裕仁個人あるいは皇室制度の安全は保証できないと言い渡した。目前の現実に対処しなければならないのが政治の世界である。無条件降伏にもとづいてマッカーサーが最高司令権を行使し、裕仁と皇室の命運がいまだに不確定であるという現実によって、占領軍当局はまさにグルーと「日本派」が不可能とみなした徹底的な「民主化」政策を導入できたのである。天皇制自体は存続したが、その内容は、一九四五年八月以前であれば日本人が誰一人として想像できないものであった。(11)

占領が始まり、天皇制国家の権威主義や、天皇の仁徳に従う『臣民の道』（一九四一年に文部省が全国民の指針として学校等に配布した刊行物）の束縛から解放された日本人は、平和と民主主義の理念を自主的に受け入れ、推進していった。冷戦が激化すると、アメリカは当初の急進的な改革を逆もどりさせ、一九四八年までには主たる目標が民主化から経済的再建に移り、とくに資本と労働の分野において改革路線は後退した。一九五〇年には、アメリカの援助と指揮のもと、日本は再軍備に乗り出した。占領が終わった一九五二年には、旧保守勢力が政治と経済を支配しており、戦争犯罪の裁判は、少数が象徴的に裁かれたところで打ち切られた。完全かつ恒久的な武装解除の理想は、一時のうぶな無分別として退けられた。日本は、アジアの新たな脅威である共産中国を封じ込める協力者として、アメリカ中心の国際体制に組み入れられた。戦争支持を理由に追放されていた政治家が復帰し始め、裕仁は、事態はうまく進んでおりますと先祖に報告できた。中国の混乱と共産主義を抑え込むという名目で帝国日本が中国大陸で戦争を開始してから一五年。中国侵略の本格化〔盧溝橋事件に始まる日中全面戦争〕から四年後には、真珠湾攻撃という愚行も犯した。戦中の日本の行為すべては比較的最近のことであったが、もはや本当にあったことではないかのように感じられた。

一九四五年の時点で強硬派の軍国主義者でも受け入れられるように無条件降伏要求を緩めていれば、日本に原爆とソ連参戦が降りかかる前に、交渉によって日本降伏の道が開かれた可能性があったし、冷戦的な力の対決を尺度にするなら、そうしていても結局アメリカは〔冷戦体制をつくる上で日本を自陣営に取り込んで〕似たような利益を得られたのではないかと考えることもできる。しかし、もしそうなっていたならば、マッカーサーの権威は無条件降伏を背景にしていないぶん低下し、彼が推進した急進的改革に刺激された民衆の草の根的な社会参加も規模が縮少していたであろう。また、占領政策の転換後も多くの日本人が大切に守り続けた「非軍事化と民主化」という壮大な理想も、あれほど明確に表現され受け継がれることがなく、制度的にも保証されなかったであろう。つまり戦後の日本は、いまとは違う場所になっていたはずである。

原爆と冷戦

ポツダム会談前の計画では、ソ連参戦がアジアの戦闘終結にとって決定的であることを、アメリカはほとんど決まり文句のように確認していた。トルーマンも参加した六月中旬の会議の議事録が典型的である。「われわれが日本本土に上陸した場合、すでに将来への見込みを失っている日本に対してソ連が宣戦すれば、その衝撃は、その時点あるいはその直後に日本を降伏させる決定的な行動になり得る」。それから一カ月後、スターリンがポツダム会談で、八月一五日までにソ連軍を満洲に進軍させると確約したとき、トルーマンが日記に「そうなれば、ジャップはもうおしまいだ」と記したのは、この時点でもソ連参戦が決定的役割を果たすと考えていたことを示している。だが他方で、ポツダムにおいてトルーマンはスターリンに対し、（トルーマン自身の表現によれば）「アメリカは並外れた破壊力をもつ新兵器を手に入れた」と「ついでのように」告げただけで、それが原子爆弾であることは知らせなかった。長らく要請してきたソ連参戦を目前にして、アメリカは使用可能な二発の原爆を大急ぎで投下する準備を進めていた。広島への原爆投下を見て、スターリンは八月八日（日本時間八月九日）、急いで日本に宣戦布告した。なぜアメリカは、ソ連の対日参戦を待たず、急いで原爆を投下したのであろうか[112]。

その答えは、権力政治（パワー・ポリティクス）（実力を背景にした、支配をめぐる闘争）である。原爆は、狂信的な敵に対する純軍事的な対応であると——これが後に原爆投下を正当化する主張の定番となったが——信じるほど単純な人は、原爆投下の決定に関与した人物のなかには一人もいなかった。新兵器の存在を知る立場にいた人たちは、当初からソ連を意識していた。たとえばマンハッタン計画では、計画に参画した科学者に共産主義や「極端なリベラル」への共感あるいは関係組織への加入経歴がないか、一九三〇年代までさかのぼって綿密な調査が行われた。原爆の開発をあくまで極秘に進めたのも、敵国ナチス・ドイツへの警戒もさることながら、同盟国ソ連を意識したからである。原爆開発が進展するにつれて、はじめ漠然としていた対ソ警戒はいっそう具体的になっていった[113]。

〔国連加盟国の代表者を招いて原爆の公開実験をするという前述の〕フランク委員会の見解は、原爆のこうした対ソ的な「政治的含み」への対案を出そうとしたものであった。政策決定者たちは、これとはまさに逆の立場をとった。事前警告なしに原爆を使用することにより、日本に対するのと同様、ソ連に対しても衝撃と畏怖を与え、そこから東欧とアジアにおけるソ連の領土的野心を挫けるかもしれないと考えたのである。この種の見方は、ソ連が対日戦に参加した場合に予想されるマイナス面がにわかに認識されたことから生まれた。ソ連軍と日本軍がある程度の期間交戦した場合、ソ連は満洲、満洲以外の中国、さらには朝鮮を含む北東アジアにおける立場を強化することになるし、日本占領についても重要な役割（および占領下ドイツのソビエト地区のように、ソ連が日本を分割占領する権利）を要求してくるのではないか。

戦時中、アメリカの諜報機関は、ソ連が参戦すれば日本の指導者に深刻な影響を与えると予測していたが、これは正しかった。日本が降伏した理由を説明するとき、アメリカでは原爆の衝撃をあげる場合がほとんどであるが、日本では、原爆投下は長崎壊滅の直前に始まったソ連の対日参戦とあわせて説明されるのが一般的である。たとえば、米内光政（海軍大将かつ首相経験者で、日本の敗戦当時海軍大臣として最高戦争指導会議の一員でもあった）が、国民の不満が増大する「国内情勢」を深く憂慮し、広島・長崎への原爆投下とソ連の参戦の直後に、一刻も早い戦争終結を支持したときの率直な言葉がある。米内は、天皇が降伏を宣言する数日前の八月一二日、ある海軍将校（高木惣吉）にこう打ち明けた――「言葉は不適当と思うが、原子爆弾とソ連の参戦は或る意味では天祐だ」。ソ連参戦の知らせを受けた近衛元首相も、これに似たことを述べた。抗戦派を含めた日本の支配層の多くが、ソ連の参戦こそ即時降伏への真の転換点とみなしたのである。[114]

では、本当にソ連参戦だけが日本降伏の決定的な要因だったのかというと、それははっきりしない。この時期の日本政府の文書は、いろいろな表現をしている。たとえば、八月一五日の天皇のラジオ放送では、「新に残虐なる爆弾」が使用されたとだけある。ところが八月一二日付の陸軍参謀本部発の中立諸国駐在武官宛て電報では、「ロシアが参戦した結果、帝国は、……国家存亡の危機に直面している」と、簡潔ながらソ連参戦にふれている。日本軍に武装解除を命じた八月一七日付の「陸海軍軍人に賜はりたる勅語」は、原爆にはふれておらず、ソ連参戦にだけ言及している。歴史家の長谷川毅は、八月六日から八月一七日までの日本政府の文書を丹念に分析し、降伏の要因として原爆のみを挙げたものは一二の文書のうち二つだけで、あとは原爆とソ連参戦の両方を挙げるか、またはソ連参戦のみに言及していると指摘している。このことから長谷川は、原子爆弾よりもソ連参戦が日本降伏の決定的な要因であったと判断している。[115]

いずれにせよ、ここにおいてアメリカの政策担当者はいくつかの選択肢を捨てた。新兵器の存在と使用計画をもっと明確にスターリンに知らせることもできた（実際には、スターリンはマンハッタン計画に潜入させたスパイを通して、原子爆弾のことを知っていた）。七月下旬の時点で、アメリカ、イギリス、中国とともにポツダム宣言に署名する四つ目の大国としてまだ対日参戦していないソ連を加えることも考えられた。そうすれば、ソ連を通じた日本の哀れな和平努力が無駄であり、期限五年の日ソ中立条約がただの紙切れであることが、〔日本に対して〕疑問の余地なく明確になっていたであろう。原爆の使用を数週間遅らせて、ソ連の参戦が本当に日本を「降伏させる決定的な行動」かどうかを確かめるという選択もあり得た(116)。

こうした可能性が選択されなかったのは、アジアの戦争が終結する前に、ソ連が敵とみなされるようになったからである。イギリスの物理学者で、一九四八年のノーベル賞受賞者、P・M・S・ブラケットは、戦争終結から数年後、原爆こそ冷戦の「最初の大作戦」であったと主張した。ブラケットは戦争中、軍事関係の開発に関与したが、自分の考えと英米両政府の政策は鋭く対立していると感じた。彼は、一九四八年の著書『恐怖・戦争・爆弾』で、今日のわれわれにも考えさせる論点を端的に述べている。

したがってわれわれは、こう結論できるかもしれない。原子爆弾の投下は、第二次世界大戦の最後の軍事行動であったというより、むしろ目下進行しつつあるロシアとの外交上の冷たい戦争の最初の大作戦であった、と。原爆をこのタイミングで使ったことにより、権力政治の戦場での目的は首尾よく達成された。しかしそれはアメリカ人の生命を「数知れず」救うという公式説明と整合するものではなかったことも事実である。このことを直接知っていたり、うすうす気づいていた多くのイギリス人やアメリカ人は、強い心理的葛藤を感じた。自分たちの輝かしい科学的探究がこのような仕方で使われたことに、当然にも深い責任を感じた原子科学者にとって、この葛藤はとりわけ深刻であった。自分たちの業績が、アメリカ人の生命を救うためというより、戦後世界における権力政治において外交的に勝利するために使われたことを知った時、それをすんなりと受け入れるには、事があまりに重大すぎた。原子科学者の多くは、自らの不安から逃れるために、原爆投下が実際に一〇〇万人の命を救ったのだと信じるようになった。こうして、将来原子爆弾の脅威から世界を救いたいと最も強く願った者ほど、最初の原爆が使われた事情について誤った理解をする傾向が生まれたのである。(117)

ブラケットがこう書いてから半世紀余りが経つが、その間に公開された史料も参照した場合、ブラケットの告発は正しいと言えるであろうか。そうであるとも言えるし、そうではないとも言える。国家間の信頼構築を重視するフランク委員会の提言を退け、最も衝撃的な形で新兵器の破壊力を示す道を選択し、同時に、できればソ連の対日参戦を防ぎたいと考えた人たちは、戦争を早く終結させて人命を救うことと、ソ連に対する威嚇として原爆を使用することが矛盾しているとは考えなかったからである。一九四一年半ばから戦争終結まで科学研究開発局長であったバネバー・ブッシュは、「予定どおりに原爆を投下した」ことの意味を後に質問されて、以下のように述べている。

原爆は、日本上陸で予想された何十万人もの人的損害を免れさせました。また、原爆が予定どおり投下されたのは、戦争の終わりの局面で、ソ連に一切譲歩せずにすむようにするためです。原爆が予定どおり間に合い、戦後、われわれが大きな抑止力を手にしたので、米軍がヨーロッパから撤退したあとも、ソ連はヨーロッパを一気に手に入れることができませんでした。とにかく、あれが予定どおりに間に合ったのは、歴史上最もすばらしい偉業のひとつなんです。[118]

対日戦の問題とは別に、「原爆外交」が常に戦争計画者の念頭にあったことを裏づける文書や逸話は、多くある。たとえば、副大統領だったトルーマンがルーズベルトの死去によって大統領に就任した翌日の四月一三日、バーンズは、新兵器の開発が進行中であることをトルーマンに伝え（「前例のない規模で、都市を丸ごと破壊し人間を殺す能力があります」）、続けて「戦争を終結させる際、この爆弾で、こちらの条件を押し付けることができるのではないかと思います」と述べた。それから二週間後、スティムソン陸軍長官が新兵器の開発計画への詳細を初めてトルーマンに説明したときも、スティムソンは、恐るべき事態を指摘し（「現代文明が完全に破壊されるかもしれません」）、それと同時に、「われわれが世界の平和と文明を救える仕組みを世界にもたらす機会」をつくるために新兵器が利用できるかもしれないと、ユートピア的な期待を語っている。[119]

トルーマンは、ポツダム会談のさなかにトリニティ実験の成功を知った。トルーマンはいよいよ原爆について決断を迫られたわけであるが、核時代の世界をアメリカが牛耳るには米ソ関係が中核的問題になることは、トリニティ実験（一九四五年七月）よりも前、さらにいえばドイツ降伏（一九四五年五月〉よりも前に、すでに明らかであった。たとえば、ポーランド生まれの物理学者、ジョセフ・ロートブラット――イギリスで原爆関連の仕事に従事したあと、一九四四年、ロスアラモスの研究者の一員となる――は、一九四四年三月、ある社交の場で、グローヴス〔一九四二年以来、マンハッタン計画の統括責任者〕がこう語ったと述べている。「この計画の主目的が、ロシア人をおとなしくさせることにあるのは、もちろんおわかりでしょう」。これにロートブラットは驚いて、こう回想している。「そのときまで私は、ナチスの勝利を阻止するのがわれわれの仕事だと思っていた」。グローヴス将軍の言葉がロートブラットの記憶違いでなかったことは、グローヴス自身、戦後に宣誓のあとの証言でこう語っていることが裏づけている。「これを述べておくことは重要だと思います。〔周りの人は〕よく知っていると思いますが、私が〔一九四二年九月〕この計画を受け持って二週間後には、ロシアが私たちの敵であるということを私ははっきり意識しておりましたし、この計画はそういう前提で進められました。私はロシアを勇気ある同盟国と考えたり、ロシアの態度に共感をもったりしませんでした。私はロシアを常に疑っていましたし、原爆の計画はそれを前提に進められました。もちろん、大統領にもそのように報告しました⑫⓪」。

科学者たちは、他の政府高官からも同じ趣旨の発言を聞いている。一九四五年五月下旬、レオ・シラード、ノーベル賞受賞者のハロルド・ユーリー、そしてもう一人の科学者がバーンズ〔国務長官就任予定者〕を訪問して、米国が核兵器を独占することは不可能であることを強調し、「われわれが原子爆弾の威力を誇示すれば、米ソの核爆弾製造競争を促進することになる」と警告した。だがバーンズは彼らの意見をすげなくはねつけた。シラードは、このあと〔一九四五年七月〕国務長官となるバーンズの考え方との大きなギャップを、こう要約している。バーンズは、ハンガリーとルーマニアにソ連軍が駐留していることを持ち出し、「アメリカの軍事力を印象づければロシアは扱いやすくなる。それには原子爆弾の威力誇示が役に立つ」と述べた。ハンガリーからの亡命者であったシラードは、ドイツ敗北後、ソ連が東欧に勢力を拡張しないと思うほどナイーブではなかったが、それでも「爆弾をがちゃつかせればロシアは扱いやすくなると〔バーンズが〕思っていることに唖然とした」。[121]

こうした反ソ的態度が政策決定の内容と言葉遣いにも影響を及ぼしたことは、この頃スティムソン陸軍長官が語った内容にも鮮やかに示されている。たとえば、スティムソンは六月六日の日記にこう記している。「(ソ連と)提携する場合の取引条件」について大統領と意見を交わしたが、日本に原爆を使用すれば、アメリカが「ポーランド、ルーマニア、ユーゴスラビア、満洲の問題解決」に、より強硬な立場をとれるという点で、大統領と意見が一致した、と。また、別の機会には、スティムソンと同僚たちはポーカーのたとえを使っている。五月一四日の日記によると、この日、ソ連の扱い方についてマーシャル将軍、ジョン・J・マックロイ陸軍次官補と話し合い、スティムソンはこう力説した。「思うに、われわれはかなり強引かつ現実的な方法で……」「言葉ではなく行動で語る」必要がある。いいかえると、「われわれには、すべての札がそろっている。つまりロイヤル・ストレート・フラッシュ〔ポーカーで、同種のカードの10、J、Q、K、Aがすべてそろった最強の手〕ということだ。これがあるのに御人好しなことをやるなど論外だ。彼ら〔ソ連〕はわれわれの援助と工業力なしにはやっていけないうえに、われわれは他にはない兵器で戦えるわけだ」。

翌日のスティムソンの日記は、ポツダム会談をいつ開催すべきか話し合ったことを記している。そこでは、ポツダム会談の日程を「S1　シークレット」（マンハッタン計画）と直接関連づけて語っており、ポツダム会談を原爆の実験まで延期するのが望ましいこと、そして（以下、スティムソン日記の公開後よく引用される箇所だが）「切り札がないのに、大金を賭けてギャンブル外交をするなんて、とんでもないことだ」とも書かれている。その翌日（五月一六日）、トルーマンと面会したときも、スティムソンはポーカーの比喩を繰り返し（「このあと、われわれはおそらく今より多くの切り札を手に入れるでしょう」）、球技にもたとえた（「ロシアがわれわれとボール遊びをする〔こちらに協力する〕よう、説得する方法を見つけなければなりません」[122]）。

トルーマンは、ポツダムで初めてスターリンに会うことになっていた。そのため、ポツダム会談ではアジア情勢だけでなく、戦後の方針全般が話し合われる予定であった。アメリカは、「切り札」をもたずにそのような会談に出席することを望まなかった。だから会談の開催を何度も延期し、オッペンハイマーが指揮する原爆開発者たちに爆発実験を急がせたのであった。そして実験が成功したら、速やかに日本の人口密集都市に原爆を投下することは、すでに明確に了解されていた。トルーマンのポツダム日記や戦後の回顧録の表現に多少の曖昧さが見られるのは、トルーマンがトリニティ実験の大成功を知った瞬間から、ソ連に参戦してほしいという願望（「ジャップはもうおしまいだ」）が、新兵器をすぐに使えばソ連の参戦を回避できるという確信へと転換するまでの過渡期であったことを反映している。

トルーマンは、こうした経緯を振り返って公（おおやけ）に発言する際、ブラケットが適切にも「権力政治」と呼んだ実態を、「交換条件」とか「切り札」といったゲーム的な言葉で表現することは避けた。しかし他方でトルーマンは、北東アジアで権力政治の新たなゲームが始まることを直視していた。トルーマンは回顧録のなかで、「日本への原爆投下は、ロシアに極東での立場の再検討を余儀なくさせた」と述べ、具体的には、「日本の占領にロシアの参加は認めないと、私は心に決めていた。〔ソ連が親ソ政権を強引に成立させた〕ドイツやブルガリア、ルーマニア、ハンガリー、ポーランドでの経験から、ロシアとは行動を共にしないと決めていた」と記している。そして別の箇所でもこう書いている。「〔日本占領では〕私は統治権の分割や占領地域の分割は望まなかった。ドイツやオーストリアのような形で、ロシアに行動する機会を与えようとは思わなかったのだ[123]」。

トルーマンほど明確ではなかったが、バーンズ国務長官もまた、ドイツ東部や東ヨーロッパでのソ連の行動をみて、ソ連がアジアの戦争に参加することに警戒心を抱いた。バーンズは、一九四七年の回顧録でこう述べている。「原爆は成功するだろうし、そうなれば日本はわれわれの言う条件で降伏を受諾するだろうと私は思った」が、「ソ連赤軍が満洲に侵攻した場合、何が起こるか憂慮した。やがて赤軍は満洲から撤退したが、その前に私が恐れたことは実際に起こっていた」。ポツダム会談でバーンズの側近〔ウォルター・ブラウン〕が書き残した日記は、バーンズがソ連の行動を気にかけていたことを、より生々しく語っている。「JFB〔バーンズ国務長官の頭文字〕は原爆の後に日本が降伏して、戦争の最終局面にロシアが入ってこず、したがってロシアが中国に強引な要求をすることはないと、まだ信じている[124]」。実際には、ゲームのテーマは「満洲」「中国」「日本支配」だけではなかった。それは核時代の始まりにあたって、世界をいかに支配するかという問題だったのである。

党派政治

大規模で劇的な暴力的手段は、既存の利益を守るのに役立つ。空爆が新たな段階に入ると、それは国家間の政治的関係だけでなく、国内政治にも必然的に影響を及ぼした。米軍内部での競り合いが、B29を頂点とする戦略爆撃を促進した。しかも戦略爆撃がドイツと日本の降伏に決定的な役割を果たしたとみなされたため、空軍力への信頼が高まって、戦後、アメリカ空軍の組織的独立につながった〔アメリカ合衆国空軍省が設立されたのは一九四七年九月〕。原子爆弾が目立つ方法で使用されたことも、このプロセスを補った要素であったが、原爆投下は戦後、アメリカにおける原子力エネルギーの開発にもつながった。原子力エネルギーへの関心は原爆が使用された理由ではなかったが、原爆投下以外の選択肢が無視された時代的背景のひとつであった。

アメリカ国内の政党政治も、原爆が使用されたひとつの要因であった。民主党のベテラン政治家であったトルーマンとバーンズは、戦争によって生まれた超党派的協力関係は一時的なものであり、すでに綻(ほころ)びが出始めていること、具体的には、秘密のマンハッタン計画が消費した莫大な資金に見合う成果が示せなければ、戦後、共和党に恰好の攻撃材料を与えることを鋭敏に感じとっていた。トルーマン自身、一九四四年に副大統領に就任する以前は〔軍事支出の浪費・不正支出を監視する〕上院委員会の委員長であったから、この種の機密費の支出には敏感であった。実際、マンハッタン計画が政治的に批判にさらされやすいことは、いろいろな機会に指摘されていた。

一九四三年、アメリカはイギリスと原爆について協議を行ったが、そこでは、「数十億ドルもの税金を先の見通しもなく使用したとか、戦争での勝利の目的以外に使用したという批判を大統領が受けることは絶対に回避する」ことが確認された。一九四五年初頭、議会の指導者たちは「戦争が終わり次第、マンハッタン計画について徹底的に調査を行う」と陸軍省に通告したので、グローヴス将軍は、支出はすべてきちんと記録するよう、あらためて指示された。バーンズは、戦時動員局長の職にあった一九四五年三月初旬、ルーズベルト大統領に覚書を提出し、マンハッタン計画による支出はいまや二〇億ドルに近づいており、「この計画が失敗に終わった場合、容赦なく調査され批判されるでしょう」と述べている。(125)

六月中旬のフランク報告は、マンハッタン計画の政党政治的側面を、次のようにさらりと述べている。「原子爆弾が使用可能になればすぐに使用すべきだとするもうひとつの論拠は、……それほどの大金が投資された以上、議会やアメリカ国民はその見返りを要求するであろう、というものである」。議会で追及される恐れは、シラードとその仲間たちがバーンズに原爆不使用を説得できなかった理由のひとつであった。シラードによると、バーンズは数カ月前、ルーズベルトにも話した内容を科学者たちに語った。「原爆開発にはすでに二〇億ドルを費やしたんです。この金で何を得たのか、議会は知りたがりますよ」。バーンズは続けて、こう言った。あなたたち科学者は、これからも原子力研究の予算を確保したいことでしょう、しかし、「すでに使われた金に見合った結果を見せないで、どうやって今後、議会に原子力研究の予算を承認させるんです？」(126)

ブラケットは戦争から数年後の著作で、こうした党派的な思惑によって原爆の使用が決定されたかもしれないことを知ってショックを受けたが、そうした話が戦後よく語られるのを聞くにつれ、それもあり得ることだったと思うようになったと書いている。ブラケットによれば、もしそれが事実なら、それは不気味な予告である。「一九四五年の夏にアメリカ政府がこういう〔議会での追及を恐れる〕考えに影響されていたとすれば、将来、また二〇億ドルが費やされたなら、アメリカは今度は広島と長崎の一二万人の犠牲者ではなく、別の国の市民を選んで、古代ローマの野蛮な見世物(ローマン・ホリデイ)をもう一度上演せざるを得ないと思うことであろう。アメリカ国民にとってこれ以上屈辱的な、またこれ以上にソ連を自国の防衛に邁進させるような原爆投下の理由づけは、人間の知恵ではまず考えつかない[127]」。

　ブラケットがショックを受けたとしても、政治家の仕事は政治である。バーンズは〔ポツダム宣言に対して〕日本が要求した「天皇の統治大権」の維持についての回答を起草するとき、側近〔ウォルター・ブラウン〕にこう語った。私が日本の要求をあっさり受け入れたら、「大統領は十字架にかけられるんじゃないか」（表現は側近の日記のまま）。これは、天皇を擁護するような回答をすれば、議会と世論から大統領が厳しく追及されるという意味であると思われる。天皇の処遇についての一般の人びとの感情を示す一例として、一九四五年六月二九日、『ワシントン・ポスト』の一面に掲載されたギャラップ世論調査によると、「戦争終結後、日本の天皇をどう処遇すべきか」という問いに対して、最も多かった回答が「処刑」で三三パーセント、次に「裁判で決定」が一七パーセント、「投獄、終身刑」が一一パーセント、「追放」が九パーセント、「戦争推進派の傀儡(かいらい)にすぎず、不問に付す」が四パーセント、「日本統治の傀儡として利用」は最も少なく、三パーセントであった[128]。

第二章

原爆投下の心理

——魅惑、美、理想

広島と長崎への原爆投下の背後には、戦争を早く終わらせ、ソ連を威嚇し、アメリカの国内で共和党側からの批判を封じ込めるといった、軍事的・政治的な目的があった。これらは史料的に実証されている。だが、これらの要因の相互関係や重要性の大小は必ずしも明らかではない。アメリカにおいては、原爆投下決定をめぐる賛否の議論は時の経過とともに弱まるというより、むしろ強まっている。それを如実に示したのは、一九九四年から一九九五年、〔原爆投下〕五〇周年を記念して、スミソニアン協会のアメリカ国立航空宇宙博物館が、エノラ・ゲイ（広島に原爆を投下したB29爆撃機）を展示しようとしたときに起こった論争であった。学芸員や歴史家たちは、きのこ雲が戦争を終わらせたとしか思っていなかった人々に、米政府内で行われた議論やグラウンド・ゼロ〔爆心地〕における破壊が残した核の遺産にも関心を抱いてもらおうとした。これは、原爆という複雑で悲劇的な出来事について一般の人々が考えるための貴重な機会であったが、最終的には、政治的圧力によってこの企画は大幅に変更された。

文書から読みとれる政策決定のプロセスだけでなく、心理や制度の力学にも目を向けてみると、大量破壊は抗(あらが)いがたい魅力をもっていたことがわかる。その魅力を理解することは困難かつ刺激的な作業であるが、この作業においてわれわれは公文書や証言、選択は理性的に行われるという前提や、個々の事例研究の範囲を超えることになる。原爆使用の決定をめぐる研究は、表面下の――いやむしろ、見えているのだがほとんど認識されていない――原動力に注意を向ける典型例となるのである。

〔悪魔と賭けをして世俗の罪に堕ちた〕ファウストさながらの、科学がもたらす興奮。もっと破壊的な兵器を開発し配備しなければならないという技術的要請。いったん動き始めた戦争機構が持つ容赦なき推進力。さらには、大量破壊そのものがもたらす陶酔。大量破壊は犠牲者からみれば恐るべきものであるが、破壊する側にとっては美しくもあり、狂喜できるものでもあった。復讐心も当然、行動に影響したが、理想も影響を与えた。もっとも、この場合の理想は、伝統的な戦争の正義を放棄し、新たな悪を正当化する理想であった。人は、多数を救うために多数を殺したのである。

科学の魅惑と技術的要請

リチャード・ローズは、原爆製造に関する有名な書物のなかで、当時小学四年生であった広島のある被爆者の単純な問いを引用している——「原爆を発明した科学者たちは、これを落としたら何が起こると思っていたの？」[129]。

これに対するもっとも簡単な答えは、何人かの例外はあったものの、原爆が完成する間際まで科学者たちはそういうことをあまり考えなかった、ということになる。例外的な科学者たちも、「爆発点（ポイント・ゼロ）」の下にいる人々のことより、原爆の国際的な反響のことを考えていた。原爆開発の初期、科学者を突き動かしていたのはナチス・ドイツとの競争という観念であったが、ジョセフ・ロートブラット〔ポーランド生まれの物理学者・平和活動家。妻がドイツの強制収容所で死亡〕は、一九四四年末に自分がマンハッタン計画から離脱した理由は、ナチスとの競争がもはや原爆開発の目的ではないことがわかったからだと述べている。その他の科学者たちにとって、ナチスとの競争以上に魅力的だったのは、この事業のうっとりするような「甘美さ（スウィートネス）」であった。ロートブラットは、物理的な力を人類最強の絶滅力として使うことに魅力を感じなかった稀有な科学者であった。ロートブラットは、ドイツは敗北したのに、なぜ原爆開発の仕事を続けるのかとロスアラモスの同僚たち（その多くが彼のようなヨーロッパからの亡命者）に聞いたことがある。彼の回顧によると、「いちばん多かった答えは、純粋素朴な好奇心、つまり理論上の計算や予測が実証できるかどうか知りたいから、というものだった[130]」。

数十年後、物理学者のビクター・ワイスコップ（ロスアラモスの原爆開発者の一人）は、マンハッタン計画に参加した経験を振り返って、「辞職を考えた人はほとんどいなかったと言わざるを得ないことを、私は恥じる」と告白している。彼が知る範囲では、辞職した科学者は二人だけであった。ワイスコップは、それはなぜかと問い、次のように説明している。「仕事が魅力的だった。当時は、辞職など考えられなかった。……それは「科学技術として甘美（スウィート）」であった」。彼によれば、一九四五年夏の時点で、四つの選択肢があった。一つ目は、新兵器を使用しないことであるが、これは問題外であった。「最強の兵器があるのに、軍部がこれを使用しないことは戦時においては考えられないこと」だったからである。二つ目は、人が住んでいない地域で示威的実験を行うことであったが、これもはじめから真剣に考慮されなかった。三つ目の選択肢は、純粋な軍事施設に原爆を投下することであった。しかし、これは新兵器の威力を示すのに十分ではないうえに、核兵器による破壊とそれ以前の破壊を区別するのが困難との理由から斥けられた。最後の四つ目が、原爆を実戦で使用することであり、ワイスコップの回想によると、これについてのオッペンハイマーの理由づけは、「原爆が戦争を不可能

71 1945年7月16日，爆発前にトリニティ実験場の塔の上に備え付けられる「仕掛け(ガジェット)」(最初の核爆発物はこう呼ばれた).

にさせるなら、それは非常に大きな影響といえる」というものであった。しかし、だから広島と長崎なのか？　ワイスコップからみれば、それは「犯罪」であった[131]。

原爆開発事業には、共同体的かつ知的な魅力があった。とくにロスアラモスでは、オッペンハイマーを先頭に、原爆を使用可能にするための挑戦が最後まで続いたが、イギリスの物理学者ジェームズ・タックは、「そこにはプラトンのアテネの学園の精神、理想の共和国の精神があった」と回想している。エドワード・テラーは、「仲のよい大家族」のようだったといい、オッペンハイマーは、戦時のロスアラモスは「高い使命感、義務感、運命感に鼓舞され、団結し、献身的で、驚くほど無私の共同体」であったと述べている。「科学者たちは何が起こると思っていたの？」と質問した、前記の広島の少女なら、だからって許すわけにはいかないわ、

72 1945 年 9 月　トリニティ実験場の「爆心地(グラウンド・ゼロ)」を再訪した J. ロバート・オッペンハイマーとレズリー・グローヴス将軍.

と言うだろう。だが、高い目標と人並み外れた知的能力をもつ人々の集団に参加しているという自負は、広く共有されていた。知的にやりがいがあるうえに、社会的大義もあるという感覚は非常に魅力的であったため、一九四五年、原爆投下に心を痛ませた科学者の多くは、戦争が終わってからも、「スーパー」と呼ばれた水爆・熱核兵器の開発に従事し続けた(132)。

科学者たちの絆は、どの国の戦闘員も経験した「兄弟」的な仲間意識と共通のものである。たとえば、神風特攻の隊員たちは自分の小さな部隊に強い帰属意識を持っていたし、B29の乗組員たちも、ひとつの機体に乗り込んで行動も生死も共にし、家族のような絆で結ばれる感覚を大事にした。ただ、原爆を開発した科学者たちはとりわけ知的であり、エリートであり、歴史的事業に参加したいと望んだ人々であった。この点について、オッペンハイマーは、一九五四年の政府〔アメリカ原子力委員会〕聴聞会(これにより彼は、機密文書閲覧権を停止された)で、次のように述べている。

> ほとんど全員が、これ〔原爆の開発〕は偉大な事業だと認識していました。ほとんど全員が、もし完成が間にあえば、これが戦争の行方を決定づけることを知っていました。ほとんど全員が、これは自分たちの科学的知識や技術を自国の利益のために注ぎこめる貴重な機会であることを知っていました。ほとんど全員が、もしこの事業が達成できたなら、それは歴史の一部になることを知っていました。結局、この高揚感、情熱、愛国の感情が物を言ったのです。

オッペンハイマーは同じ発言の中で、やや簡潔に、次のように述べている(この部分は数十年後にワイスコップも引用している)。

こういう科学的に甘美(スウィート)なものに出会うと、どうしてもやってみたくなるし、やってしまうと思います。本当はどうすべきだったのか、あれこれ考えるのは、事を成し遂げたあとのことです。原爆の場合がそうでした。あの頃、原爆づくりに反対した人がいたとは思えません。あれこれ議論が起こったのは、原爆を作ったあとのことです[133]。

一九四五年一一月、新たに結成された「ロスアラモス科学者協会」の会合で、オッペンハイマーは科学の「生理的必然 organic necessity」について、「科学の仲間の一人」として次のように語った。

われわれがこの仕事をしたのはなぜかといいますと、それは生理的必然だったからだと言えましょう。科学者なら、それを止めることはできません。科学者なら、この世界がどのように運動しているか知りたいと思います。真実を見つけ出したい。この世界を最大限コントロールし、人間の観点と価値に従って世界をうまく取り扱う力を人類に引き渡したい。これはいいことなのだとわれわれは信じています。……

知識を前進させることはいいことだと信じていなければ、科学者でいることはできません。知識を他者と共有することに高い価値があると思っていない人は科学者でいるべきではありませんし、実際、科学者でいることはできません。この世界についての知識とその力が人間にとって本来的な価値であると信じていなければ、また、その知識を普及させ、結果に責任を負うつもりがなければ、科学者でいることはできません。[134]

オッペンハイマーには、このような気高い言葉で語る面のほかに、「死神、世界の破壊者」の面もあった。つまり彼は、「この世界を最大限コントロールする力」をもたらすことに魅了されていた。それは自分が全能の神になると同時に、西部劇の英雄になるような感覚でもあった。トリニティ実験に立ち会ったオッペンハイマーは、『バガヴァッド・ギーター』を思い起こしたと言っているが、彼の仲間の一人の回想によれば、爆発の後、待避壕から出てきたオッペンハイマーは、さながら映画『ハイ・ヌーン』(『真昼の決闘』)のゲイリー・クーパーのように得意げに歩いたという。一九四二年一二月、原子核分裂の連鎖反応の制御に初めて成功したシカゴの研究チームの責任者、エンリコ・フェルミ(イタリア出身のノーベル賞受賞者)は、もっと端的に「生理的必然」を表現したことがある。短気で有名なフェルミは、次のように叫んだという。「良心の呵責がどうだとか、そんな話はもういい。要するに、物理学は素晴らしいってことだ！」[135]

なるほど、物理学は素晴らしい！　「結果に責任を負うつもり」でもある。だが、どういう結果に責任を負うのか？　どのような罪悪感も良心の迷いも、広島の少女が目撃した結果に見合うものにはなりえなかった。

技術者集団と戦争機械

米海軍のハルゼー大将は、「科学者たちはおもちゃがあったから、使いたがった、だから投下した」と語ったが、これは的外れの発言である。科学者が原爆を投下したわけではないし、科学者たちは戦争という機械の歯車であり、作ったものをどう使うかを決める立場にはなかった。だからこそ、フランク報告やシラードが主導した意見書のような実践行動が遅ればせながら行われたし、良心の呵責を感じた原子科学者たちは戦後、「科学者運動」の先頭に立ったのであった。ワイスコップは、仲間と学生たちに原爆開発の魅力と自身の後悔の念を語るとき、科学者は研究テーマに魅了されるだけでなく、研究成果がどう応用されるかを真剣に考えるべきだと強調した。ただ、この主張は、すべての科学者が同意することでもなければ、ぜひ聞きたいと思う助言でもなかった。そう主張した科学者自身、自ら実践するとは限らなかった。

一九四五年夏までに、原爆の効果を確かめたいという欲求は抑えがたくなっていた。そして原爆の実際の効果を確かめつつ、全世界、とりわけソ連に向けてその効果を示すには、戦争の被害があまり及んでいない、人口稠密（ちゅうみつ）の都市に投下する必要があると考えられるようになった。スティムソン陸軍長官は、一九四五年四月、トリニティ実験の数カ月前の日記にこう書いている。原爆には「次のような特殊性がある。これまですべての予言が開発によって実現されてきたし、成功は九九パーセント保証されている。とはいえ、実際の確実性は、最初の実戦での試用によってのみ確定できるのだ」。スティムソンは六月の初め、原爆開発についてトルーマン大統領と詳しく話し合ったが、その時の様子を次のように記録している。「原爆の準備が整わないうちに、わが空軍は日本を爆撃しつくすかもしれません。すると新兵器の威力を示す場所がなくなりますので、それが少々心配です、と私が言ったら、彼（トルーマン）は笑いながら、なるほど、と言った」。この話は、数カ月後にオッペンハイマーを含む少数の科学者の顧問団が、「軍事目的のための直接使用以外に選択肢はない」と結論したときの理由づけに近いものであった（八月初めの時点で、技術的に異なる二発の原爆――濃縮ウラン型のリトルボーイと、プルトニウム型（トリニティ実験で爆発したタイプのもの）のファットマン――が完成していた。このため、二発とも実戦で試してみたいという誘惑が高まったことは確かであるが、当時、二発の原爆をどう使うかが議論された形跡は見当たらない[136]）。

当初「ドイツ人との競争」（トルーマン回顧録）であった原爆開発の目的が、日本に対する使用へと自然に変わっていったのは、アメリカ国内の事情や機運にもよるが、じつは、日本への原爆投下は早い時期から議論されていた。それは、一九四五年五月にドイツが降伏するよりも以前、一九四四年一一月のアルソス作戦（ドイツの原爆開発に関する米英共同の作戦で、いちはやくドイツに侵入して資料を押収し、ドイツ人物理学者を捕虜にした作戦）によって、アメリカの諜報機関がドイツは原爆の製造を行っていないと結論づけるよりも、アメリカが一九四四年中頃に中国から日本に対する爆撃を開始するよりも、さらには米軍が（太平洋の）島々を「飛び石」で本格的に攻撃するよりも前までさかのぼる。ちなみに、原爆開発に関するイギリスの公式の歴史書が述べているように、ドイツが核エネルギーを真剣に開発してはいないことを「一九四四年初め頃」にイギリスの諜報機関がつきとめており、「（戦争の）最後の約一八カ月間、すでにドイツの脅威はマンハッタン計画の推進力ではなくなっていた[137]」。

ドイツの降伏が迫っていた一九四五年四月二三日、グローヴス将軍は、原爆の「標的は現在も過去も日本です」とスティムソン陸軍長官に語った。これはやや誇張ではあったが、そうとばかりも言えないところがあった。一九四三年五月五日、ドイツ降伏よりも二年余り前、マンハッタン計画の軍事政策委員会は、「最初の原爆」の使い方を議論し、第一標的は東京ではなく、太平洋に「集結した日本の艦隊」が最善であろうという結論になった。太平洋なら不発弾〔として海底に落ちた原爆〕を引き揚げるのが難しいし、「ドイツより日本のほうが、回収した爆弾から知識を得る能力が低いであろう」というのが理由であった。米原子力委員会の正史は、一九四三年の後半、「グローヴスが核兵器を搭載するためにB29を改造する作業を承認した。イギリスの大型爆撃機ランカスターではなく〔アメリカ製で、太平洋戦域で使われた〕B29を選んだのは、日本に対して原爆を使用する意志があったことを反映していた」と記している。一九四四年九月中旬、ルーズベルトとチャーチルは、ハイドパークのルーズベルト大統領の別荘で会談した後、短い極秘覚書に署名し次のように確認した。米英共同で核兵器研究を行っていることは、引き続き「最高機密」扱いとする。「しかし、「爆弾」の準備が完了した時には、十分な検討を加えたうえで、日本人に対して使用する可能性がある。その場合、降伏するまでこの爆撃は繰り返される旨の事前警告を日本人に与えるべきである」。この覚書は、ドイツに関しては何も述べていなかった[138]。

日本には原子科学の専門家が数人おり、日本の陸海軍はそれぞれ核兵器製造の可能性を探求する小さなプロジェクトを開始した。しかし、日本には核兵器が製造できるインフラがなかったため、日本と競争しなければならないという不安は、アメリカ国内にはまったくなかった。原爆の開発は、ナチスがいち早く製造・使用するかもしれないという心配と恐怖から始まったため、はじめから〔防衛的というよりも〕攻撃的兵器とみなされた。ドイツが降伏すると、日本が投下目標になった。ポツダムでチャーチル、スターリンとトルーマンが会談する前に原爆を完成させ、「切り札」を持てるよう、ロスアラモスのオッペンハイマーのチームに強い圧力がかけられた。最後通牒としてポツダム宣言が出されると、当時完成していた二個の原爆をできるだけ早く使用する準備が急がれた。科学は現代戦であるという言い方があるが、これを裏返せば、現代戦とは科学そのものである。現代戦では無駄が排除され、形式的に細分化された科学的実践のように行われる。そこでは、「彼らは何を考えていたのか」という疑問に対する答えは、ほとんど何処でもひとつにしぼられる。彼らは、自分の仕事の目前の困難だけを考えていたのである(139)。

＊

評論家のジェームズ・エイジーは一九四三年のディズニー映画『空軍力の勝利 *Victory Through Air Power*』について、他のディズニー作品と同様、「たぶん、いかにもアメリカ的な不快な」印象があると述べ、その理由を説明して、「人間が抱く恐怖、苦悩、そして死」と向き合っておらず、「無菌化されたごまかし」が感じられると表現している。この作品は、ベストセラーになったセヴァスキー少佐のノンフィクションを映画化したものであるが、「何もない空間で勝利する」あるいは「機械が機械を喰らう」とでも言うべき、内容のない薄っぺらな正義を説いているようだともエイジーは述べている。この「機械」のイメージは、なかなか刺激的である。今日のわれわれに、最初の原子爆弾（ガジェット）の外見や、巨大なB29の機体を思い起こさせるからである(140)。

戦場であれ銃後であれ、「機械が機械を喰らう」戦争では、人間は巨大な官僚的・テクノクラート的組織に組み込まれる。すると人間は、自分に与えられた仕事に集中することになり、全体が見えなくなるし、見たくもなくなる。B29の飛行士であったウィルバー・モリソン大佐は、自分の任務が人々に与える恐怖について深く考えていた人であった。彼は、広島に原爆が投下される約一カ月前にすでに空爆が日常作業化していたことを、「空爆作戦は生産ラインのように行われた」と表現している。彼が目撃した「生産ラインのような」作業は、かつて存在したこともなく、予想した者もほとんどいない力によって動く巨大な戦争機構のほんの一部であった。[141]

人間の等身大をはるかに超える巨大な機械というイメージは、高度に技術化された現代の戦争が文字通り人間から遠く離れ、抽象的になっていることを示唆する。第二次世界大戦中、敵の顔を一度も見なかった軍人は多数いた。爆撃手は、空高くから標的を狙い（いわゆる低高度爆撃でも約一六〇〇メートル以上）、「破壊地域」を示す偵察写真を見て空爆したため、地上の恐怖を考えずに済んだ。ワシントンで戦争を指揮していた人々、ロスアラモスやシカゴ、ハンフォード、オークリッジで原爆を製造していた人々は、「人間が抱く恐怖、苦悩、そして死」から何万キロも離れたところに住んでいた。このような物理的な遠さは、孤立感、疎遠感にもつながる。疑問を歓迎せず、ましてや批判などまったく許されない組織的環境のなかで、個人の自主性も失われていく。

戦争という機械の力は、ルーズベルト、トルーマン、スティムソン、グローヴスなどの指導者が何気なく口にした言葉において、すでに原爆の使用を前提にしていたことにも表れていた。スティムソン陸軍長官は、原爆の使用について弁明した一九四七年の有名な論文のなかで、次のように述べている。「ルーズベルト大統領は、われわれの事業の壊滅的な潜在力について、何度も私に語った。原子兵器を製造し使用する最初の国になることが、戦争の全過程を通してわれわれの共通の目的であったことを私は強調したい。完成予定の原子核兵器は、驚異的に強力な新型の爆発物であり、現代戦で使用される他の致死性の爆弾兵器と同様に合法的だと考えられていた。目的は、ひとつの軍事的兵器を生産することであった。他の理由では、戦時にあれほど多くの時間と資金を投入することは許されなかったであろう」。グローヴスはこう書いている。「われわれが原子力の開発に着手したとき、アメリカは原子兵器をどこかの国に使用するつもりはなかった。しかし、マンハッタン計画が進行するにつれ、状況は変化し始めた」。スティムソンと同様、グローヴスは費やされた莫大な資金と戦争全体との関係を考えたといい、こう続ける。「時が経ち、資金と労力をますます注ぎ込むにつれて、アメリカ政府は最終的には原爆を使用するという方向に傾いていった。われわれがこの恐ろしい兵器の開発に乗り出したのは、ヒトラーに先手をとられないようにするためだとよく言われてきたが、もともと、この計画に全力を傾けるという決断は、それを使用して戦争を終わらせるという考え方にもとづいていた。……われわれはアメリカの敵に対して実際に使うひとつの兵器を開発しているということに、私も、そして私が承知している限りではルーズベルト大統領やトルーマン大統領の気持ちのなかでも、まったく疑いはなかった[142]」。

真珠湾攻撃の前から、原爆製造は心躍る冒険だと思っていたオッペンハイマーは、原爆の使用にはじめに疑問を抱いたのは〔主に原爆の理論面を担当した〕シカゴの科学者たちであり、これに対して〔実際に原爆を製造していた〕ロスアラモスでは、こうした疑問が話題になることはほとんどなく、「われわれは、それら〔原爆〕が必要であれば、使用されると常に思っていた」と後の回想に書いている。ドイツが降伏した後、ロスアラモスで開発のテンポが速まったことについて尋ねられたオッペンハイマーは、次のように証言している。「私たちは、仕事をやりとげようと以前にも増して懸命になり、〔原爆が〕必要になったとき使えるようにしたいと思いました。とにかく、戦争が終わらないうちに完成させたかったですし、それができることのすべてでした。ドイツが降伏してから原爆が実戦で使われるまでの期間ほど、われわれが仕事を急いだときはなかったと思います」。この証言には、はからずも原爆開発の二面性が表現されている。戦争を終わらせるために原爆はないよりあったほうがいいとされた一方、実際に戦争が終わりそうになると、なんとか原爆を保有し使用しようとして、死に物狂いの努力が行われたのである。[143]

スティムソン陸軍長官は一九四五年五月初め、原爆に関する問題を調整し、大統領に何を勧告すべきかを自分に助言させるための暫定委員会を発足させ、イギリスでも同様の諮問委員会が設置された。しかし、戦争マシンが容赦なく作動するなかでは、こうした委員会はお飾り的なものであった。アーサー・コンプトン（一九二七年、ノーベル物理学賞受賞）は、シカゴの原爆開発プロジェクトの責任者を務め、暫定委員会に助言を行った科学顧問団の一員であったが、後にこう書いた。「原爆の使用はすでに確定した結論であったようである。意見が分かれたのは、原爆使用上の戦略や戦術の細かなことにすぎなかった」。

原爆投下の準備は、一九四四年の春に開始された。「原子の分裂は間違いなく起こる」とグローヴスが確信するよりも一年前のことである。新兵器を投下するための第五〇九混成部隊がその年の九月に特別編成され、一二月には(キューバ周辺で)海上飛行の訓練を開始した。翌年四月には、原爆投下目標の最初のリストが作られた(のちに京都はこのリストから除外され、長崎がリストに加えられた)。その一カ月前に、グローヴスはテニアン島から原爆搭載機が出撃するための準備に着手していた。五月にはB29の第五〇九混成部隊のテニアンへの配備が始まった。これは五月三一日および六月一日、暫定委員会が重要会合を行う前であった。広島が破壊される約二カ月半前、物理学者のルイス・アルバレズが、出撃に備えてテニアンに派遣された。これはアラモゴードでの爆発実験よりも前のことである。ルーズベルトとチャーチルの間で結ばれた前述のハイドパーク協定に従って、イギリスがアメリカの原爆使用計画に同意したのは七月四日のことであった。これは原爆実験の約二週間前にあたる。その二日後、トルーマン大統領がポツダム会談に参加するため船でヨーロッパに向けて出発したとき、アメリカ代表団は、日本に対する米英ソ三国の最後通牒の草案に加えて、最初の原爆が投下された後に発表する大統領声明の文案を携えていた[144]。

原子科学者たちに関するアリス・キンボール・スミスの優れた研究書が述べているように、七月一六日のトリニティ実験までには「原爆の使用に向けて全機構が動きだしていた」。原爆開発に関するイギリスの正史も、一九四四年初めまでに「このプロジェクト(原爆開発)は、すでに自己運動を始めていた」と記している。夜明け前のアラモゴードの砂漠(この地は古くはスペイン語で *Jornada del Muerto* と呼ばれ、その意味は「死者の道」であった)でプルトニウム型爆弾の実験が行われていたまさにその時、広島に投下されるウラン型爆弾がサンフランシスコ湾に停泊中の重巡洋艦インディアナポリス号に積み込まれた。この原爆が目的地のテニアン島に降ろされたのは七月二六日、ポツダム宣言が発表された日である。シカゴの科学者のように、原爆の使用について憂慮した人々が作成した報告書や請願書は、この巨大な機械に投げ込まれた砂粒のように消えていき、誰も気にとめなかった[145]。

＊

マイケル・シェリーは、ドイツと日本に対する空の戦争の「社会学」を詳細に論じた研究において、「文民軍国主義（シビリアンミリタリズム）」の台頭と「技術決定論」および「技術崇拝主義」の強大な力を強調している（戦争が終わるまでに雇用された民間人は、航空部隊だけで約五〇万人であった。こうした技術官僚からすれば、「人間を技術的な表現に還元することによって、敵は単なる量とみなされた」こと、日本は「巨大な破壊の実験室」とみなされたことを、シェリーは史料によって実証している[146]）。

マンハッタン計画は巨大な官僚的組織の具体例であると同時に、人間の平準化、教化、知的麻痺の実例である。「マンハッタン工兵管区 Manhattan Engineer District（「マンハッタン計画」の正式名称）」は巨大なプロジェクトであった。戦争終結までに約一三万人が雇用され、ウラン二三五の秘密工場はテネシー州オークリッジに、プルトニウムの秘密工場はワシントン州ハンフォードにあった。軍側の総指揮官であったグローヴス将軍は技術畑の出身で、あらゆる意味で優れた管理者であったが、彼は作業の細分化こそ最大限の効率と機密性をもたらすと考えていた。自分が核兵器の生産に従事していることを知っていた者は、十数万の雇用者のうちわずかしかいなかった（原爆を投下したB29の機長・ティベッツ大佐指揮下の乗組員が任務内容の正確な説明を受けたのは、広島に向け離陸する直前であった）。このように厳格に細分化された縦割り組織においては、指揮者を信頼し、国に奉仕し、

〈科学と技術の魅惑〉

極秘のマンハッタン計画――正式名称「マンハッタン工兵管区 Manhattan Engineer District」――は，米陸軍工兵部隊 U. S. Army Corps of Engineers が統括し，アメリカ，カナダ，イギリスにまたがる約 30 の研究・生産施設をもち，約 13 万人を雇用していた．アメリカには 3 つの主要な「秘密都市」があり，1 つはテネシー州オークリッジの施設で，24 平方キロ余りの面積があり，ウランの濃縮が集中的に行われた．もう 1 つはワシントン州ハンフォードの工場で，プルトニウムの生産が行われ，最終的な面積は 2590 平方キロ余りに達した．そして基礎研究，設計，実験は，ニューメキシコ州ロスアラモスで行われた．オークリッジとハンフォードの巨大事業で働いた人々は，自分たちの仕事の目的を知らず，戦後もロスアラモスやそこで働いた有名な科学者たちのように世間の関心を集めることもなかった．

73 オークリッジの施設で作業員が X-10 黒鉛型原子炉にウランのスラグ(核燃料棒)を注入している．

74 オークリッジのK-25と呼ばれた4階建ての気体拡散プラント．長さが約800メートル，幅が約300メートルあり，現在のアメリカ国防総省の敷地より広い．ここでウラン238からウラン235が分離された．

75 コロンビア川沿いに建設された3つの原子炉の1つであるハンフォードのB原子炉．ここでトリニティ実験と長崎原爆に使用されたプルトニウムが生産された．この原子炉では，コロンビア川から毎分約28万リットルの水を引き，冷却水として利用していた．

76 オークリッジのY-12プラントの「カルトロン」〔ウラン同位体の濃縮装置〕で制御パネルを操作するオペレーター．オークリッジではウラン鉱石を核分裂性物質に精製した．オペレーターは交代制で，このプラントは年中無休で稼働した．

77 Y-12プラントのウラン濃縮用電磁化学施設「レーストラック」．このような初期の「レーストラック」(「アルファ」と呼ばれた)を9基設置するために，2階建ての建物が3つ必要であった．「レーストラック」1つの長さは約37メートル，幅は約25メートル，高さは約4.5メートルであった．

持ち場を守り、疑問を抱くことなく、権威と命令に従うことが不動の原則となった[147]。

マンハッタン計画の科学者たちは、最先端の研究には自由な意見のやりとりが必要だと主張して、組織の極端な細分化を批判し、グローヴスを苛立たせた。シラードのような科学者やフランク委員会が政治的な憂慮と留保の態度を示すと、オッペンハイマーは丁重に、しかし断固として、上層部の権威には黙って従い、「生産ライン」に戻るよう促した。エドワード・テラーは、オッペンハイマーが彼を「熱く」説得したときの言葉をこう(後悔しつつ)回想している。どうかシラードの請願は無視してほしい、「こうした問題は、ワシントンが深い関心と英知をもって完璧に対処している。われわれの運命はわが国最高の良心の手に委ねられているのだ。彼らは、われわれにはない情報ももっている」。数年後、冷戦が激しくなりオッペンハイマー自身が国家への忠誠心を問われたとき、立場をわきまえることについてこれと同じ見解を繰り返した。「私は自分がすべき仕事をしました。ロスアラモスで私は、政策決定者の立場にはありませんでした。言われたことは、なんでもしたと思います。原爆の形状を変えろと言われたとしても、技術的に可能な限り、そうしたと思います[148]」。

原爆の場合、細分化と秘密主義が極端なまでに実行された。トルーマン自身がこれを体験している。ルーズベルトの突然死によって大統領に就任するまで、彼は原爆開発計画がどのようなものか知らなかった。陸軍省以外の大部分の閣僚にも知らされなかった。軍の内部でも、統合参謀本部や(英米の)合同参謀本部ですら知らされていなかった。開発が進み、実際に投下するために特別の準備が必要になったときも、情報の開示は最小限の範囲に限定された。大統領に就任したとき、トルーマンは原爆の使用を拒否することもできたが、実際にはその可能性はなかった。この点についてグローヴスは次のように述べている。「私が知る限り、彼（トルーマン）は不干渉主義をとっていた。つまり、すでに決まった計画をくつがえすことはしない、というのが彼の基本的態度だった[149]」。

たとえ軍服を着ていなくても、誰もが立派な兵士でなければならない――。それはナチズム、ファシズム、日本の侵略に対抗する「良い戦争」では難しいことではなかった。この場合、アメリカ人は愛国、忠誠、安全、指導者への信頼、大義への確信を理由に、自分の役割を機械の歯車のひとつとして受け入れた。ところが、アメリカ人以外が集団、国家、最高指導者に忠誠心をもち、良き兵士になると、それは個性の喪失、普遍的道義の忘却、群れ行動、自由・民主主義・良心の自立の放棄、全体主義的な洗脳と呼ばれたのである。

大量破壊の美

スティムソン陸軍長官の伝記を書いた作家のエルティング・モリソンは、原爆投下のプロセスに呑み込まれた人間の心理について、次のように書いている――「原爆製造に関与した人々と同様、スティムソン長官もひとつのプロセスに巻き込まれていた。人間が特定の目的をめざすとき、論理的にも本能的にも、あるいは一種の美学からも、最高点を達成しようとするものである。原爆製造のため、四年にわたる手探りの労苦を経験すれば、内部から規定する慣性によって、おそらく誰もが、ひとつの結末へと動かされていったであろう。……このプロセスにおいては、まだ自由に選択できる時期と、もはや選択の自由がなくなった時期を区別することは困難である[150]」。

軍国主義者と空想家が称賛し、人道主義者と現実家が疑問視してきたもの。それがいわゆる戦争の栄光である。古くは一八四八年、当時下院議員であったエイブラハム・リンカンは、メキシコとの戦争を肯定するジェームズ・ポーク大統領を、「軍事的栄光をあまりに明るく描いて、人々の視線をそちらに釘づけにしようとしているが、じつは、そこにあるのは血の雨に立ちのぼる虹であり、破壊へと誘惑する大蛇の眼である」と批判した。[15] リンカンの勝利の「虹」と、無機的な戦争機構ではまるで逆のもののようにも思われるが、両者はモリソンが「一種の美学」と呼んだものにおいて共通するところがある。科学者たちが感じた原爆開発の「甘美さ（スウィートネス）」は美的感覚の一形態であるし、巨大な機構を動かしているという満足感も美的感覚に通じるものがある。目的が崇高ならばさらに魅力は増すが、制約なき破壊を誘う「大蛇の眼」も、やはり満足感を高めるものであった。地上の地獄を想像したからといって、人は破壊に魅力を感じないわけではない。地獄を生むからこそ、破壊の魅力が増すことさえありうる。

　第一次世界大戦後、ジクムント・フロイトは、彼のいわゆる「死への欲動」「死の本能」を探究した。第二次世界大戦後、エーリッヒ・フロムは、現代の「テクノクラート」的社会では、原始的な血の儀式にみられる「破壊の恍惚」以上のものが受容されると述べた。なぜそうした暴力的なものに魅力があるのかについては、いろいろな研究がある。無意識の闇の力に着目する心理学・精神病理学、「生命力」の回復儀礼を重視する人類学、「暴力の再生力」に着眼する神話研究、男性性を批判する女性学、死に近づく「極限体験」の魅力を指摘するポスト構造主義、動物の生体に組み込まれた暴力性に着目する動物行動学、等々。二〇世紀の初頭、英語圏の大衆小説作家たちでさえ、当時はまだ想像の産物であった「超兵器（スーパーウェポン）」が世界を燃やしつくし、あらゆる人種を一掃し、白人の美徳だけが生き残る様を描いて、読者を興奮させたのであった。

ニューメキシコ州での原爆実験の暗号名「トリニティ」（三位一体。神は父なる神、子なる神および聖霊という三つの位格からなるというキリスト教の教理）は、大衆小説の興奮とはまるでレベルが違うようにも思える。だがこの命名も、暴力の歓喜に満たされた空想の世界に起源があった。「トリニティ」という暗号名は、「当時私が読んでいたジョン・ダンのソネットからの思いつきです」とオッペンハイマーはさらりと言っているが、その詩自体は「思いつき」で片づけるのにふさわしいとは言い難かった。その冒頭の四行は有名である。「私の心を打ち砕いてください　三位一体の神よ　なぜなら御身は／打ち　息を吹きかけ　照らして　私を直そうとされました／私が起き、立つために　神よ、どうか私を倒し　地に伏せさせてください／御身の力は砕き　吹き飛ばし　焼きつくし　私を新たにします」。核兵器がどのようなものかを知る今日のわれわれから見れば、オッペンハイマーの自己陶酔のリアルさには息をのむものがある。「砕き　吹き飛ばし　焼きつくし　私を新たに」。文字どおり砕き、吹き飛ばし、焼きつくす技術をおしすすめながら、オッペンハイマーは自身を神になぞらえていたのである[152]。

戦争の機構自体、見事に機能するひとつの複雑な機械のような美的感覚を呼び起こす。マサチューセッツ工科大学教授のエドワード・ボールズ（電気通信が専門で、レーダー技術などで戦争に貢献）は、サイパン島を訪問したとき、ある種の優美さを感じた。彼は「巨大なスケールで」作戦を展開するアメリカの力と、「超空の要塞（スーパーフォートレス）」（B29）に乗って離陸していく男たちの「偉大な沈黙とひたむきさ」に感銘を受け、「現実が達成されていくことへの感動と充足感」を覚えた。最前線の科学がもつ甘美（スウィート）な魅力と同じく、ボールズは「戦争の恐ろしさを遠くに追いやってしまうような、魅力ある世界」としての「この事業の精神、巨大さ、美しさ」に心を奪われたという。こうして、戦争の残虐性を忘れることは難しいことではなくなった[153]。

さらに、空の戦争はある種の美しさをもっていた。火の海、煙の柱、夜空に交差するサーチライトに照らされて輝く航空機の優美な飛行は、天国と地獄を合わせたような雰囲気をかもし出した。B29の機長であったウィルバー・モリソンは、名古屋空襲で雲の切れ目からみた光景を、「まるで鍵穴から地獄を覗き込んだようだった」と述べている。同じ光景はその後の空襲でも繰り返された。「雲が切れ、今日まで岡山と呼ばれていた都市が赤い火の海になっているのを見ていた」。そして、日本側の対空砲火も忘れられなかった。「上空一五〇〇メートルで爆発する火の群れは、最初の爆発のあと液体のように分かれて降下し、さながら花火のようだった[154]」。

日本人でさえ、時として空襲の美に見とれた。フランス人ジャーナリストのロベール・ギランは、三月九日(日本時間三月一〇日)の東京大空襲のとき東京にいたが、幸い大火災の外にいた。彼の回想によると、「暗い天空で金色に」輝くB29が、「水平線の上でアーチをつくるサーチライトの光線に照らされ、流れ星のように青く点滅し」、「破裂した光があちこちでクリスマスツリーのように夜空に立ち上がり、炎の花束のようにヒューと音を立てて地面に落ちていく」のであった。爆撃機の輝く翼が、北風になびく何本もの煙をナイフのように鋭く切り分けていった。近所の日本人はみな庭に立ったり、家の防空壕からこの様子をながめ、「劇場で見るような壮大な光景に……声をあげて驚嘆した」。別のジャーナリストは、日本人たちがB29のことを「半透明で、超現実的で、幻想的で、身軽で、まるでガラスのトンボのよう」であり、降り注ぐ爆弾は「銀の水の滝」のようだったと語ったと書いている。当時一〇代の若者で、のちに有名な作曲家になる武満徹（たけみつとおる）〔一九三〇―一九九六〕と、同じくのちに有名な写真家になる東松照明（とうまつしょうめい）〔一九三〇―二〇一二〕は、空襲の光景に忘れがたい美的印象を受けたと語っている。爆撃された人々でさえそうだったとすれば、爆撃した人々はどれほど空襲の「美」に魅了されたことだろう。[155]

＊

空の戦争や空からの破壊には洗練されたものがあるという自惚（うぬぼ）れた考え方は、第一次世界大戦のなかで生まれた。航空機からの爆撃がまだ初歩的な段階にあった一九一四年初頭、ドイツの軍事理論家アルフレッド・フォン・ティルピッツ（独自の海軍戦略で有名）が、次のように書いている。「空飛ぶ機械から爆弾をひとつだけ投下するのは良くない。老女にあたって殺してしまったら、ひどいことをしたことになるから」。しかし、もし「ロンドンの三〇カ所に一気に火をつけたら、素晴らしくて力強いことだ」。三〇年後の第二次世界大戦末期の基準でみると、三〇カ所というのは控えめな数字であるが、ティルピッツの言葉は、空爆の魅力を的確に表現している。空からの攻撃による大量死なら、一人の老女の死は見えなくなり、むしろ英雄的で、文明的で、かつ洗練されて見える。広島、長崎両方の原爆投下に参加し、爆風の科学的測定を行ったB29の機体に乗組員がつけた愛称は、「偉大な芸術家 *The Great Artiste*」であった。[156]

トリニティ実験に参加した人々は、その光景を見た瞬間から、表現できないものを表現する言葉を探し求めた。恐怖と魅力の混淆、その明るさ、彩り、音響は、言葉にしがたいように思われた。ある有名な科学者は、言葉が見つからないことを「息をのむようだ」と表現した。別の科学者は、太陽に向かってカーテンを開けたようだったと言った。エノラ・ゲイの乗組員は、黒のゴーグルを着用するよう指示されたとき、閃光は太陽一〇個分の明るさだと告げられた。その後、「千の太陽よりも明るい」が有名な描写の言葉となった。核兵器爆発の光景と、そのときの感情を最も詳しく表現したのは、おそらくファーレル将軍の長文の目撃証言である。将軍が急いで書いたこの文は、極秘の「アラモゴード原爆実験報告」に収録された。この報告書は、グローヴスが七月一八日に完成させ、ポツダムにいたトルーマン大統領に送られた。

（爆発の）結果は、前例のないものと言ってよく、壮大で美しく、驚異的であり恐ろしいものでした。これほど巨大な力をもつ人工現象はかつてなかったものです。閃光はどんな言葉でもうまく表現できません。この国全体が真昼の太陽の何倍もの、焼き印を押すような強い光で照らされました。その色は金、紫、すみれ色、灰色、青でした。すべての丘、谷、そして近隣山脈の尾根が鮮明に照らし出されましたが、その美しさを形容することは不可能であり、実際に見た者でなければ想像すらできません。それは偉大な詩人が夢想しつつも描写に苦しむ、あの美しさでした。爆発から三〇秒後、まず人や物を圧する爆風がやってきました。その直後、強く、長く、ものすごい轟音がひびきました。それはこの世の終わりの警告のようであり、われわれ卑小な人間が、不敬にも全能の神にのみ許されてきた力をもてあそんだと感じさせるものでした。その場にいなかった人に、その物理的、精神的、心理的な威力を伝えるには、言葉では不十分です。目撃した者でなければ、それを実感することはできません[157]。

一般向けの記事の執筆は、『ニューヨーク・タイムズ』の科学部門担当記者ウィリアム・ローレンスに任された。「マンハッタン工兵管区特別顧問」を表向きの肩書として、彼はトリニティ実験に立ち会った後、記者としてはただ一人、長崎への原爆投下に同行を許された（広島への原爆投下には、ジャーナリストは誰も立ち会っていない）。ローレンスの記事は、乗組員の氏名、年齢、生まれた町、住居の通りの名まで書きこんだ典型的なアメリカ的報道スタイルで、その個人性は、何キロメートルも下で消される運命にあった無名の日本人とは対照的であった。長崎に投下されたプルトニウム型原爆は、写真やレプリカ、「ファットマン」という名前が示すように、ずんぐりとして不格好な形をしていた（実寸は長さ約三メートル三〇センチ、直径約一メートル五〇センチ。横幅は広島に投下されたウラン型原爆「リトルボーイ」の二倍以上）。しかしローレンスは、彼の独占記事の読者に違う印象を与えた。記事はこう始まる。「この「仕掛け《ガジェット》（原爆）」は、見た目にも美しい。とてつもない工程を費やした設計は、間違いなく歴史上最も集約的な知的事業である。たったひとつの課題に、これほどの頭脳の力が注がれたことはかつてなかった」。原爆投下のための飛行は、あたかも「冒険の旅」であり、暗闇と強風に始まり、やがて「セント・エルモの火」と呼ばれる静電気現象が起こったと、ローレンスは書いている（「回転する巨大なプロペラは、青色に発光する大きな円板のようになった。同じように、発光する青い炎が機首と巨大な両翼の先端に見え、われわれの青い炎の戦車《チャリオット》は、あたかもつむじ風に乗って空間を駆け抜けているようだった」)。厚い雲のため、当初の爆撃目標(小倉。ローレンスは小倉の名をあげていない)への投下は断念され、「運命は長崎を目標として選んだ」。「美」の物体が運命の都市に投下され、溶接工用のゴーグルをはずしたとき、乗組員と同乗者たちが見たのは、「地球の腹わたから出てきたかのような巨大な火の玉」に続いて、「高さ約三三〇〇メートル、とてつもない速度で昇る紫色の巨大な火柱」であった。それから四五秒以内に、この火柱は投下目標の上空九六〇〇メートル超に達した。「われわれは畏怖にうたれ、宇宙からではなく地球から出てきた隕石が上方に打ち上げられ、白い雲を通り抜けてますます大きくなっていく光景を見ていた。それはもはや煙でも粉塵でもなく、火がつくった雲でもなかった。それはわれわれの目前で誕生した新たな生き物であり、新たな種であった」[158]。

アメリカ陸軍省は、長崎への原爆投下からちょうど一カ月後の九月九日、このローレンスの文章を公表した。ここに描かれた情景は、二〇世紀初頭の作家たちが描いた世界戦争(西洋の白人が勝者になる)のクライマックスシーンの黙示録的な美的感覚とほとんど区別がつかない。一九三〇年代末には核分裂が発見されるより数十年も前に、作家たちは「絶滅戦争」「空の怪物」、「原子爆弾」「原子力」による戦闘といった表現をすでに使っていた。「死滅する都市」に立ち昇る「巨大な煙のきのこ」という表現まであった。こうした作品では、究極の勝利はたいてい西洋科学の力やアメリカの美徳や産業力によって達成されるのだが、第一次世界大戦勃発の年、一九一四年に刊行された『アルマゲドン *Armageddon*』と題する小説は、その典型である。これには「愛、戦争、発明の物語」というなんでも入るような副題がついており、想像上の超兵器(スーパーウェポン)による破壊を、ずばり「美しい、だがそれは恐怖を呼ぶ美だ」と書いている。

ローレンスの記事は、こうした官能的破壊の感覚に似ているようでもあるが、大きな違いは、それがもはや想像上のものではないことであった。しかしローレンスの描写は、やはり演劇を見ているかのようであり、爆心地から何キロも離れた場所で、やはりきのこ雲に魅せられていた。[159]

きのこ雲は数秒で数百万年の進化をなしとげる生物のようであり、ある段階で底部約四・八キロメートル、先端部約一・六キロメートルの巨大なトーテムポールの形になった。底は茶色、中心は琥珀色、先端は白色であったが、これは地上をしかめ面で見下ろすグロテスクな仮面がいくつも彫られた、生きたトーテムポールであった。

この物体の動きが収まると、今度は上端から巨大なきのこ雲が現れ、その細い柱を加えた全体の高さは約一万三七〇〇メートルになった。このきのこ雲の先端は柱状の物体よりも生き生きと動き、白いクリーム状の泡が怒ったように煮えたぎり、沸騰しているかのようであった。そしてジューと音を立てる夥(おびただ)しい間欠泉のように一斉に噴き上がった後、ばらばらになって流れ落ちた。

このきのこ雲の先端は、束縛を断ち切ろうと体を動かす生き物のようにもがいたあと、数秒後に分離して上方へと高速で浮き上がり、約一万八三〇〇メートル上空の成層圏に達した。かと思うと、今度は少し小さいきのこ雲が、再び柱から立ち昇り始めた。それはあたかも、頭を切り落とされた怪物が新しい頭を生み出したかのようだった。

最初のきのこ雲が空に浮き上がると、それは花のような形に変化した。その巨大な花弁は下方に曲がっており、外側は乳白色、内側はバラ色であった。約三二〇キロメートル離れたところからもう一度最後に眺めたが、まだ同じ形をしていた。

このローレンスの記事は、原爆投下をもっとも直接に「目撃」した印象を綴ったものであり、アメリカ政府が発表し、アメリカの報道機関によって広められたものである。一九四六年、ローレンスは核問題に関する報道でピューリッツァー賞を受賞した[160]。

復讐

ローレンスの記事の大部分は、勇敢な米軍の乗組員と原爆投下にまつわる「美」を描いたものであったが、原爆を投下される側の、顔もなく名前もない人々についても若干触れている。

白い雲の山々の向こうに、われらの敵・日本の国土が横たわっている。今から約四時間後、われわれに対して使用される兵器を製造している都市のひとつが、人間がつくった最も偉大な兵器によって地図から抹消されるのだ。一秒の一〇〇万分の一の、さらにその一〇分の一という、どんな時計でも計れないような一瞬に、空からのひと吹きの風によって何千もの建物と何万もの住民が粉々になるであろう……。

人は、死を間近にした悪魔を哀れみ同情するだろうか。真珠湾や「バターン死の行進」を想い起こすなら、そうはしないだろう。

ここに、「われわれに対して使用される兵器を製造している」という正当化が書いてあるが、これはよくあるごまかしである。長崎が投下目標に選ばれたのは、軍事目標として重要だからではなかった。長崎は人口が比較的密集した都市であり、それまでの爆撃であまり破壊されていなかったから選ばれたのである。都市を丸ごと抹消することによって心理的な衝撃を与えられるし、技術的にも原爆投下後の調査が容易になる。しかしながら、ローレンスの表現でより注目すべきは、復讐の満足感を特筆している点である。広島と長崎への原爆投下は、これからアメリカ人の生命を救うために正当化されただけではなかった。それは過去にさかのぼっての報復でもあり、一九四一年一二月七日(日本時間一二月八日の真珠湾攻撃)の日米戦争の開始に立ち返り、それ以降に失われたすべてのアメリカ人の生命の恨みを晴らすためでもあった。復讐の感情は、トリニティ実験の時点でも怒りの天罰として聖書的に表現されることがあったが、いまやそれがもっとはっきりと表現されていた。真珠湾への攻撃と米兵に対する虐待の責任をとって、日本人全体が処罰されるべきなのであった。

日本人に対するこうした強烈な、消えることのない憎悪は、日本の同盟国であったドイツとイタリアとの戦争では見られないものであった。この憎悪は、白人と非白人の間の破滅的衝突を描いた小説などによって、半世紀のあいだ煽られてきた人種主義を反映したものであったが、もうひとつ、計り知れないほど重要だったのは、真珠湾攻撃が非常に衝撃的で、印象的で、ほとんど映画のようであったことである。このイメージが、「良い日本人などいない」、軍国主義の指導者も市井の民も、軍人も非軍人も、日本人なら誰でも同じだという観念につながった。

真珠湾攻撃から三日後に行われた世論調査では、アメリカ人の六七パーセントが日本の都市に対する無差別爆撃を支持し、これにきっぱりと反対したのはわずか一〇パーセントにすぎなかった(他に、三パーセントが「軍事上の目的であれば」という条件で爆撃を支持し、一三パーセントが「日本がわれわれを爆撃した場合に」爆撃を支持すると回答している)。アメリカ海兵隊は、復讐への渇望を「真珠湾を忘れるな——奴らをぶっ殺し続けよう“Remember Pearl Harbor—Keep'em dying.”」とい

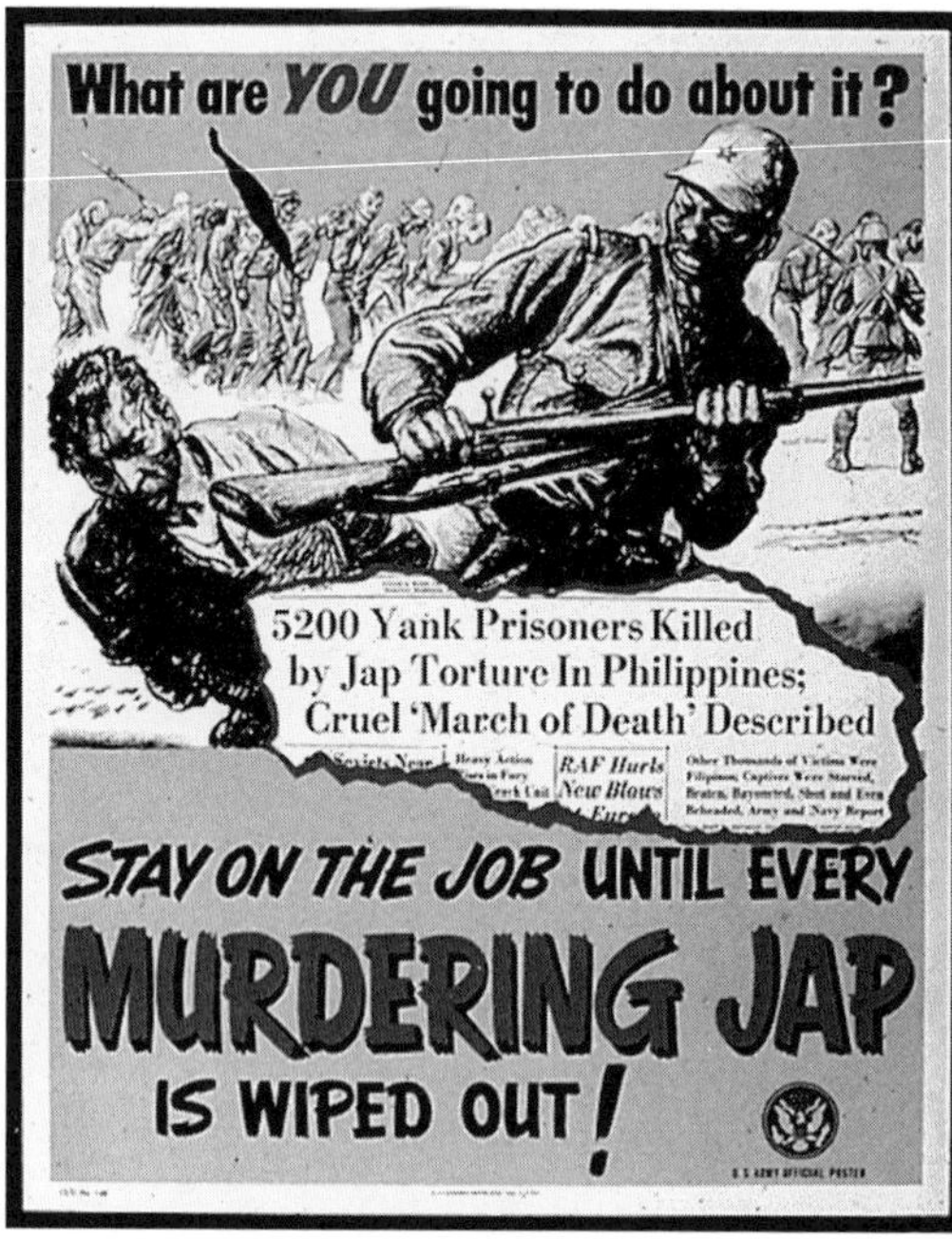
What are YOU going to do about it?
5200 Yank Prisoners Killed
by Jap Torture In Philippines;
Cruel 'March of Death' Described
RAF Hurls
New Blows
STAY ON THE JOB UNTIL EVERY
MURDERING JAP
IS WIPED OUT!
U. S. ARMY OFFICIAL POSTER

78 日本への復讐願望は，戦争初期に発生した「バターン死の行進」などの日本軍の残虐行為が後に公表されると，いっそう高まった．このポスターは米陸軍によるもの．

う端的なスローガンで表し、多くの戦闘員はこのスローガンを文字どおりに受けとめた。太平洋の戦局が進んでも、アメリカの従軍兵を対象にした調査によると、戦闘の目的は日本の敗北や自国の勝利ではなく、要するに「ジャップを殺す"kill Japs."」ことにあると答えた者が大部分であった。一九四四年中頃、太平洋戦争が終局に近づくにつれて、二つの事態によって日本への復讐心はさらに強まった。ひとつは日本の自殺的で狂信的な抵抗であり、もうひとつは日本軍による捕虜虐待が知られるようになったことである。たとえば「バターン死の行進」は、太平洋戦争の初期、日本の束の間の勝利の期間に起こったことであるが、アメリカとイギリスの一般市民は、だいぶ後になるまでこのような戦争犯罪を知らされることはなかった。一九四四年一月、検閲が解除され、フィリピンのバターンで日本軍が行った虐待の事実が知れわたると、当然、一般市民の怒りが沸き起こった。ハリウッド映画は、この怒り(および、しばしばジェノサイドに近いものまで肯定する感情)をとくに鮮やかに表現した。たとえば、映画『目標はビルマだ！ *Objective Burma!*』(エロル・フリン主演)には、制作中に脚本家やプロデューサーの意見があわず、揉めたシーンがある。そのシーンでは、敵の日本兵に米兵が拷問され殺されたことを知った理性的な役柄のアメリカ人記者が感情を爆発させて、こう叫ぶ。「堕落した馬鹿ども。胸糞わるい、チビの野蛮人ども。やっちまえばいい。地上からなくせ。奴らを地上から一掃しろ」[16]。

映画『パープル・ハート *The Purple Heart*』には、もっと長く、生々しい虐待の場面がある。この映画では、一九四二年のドゥーリトル空襲で捕虜になった八名のアメリカ人飛行士が虐待を受け、粗雑な裁判で裁かれる(三名は処刑され、四人目は戦争が終わる前に死亡)。捕虜の一人がクライマックスで語るセリフは、日本の男も女も子どもも一掃することを是認するほどの義憤がどういうものかを、完璧に伝えている。

たしかにわれわれアメリカ人は、あんたたち日本人をよく知らないし、それは昔もそうだった。でも、あんたたち日本人はオレたちについてもっと知らないんだってことに、オレは気づいた。あんたたちはオレたちを殺すことはできる。全員でも一部でも。けれど、それでアメリカ合衆国に恐怖の神を送りつけて、アメリカ人が恐れをなして爆撃機を送り込まなくなると考えているんなら間違いだ。大きな間違いだ。昼も夜も、爆撃機は来るよ。アメリカ人はあんたたちの空を真っ黒にし、街を焼き払う。あんたたちはひざまずいて赦しを乞うんだ。これはあんたたちの戦争なんだ。あんたたちがやりたがったんだ。あんたたちがやってほしいと言ったんだ。あんたたちが始めた戦争なんだ。だからあんたたちに罰がくだる。こうなったら、あんたたちの汚らしいちっぽけな帝国とやらが、地上から消えてなくなるまで終わらないんだよ！

『パープル・ハート』が劇場公開されたのは一九四四年二月である。日本に対する空爆計画が進み、一九四五年三月九日の東京大空襲から組織的な空爆が開始される約一年前のことであった[162]。こうした腹の底からの感情が広がり、人々が復讐（ネメシス）の女神を崇めるようになると、非戦闘員に対する爆撃は野蛮で邪悪な行為だという長年の意識は消え去り、相手の行為との「均衡」という交戦法規の理念を守る姿勢もなくなっていった。旧約聖書の「〔一つの〕目〔を奪われた時〕には〔一つの〕目を〔つぶして報復せよ」an eye for an eye」という均衡の原則は、無数の日本人の目eyesと、敵の残虐行為によって閉じられたアメリカ人の一つの目an eyeが均衡する、という意味に変貌してしまった。こうした報復の頂点が原子爆弾であった。公式説明では、原爆は軍事目的のものであり、戦争を早期に終結させ、アメリカ人の生命を救うためのものとされたが、報復の意図を隠そうとしない者も多かった。

八月七日、マーシャル陸軍参謀長が、日本人の犠牲も大きいので、広島への原爆投下をあまり派手に祝うのは慎んだほうがよいと述べたとき、マンハッタン計画の責任者・グローヴス将軍はこう答えた。「私は、日本人の死傷者というより、バターン死の行進の犠牲者のことを考えています」。すると米陸軍航空軍司令官ヘンリー・アーノルド将軍がグローヴスの肩をたたいて、「よく言ってくれた。私も同感だ」と声をかけたという。八月九日、トルーマン大統領は、広島への原爆投下が実行されたあと、アメリカ国民向けのラジオ放送で、戦争の早期終結や「多数の若いアメリカ人の生命」を救うという目的を語る前に、まずこう述べた。「私たちは原爆を発明し、使用しました。警告なしに真珠湾を攻撃し、アメリカ人捕虜を飢えさせ、殴打し、処刑し、戦時国際法を遵守する素振りさえ見せない者たちに対して、私たちは原爆を使用しました[163]」。

続いて八月一一日、トルーマンは、個人的な書簡の中でもこうした仕返しの感情を述べている。連邦教会協議会の事務局長がトルーマンに次のような電報を送った。「日本の二つの都市に原爆が投下されたことに、多くのキリスト教徒は深く心を痛めております。それは必然的に無差別の破壊をもたらし、人類の将来にとってきわめて危険な前例となるからであります」。これに対して、トルーマンはこう自己弁護している。

原爆の使用に私ほど心を痛めている者はいません。しかし私は、日本が真珠湾を正当な理由もなく攻撃したこと、そしてわが国の戦争捕虜を殺害したことに、たいへん心を乱されておりました。彼らが理解しそうな唯一の言葉は、彼らを爆撃するために使用したもの〔原子爆弾〕です。獣は獣として扱わねばなりません。これはとても遺憾なことではありますが、正しいことでもあります。

だが、ここにいう「獣」とは、正確には誰のことなのだろうか。実際に真珠湾を攻撃し、その後、口にするのがはばかられるほどの残虐行為を行った「者」とは、誰なのであろうか。(164)

過ちを犯した指導者や残虐行為を行った兵士に対する仕返しとして、国民全体に報復を加えたいという願望は、原爆投下のあと占領の初期にも見られた。ポツダム宣言の受け入れを日本の指導者たちが迷っているとき、アーノルド将軍は、最後の復讐として東京を再び爆撃するために、米軍史上最大の一〇一四機の大編隊を急ぎ編成した。米軍機は一機の損失もなく帰還したが、トルーマンが日本の無条件降伏を公表したとき、最後のB29はまだ帰還途上にあった。長崎への原爆投下から一週間足らず後の戦争終結までに、約一万五〇〇〇人の日本人が焼夷弾爆撃で死亡した。これは日本への都市爆撃による総死者数に比べれば少ないが、そのほとんどが必要のなかった犠牲であり、数カ月に及んだ沖縄戦における米兵の総死者数よりも多かった。(165)

二つの原子爆弾は、日本の敵であった人々を喜ばせた。戦争の終結に役立ったからだけではない。

多くの犠牲者を出したからである。日本降伏から数カ月後に行われた世論調査では、「日本が降伏する前に、それら（原子爆弾）をもっと多く、もっと早く使用すべきであった」という項目に、二二パーセント余りのアメリカ人が賛成した。時間とともに、広島と長崎の人的犠牲の甚大さが理解されるようになっても、アメリカのマスメディアも一般市民も、集団的報復の満足感を捨てられなかった。たとえば、『ライフ』誌は、広島への原爆投下から二カ月後、幼い息子のとなりに横たわる母親の写真を掲載した。この息子は顔に火傷を負い、苦しげな表情をしている。母親自身も怪我をしていたが、包帯のようなものを息子の傷口に優しくあてている。この写真は人間愛を思わせる感動的なものであったが、この写真には次のような説明がついていた。「爆風で火傷を負った母と子。銀行の床に横たわっている。この写真を撮ったイエーマンは、この火傷は自分が撮影した真珠湾攻撃での米兵の傷に似ていると語った」[166]。

相手の行為とつりあった報復と考えることによって、人々は無差別のテロ行為を正当化できたのである。

理想のための殲滅

個人的、組織的、深層心理的な欲動、そして全面殺戮への渇望さえあったからといって、同時に、慈悲の気持ちがなかったわけではない。トルーマン自身、表向きには迷いはなかったと何度も言っているものの、やはり葛藤を抱いていた。広島も長崎も通常の軍事目標だったと主張し、日本人全体を一匹の獣扱いしていたものの、自分の決断に不安を抱いていたのである。ヘンリー・ウォーレス商務

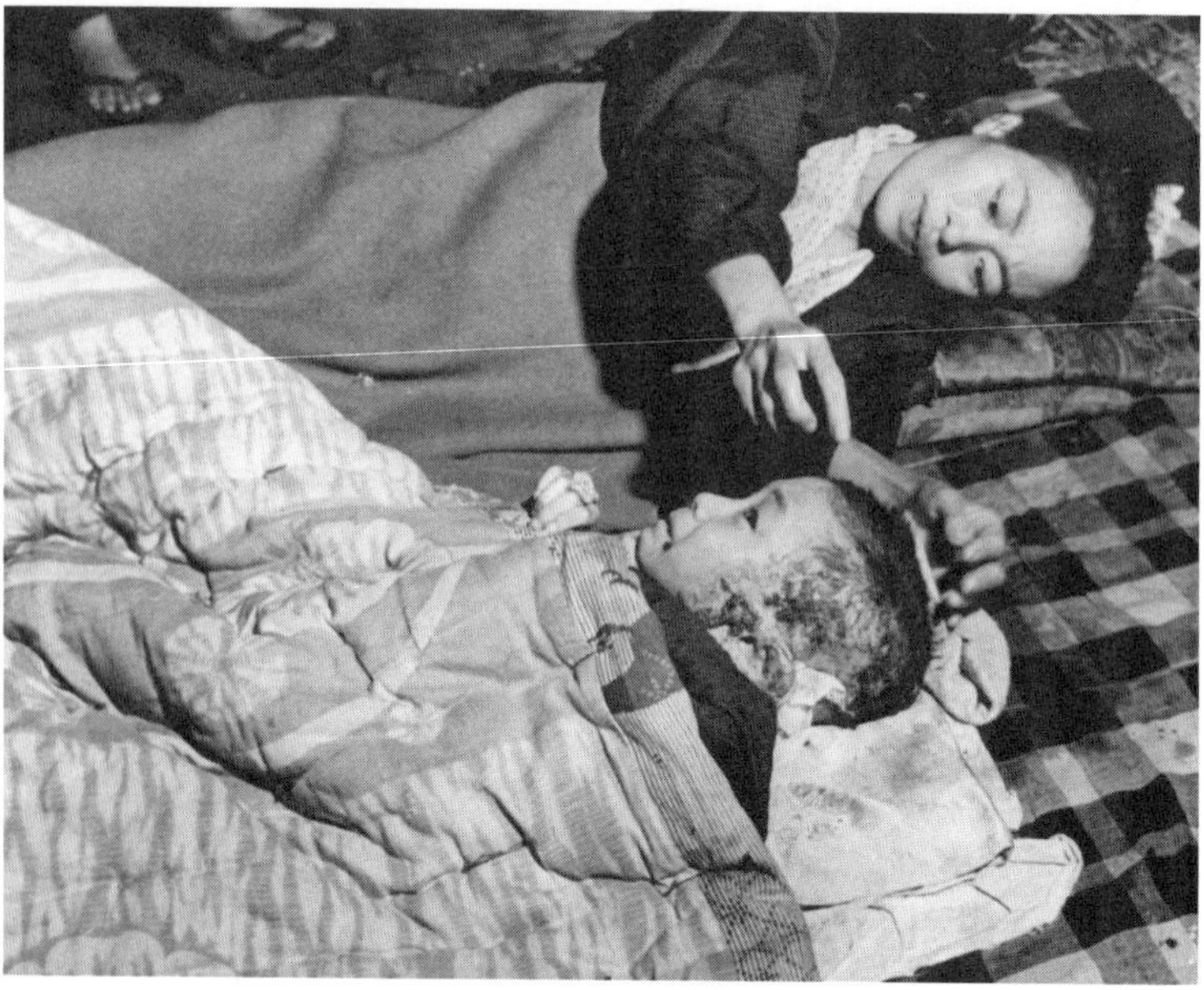

79 広島で負傷した母親と子ども．この写真を掲載した『ライフ』誌の説明には，これを撮影した写真家はこの母子の姿は真珠湾攻撃犠牲者を思い起こさせると述べている，と書かれている．

長官の日記の有名な箇所によると、〔二発の原爆投下のあとの〕八月一〇日の閣議で「トルーマンは、これ以上の原爆投下は中止せよと命令したと語った。このうえさらに一〇万人を殺すというのは、あまりにも残酷だと。自分は「あの子どもたちを全部」殺したと考えるのが嫌だと」。[167]

トルーマンの葛藤は原爆投下のあとのことであったが、実際には、最初の原爆の完成が近づいた頃には、すでにある種の人道的な関心は見られた。ワイスコップは、日本への原爆使用をオッペンハイマーがこう正当化したと記している。「もし原爆によって戦争が不可能になるなら、その影響はとても大きいだろう」。六月一六日、マンハッタン計画の科学顧問団は、実際の都市以外の標的をつかって原爆の破壊力をデモンストレーションするという提案を退けたが、その有力な理由は、将来戦争を不可能にするには、実際の都市を目標にするほうがよいということであった。科学顧問団の勧告は、こう述べている。「当顧問団は、この兵器を廃絶することよりも戦争を防止することのほうにより強い関心を抱いて」おり、原爆の即時使用が「国際問題の見通しをよくするであろう」という見解に賛

80 広島の被爆者．原爆投下から4カ月後，1945年12月撮影．核戦争の恐怖の象徴として，おそらく最もよく知られた写真である．

同したい、と。

将来の戦争を防止する――ワイスコップはこの考えが説得的だと思ったし、オッペンハイマーがカリスマ的影響力をもっていたロスアラモスでは、他の研究者もそう考えた。エドワード・テラーは七月二日付の手紙で、都市への原爆使用を遅らせるべきだというレオ・シラードの嘆願書に署名しない理由を、次のようにシラードに説明している。

81 緊急援助でもらったおにぎりを持つ母親と子ども．1945年8月10日，長崎．日本軍の従軍カメラマンであった山端庸介が撮影したこの写真は，現在ではよく知られているが，1952年まで続いたアメリカの占領中は一般に公表されなかった．

> まず第一に、私は自分の良心のくもりをなくすことは絶対にできないと思っているということです。われわれの仕事は大層恐ろしいものが相手なので、どんなに抗議したり政治的に行動を起こしても、われわれの魂が救われることはないと思うのです。……
>
> とはいえ、私はあなたの嘆願にも十分納得できません。なにか特定の兵器を禁止することが可能だとも、私には思えません。もしわれわれに生き延びる可能性が少しでもあるとすれば、それは戦争を取り除く可能性のなかにあります。兵器が強力であればあるほど、実際の紛争に用いられる可能性は高いでしょうし、そのときはどんな協定も役立たないでしょう。
>
> 　われわれの唯一の希望は、われわれがつくったものが生む現実を、人々に見せることにあります。これは、次の戦争は致命的なものになることをみんなに納得させるのに役立つかもしれません。この目的のためには、実際の戦闘での使用が最善であるかもしれないとさえ思います[168]。

アーサー・コンプトンは、シカゴの科学者たちがみずからの主張を述べることは奨励したが、実際に作成されたフランク報告の内容については反対であった。彼の論拠は、オッペンハイマーやテラーに似た、素朴な抑止論であった。コンプトンは後にこう説明している。「フランク報告は、原爆を使用した場合に起こりうる問題を指摘していた。しかし〔原爆で亡くなる人数と原爆で救われる人数を〕差し引きすれば、どれほどの人命が救われることになるか、あるいは、もしこの戦争で原爆を使わなかったら、世界は次の戦争の実相について十分な警告を受けないままになるのではないか、といった点には触れていなかった」。

スティムソン陸軍長官によると、ハーバード大学学長のジェームズ・コナントも、同様の根拠で原爆の即時使用を支持していた。一九四七年、スティムソンはジャーナリストに次のように語っている。「戦争全廃の必要性に世界を目覚めさせる唯一の方法として、彼〔コナント〕は私に原爆使用を進言した。いかなる技術的デモンストレーションも（戦時にそういうことが可能だとして。現実には不可能だったが）、恐ろしい結果を伴う実戦での使用の代わりにはならないと。……私はコナントの考えは正しいと思ったし、コナント学長に賛成した著名な科学者と、賛成しなかった、より非現実的な科学者との主たる相違は、戦争全廃の必要性に世界を目覚めさせることに着目したかどうかにあったと思う[169]」。

このような観点からすれば、広島と長崎を焼き尽くしたことは現実的であったばかりでなく、言葉の最も広い意味で「理想的」なことなのであった。「恐ろしい結果を伴う実戦での使用」（スティムソン）は、将来の世界に戦争の愚かさを警告するであろう――。一九四八年、核兵器を独占しているアメリカが、同時に核兵器の国際管理を提案するというキメラ〔異なる遺伝子の接合体〕のような提案が行われていたとき、P・M・S・ブラケットは、いわゆる現実主義と理想主義が〔DNAの二本の紐の〕らせんのようにからみあった、この「進歩的」な考え方について、鋭い筆致で以下のように述べた。

原爆製造に参加した原子核物理学者の多くは、原爆投下は間違いなく、軍・政の当局者のなかの進歩的な人々の勝利であったと考えた。そうした物理学者たちが恐れたのは、原子爆弾が対日戦争で投下されずに秘匿され、将来ロシアとの戦争で使用するために貯蔵されることであった。それを強く危惧した人たちにとっては、いま原爆を投下し、その結果が知れわたるほうが、まだましな悪のように思われたのである[170]。

これは、近現代の紛争の文化において、もうひとつの魅力的な思考の定型(マントラ)である。究極の暴力を行使することは必要悪あるいは「まだましな悪」であり、それが平和をもたらし、戦争のない将来の世界への道をつくるという考え方である(広島への原爆投下で写真撮影を担当した、三機目のB29に乗組員がつけた名前は、「必要悪 Necessary Evil」であった)。こうして、日本との戦争が終わる前に、できる限り劇的に無差別殺戮の兵器を使用することが望ましいと考えられたのである。その目的は、目前の紛争を超え、ブラケットが指摘するソ連との将来の関係すら超えたところにあった。こうした視点からすれば、日本の無数の男、女、そして子どもたちの犠牲は、小さなものにすぎなかった[171]。

＊

広島と長崎への原爆投下が既成事実となった後、シカゴの憂慮する原子科学者らは、核兵器の危機について世界に警告を発するとともに、「恒久平和への第一歩として、原子兵器の国際的規制の確立のため、たゆまぬ活動を進める」ために結集した。彼らは真珠湾攻撃四周年(一九四五年一二月)に、運動発足の声明を出した。彼らの予測は短期的には極度に悲観的であったものの、長期的には先見性のあるものであった。この声明の冒頭は、次の通りである。

真珠湾攻撃から四年が経ちます。そしてアメリカの世論は、今から四年後に起こるかもしれない、大陸的スケールの「真珠湾攻撃」を未然に防ぐことよりも、四年前に起こった惨劇の責任のほうに、今もはるかに大きな関心をもっているように思われます。たしかに、四年前、三〇〇〇人のアメリカ人——その大部分がわが国の兵士でありました——が、日本の卑怯な攻撃によって命を失いました。しかし今から四年後、もしわが国の都市に原爆による奇襲攻撃が行われるなら、三〇〇〇万人のアメリカ人(女性、子どもを含めた民間人)が死亡する運命にあるかもしれません。もし、われわれが世界から戦争をなくせないなら、このような破滅的結末は不可避でしょう。われわれがもっと備えをしていたならば、真珠湾攻撃はなかったかもしれません。しかし原子爆弾が存在する世界においては、備えとは報復力をもつこと、すなわち、わが国を攻撃した国の諸都市をただちに壊滅させる力をもつ以外に方法はないことになってしまいます[172]。

戦争自体をなくそうという一九四五年一二月のこの呼びかけは、原子爆弾の投下以前と同様、現実にはならなかった。しかしこの呼びかけは、一九四一年一二月七日から一九四五年八月六日までの四四カ月間に起きた、兵器の技術面のみならず人間の道徳意識における真に革命的な転換を思い起こさせる。その間に、〔空爆や原爆による〕大規模なテロが是認されるだけでなく、奨励されるようにさえなったのである。

第二章

取り戻せない悪

取り戻せない悪

広島と長崎に原爆が投下されてから二〇年後、イェール大学医学部病理学教授であったアブリル・A・リーボウは、〔一九四五年に執筆した〕『広島の医療日記　一九四五年』を増補して出版した。中佐として米陸軍医療部隊に所属していたリーボウは、硫黄島と沖縄で戦闘が行われていた時期にサイパンに駐留して、負傷者の治療や病院施設の拡充の任務についていた。この『日記』の前文によると、彼は夕方になると「硫黄島と日本本土に死と破壊をもたらすために、B29の部隊が隣のテニアンやグアムからやってくる」のを見ていた。

周囲の誰もがそうであったように、彼は原爆投下をニュース報道で知った。ただ、ここ数カ月間、何か大きなことが起こるという予測は流れていた。彼の回想によると、すでに一九四五年の春、「飛行士たちは戦争が八月一五日までに終わるかどうか、さかんに賭けをしていた。謎めいた笑みを浮かべて、相当な額をつぎ込んだ者もいた」。ならば、彼らはなかなかの勝負師である。日付までぴったり的中していたのだから。

リーボウは九月中旬、「日本における原子爆弾の影響に関する合同調査団」の一員として日本にやってきた。つまり彼は、理想のための殲滅の結果を「グラウンド・ゼロ」で目撃したのである。飛行機から見た広島の第一印象を、彼はこう書いている。「壊滅、荒涼、灰のかたまり」。空港と呼べるようなものはなく、滑走路に唯一あったのは一本の吹き流しで、管制塔も着陸灯もなかった。彼が広島に降り立って最初に出会った犠牲者は「ひどい傷を負った数人の子どもだった。そのなかに一人、片言の英語で自分の体験を語った少年がいた。彼は、自分が爆心地からどのくらいの距離にいたか知っているようだった」。

リーボウはその年の年末に離日するまでの調査や社会活動の記録を、ある科学雑誌に「災害との遭遇」と題して掲載した。彼はその序文でこう述べている。

一九四五年八月六日午前八時一四分、ワシントンの指令により、エノラ・ゲイの乗組員の手が取り戻せない新たな悪をこの世界に放ったとき、私たちは、私たちの生が、いや全人類の生が、これからいかに変えられていくか知る由もなかった。[173]

オッペンハイマーは、ルーズベルト大統領の死にあたって、「われわれは大きな悪と大きな恐怖の年月を生きてきました」と述べた(この言葉自体は、枢軸国の脅威に関するもの)。リーボウ博士も、これに共感したことであろう。また、トルーマン大統領は一九四五年八月一六日、今日は「東洋における勝利」を厳粛に記念すべき「祈りの日」だと述べたが、ほぼすべてのアメリカ人や連合国の人々とともに、リーボウもこの言葉に異論はなかったであろう。このときトルーマンは次のように述べた。「太平洋に悪の力を拡大するため、八年前(一九三七年の盧溝橋事件)日本が開始した残忍な侵略戦争は、日本の完全なる敗北に終わりました。世界の諸国民を奴隷にし、世界の文明を破壊し、暗黒と堕落の新たな時代を作り上げようとした独裁者たちの尊大な構想は終わったのです。本日は、地球上における自由の歴史の新たな始まりであります」。勝利は「神のご加護によって実現しました。神は逆境と犠牲の日々にも私たちの傍におられ、今日、この栄光の日をわれわれにもたらしてくださいました」。

それから約二週間後、トルーマンは再びラジオで演説し、日本が「無条件降伏」に公式に調印した九月二日を「対日戦勝記念日」に指定すると述べた。ここでもトルーマンは、「日本の戦争指導者が行った悪行は、埋め合わせることも忘却することも、決してできません」と語った。そして「文明を破壊しようとした暴政を克服する」のを助けたもうた神に感謝した。トルーマンと信心を共有するか否かは別にして、悪に対して勝利したという意識は、この時たしかに広く共有されていた。ただ、多くの人々からみれば、この良い戦争は勝者自身が解き放った、もはや「取り戻せない beyond recall」新たな悪とともに終わったのであった[174]。

リーボウは、「原子爆弾の開発に直接の責任を負い」、原子爆弾が使用されたあと、「良心の呵責に悩まされた物理学者たち」の気持ちは容易に理解できるといい、「傷害を受け、手や足を失った被害者に接したとき、われわれ医師団は、申し訳なさと後ろめたささを感じ、自分自身や仲間の調査団員に、「もう〔原爆の製造と使用は〕現実になってしまったが、われわれも人類に対する悪の共犯者だったのだろうか」と問いかけた。広島でともに調査した日本側の科学者や協力者はアメリカに恨みをもっていなかったが、それは単に自制心や規律のゆえというより、彼ら自身が罪の意識をもっているからではないかとも考えた。結局リーボウは、自分たちも共犯者ではないかという前記の疑問に、部分的にではあるが次のような答えを出した。新兵器の威力と放射能の影響を全面的に調査しなければならない。そのうえで、建設的な目的のために原子力を制御するのだ。「その際、ただ命令に服従するのではなく、つねに自らの良心にてらして考え続けることだ[175]」。

リーボウが『広島の医療日記』を発表した一九六五年には、すでにアメリカとソ連は熱核兵器を多数保有していた。〔広島に投下された〕リトルボーイと〔長崎に投下された〕ファットマンは時代遅れの存在となり、ソ連が主導する共産主義とアメリカが主導する資本主義が、お互いを新たな世界悪とみなしていた。新世代の戦略家と政策決定者は、「抑止」のための鍵として、いっそう威力のある大量破壊兵器の開発を推進した。「抑止」という発想は、理想のための大量殺戮という原爆開発の頃の考え方を転用したものであったが、この概念は核兵器を廃絶したり規制したりするのではなく、むしろ拡散させた。広島と長崎の遺産が警告となり、世界は変わるだろうという期待もあったが、結局それは実現しなかった。

戦後、核兵器がどうなるかを正確に予測することは、誰にとっても難しかった。そして二一世紀に悪がどのような顔をして現れるかを想像するのは、もっと困難であった。一九四四年一一月、マンハッタン計画に参加し、憂慮した科学者たちがまとめたジェフリーズ報告〔新兵器は「文明の破壊者」となるかもしれないと指摘。本書第一〇章参照〕には、ソ連との軍拡競争のみならず、テロとの戦争を連想させる内容が含まれていた。将来、核兵器は「大規模な軍需産業ではなく、小さな秘密の場所で生産し、監視を避ける」ことができるかもしれないし、「商用機で密輸したり、前もってどこかに預けておいたりできるかもしれない」と。しかし実際には、その後数十年間の冷戦と九・一一の突発が示しているように、世界の指導者たちは誰もこのような新しい危険について真剣に考えなかった。国家を背景にしない狂信者やテロリストが世界最強の核大国に挑戦し、どこかで大量破壊兵器を使用する可能性が出てくるなどと、誰が想像しえたであろう。[176]

神を詐称する

われわれは、人類の愚行を形容する言葉をもっている。妄想、思い上がり、悲劇、宿命、復讐の女神(ネメシス)、個人や組織によるファウスト的契約、父祖の罪の継承(「出エジプト記」二〇：五、三四：六―七、「申命記」五：九)。新約聖書には「人は自分の蒔いたものを、刈り取ることになる」(「ガラテヤの信徒への手紙」六：七)という言葉があるが、旧約聖書には、「災いを耕し、労苦を蒔く者が災いと労苦を収穫する」(「ヨブ記」四：八)という、より厳しい表現もある。一九四四年、イギリスのキリスト教徒で平和主義者であったベラ・ブリテンは、『混沌の種(たね)――大量爆撃が真に意味すること』と題する小さな本を書いて、イギリスとアメリカで注目(かつ激しく批判)された。この本のタイトルはアレキサンダー・ポープ『愚者物語 *The Dunciad*』のなかの、「そのとき混沌の種、夜の種が、地から起こった／秩序を滅ぼし、光を消すために」という箇所からとったものである。[177]

トルーマンは、大統領の任期が終わったあと、原子爆弾に関するある本の末尾に引用された『ハムレット』のホレイショーのセリフに、自分でアンダーラインを引いていた。これはおそらく、死を招く愚行や自滅行為について、これまで書かれたなかで最も雄弁な一節である。

……まだ物を知らぬ世間に、事の次第を語って聞かせましょう。
情欲に染まり、血にまみれ、自然の道理に背いた所業の数々、

気まぐれな決断、気軽な殺戮、
狡猾な、身に覚えなき因果のゆえの死の数々を。
そして、この惨劇の大詰、企(たくら)みの狙いは意外にも
当人の頭上にふりかかる……
されど、まずはまた同じ所業を繰り返さねばならぬ。
人の心荒れる今、この上に
陰謀と過誤の不幸が起こらぬように。(178)

九・一一の凶行もまた、情欲に染まり血にまみれ、自然の道理に背いた所業のひとつであり、心荒れた者による狡猾な、身に覚えなき因果ゆえの死のひとつである。その舞台はシェイクスピアの小さなグローブ〔劇場名〕ではなく、世界中の人が見た、文字通りグローバルな、ポスト・モダンの劇場であった。広島、長崎では、「グラウンド・ゼロ」の恐怖を目撃したのは被爆者とリーボウのような一部の人だけであったが、九・一一事件では、全世界の人々がその光景をほぼ同時に見たのである。

ニューヨークでのアルカイダのテロは、第二次世界大戦中の空爆や原爆に比べれば小規模なものであったし、いわゆる大量破壊兵器も使われなかった。それでも通信技術革命の時代の九・一一は、犯人たちでさえ予期しなかった形で、もはや後戻りできないほど世界を変えた。世界の多くの人々にとって、二つの世界貿易センタービルの倒壊は、新しい世紀における悪の象徴となった。撮影された火炎地獄と、そこにいた現実の犠牲者、生存者、救助者たち。リーボウが「壊滅、荒涼、灰のかたま

り」と表現した広島に似た光景。わずかに残ったセンタービルの骨組み。それらが何度も何度も、繰り返しリプレイされた。そしてワシントンの戦略担当者たちの目には、この光景はさらに何倍も大きく見えた。一握りの侵略者が核兵器を手に入れ、「こっそり持ち込む」可能性さえあるというかつてのジェフリーズ報告の予言を、彼らはもはや無視できなくなったのである。

*

九・一一がもたらした破壊の衝撃によって、集団的トラウマをもっとも長く引きずったのはアメリカ人であった。党派的な論争とメディアの興奮が何年も続いた。新たな敵は、第二次世界大戦や冷戦における敵と同列に扱われた。ブッシュ大統領は、二〇〇一年九月二〇日、議会で行った演説で次のように述べている。「われわれは、かつてこうしたことを経験したことがあります。彼らテロリストは、二〇世紀の野蛮なイデオロギーの後継者です。自分たちの過激な目的のために人間の生命を犠牲にし、支配欲以外のすべての価値を放棄した彼らは、ファシズム、ナチズム、全体主義と同類なのです」。「イスラム・ファシズム Islamofascism」という表現は、議論を呼びながらも広く使われた。「テロとの戦争 war on terror」といった表現は、いくつかのバリエーションを生みながらも使われ続けた。こうした言葉は善と悪との新しい戦いが始まったという意識を表すと同時に、神の名を詐称することにもつながった。

第二次世界大戦では、日本の悪に対して「神の文明」を守らせたもうた全能の神にトルーマン大統領が感謝し、戦域にあったマッカーサー将軍など連合国の指導者の多くも同様であった。しかしブッシュ大統領の場合、そうした信心のほかに、キリスト教のレトリックや戦時の愛国心以上の美徳をアメリカとアメリカ人がもっていると考えていた。ブッシュは二〇〇六年九月一一日、「九・一一」五周年を記念する「米国民に向けた演説」で、敵は「悪であり、無造作に人を殺します」といい、これに比べてアメリカ人は世界に例がない美徳をもっていると述べた（「九月一一日、わが国は悪の顔を見ました。しかし同じ日に、われわれはアメリカにしかないものを目撃しました。ごく普通の市民が立ち上がり、勇気ある行動をもって事件に立ち向かったのです」）。ブッシュ大統領は、いつものように「われわれに自由を与えたまいし愛の神への信頼」を述べ、神よ、アメリカ国民を祝福したまえと祈って、この演説をしめくくった。

ブッシュが第二次世界大戦世代のキリスト教同胞と違っていたのは、彼自身とその延長としてのアメリカを、原理主義的なキリスト教の立場に置いたことであった。彼はこのことをはっきりと口にしたこともある。たとえば、大統領執務室で保守派のジャーナリストたちと会話したとき、最近アメリカでは信仰心が高まっていると彼は言い、「たくさんのアメリカ人が、今の事態は善と悪の対決だと思っているし、私も同じだ」と述べた。そしてこの信仰復興を、彼は「第三の大覚醒」と呼んだ。これはアメリカの福音（エバンジェリカル）派〔キリスト教原理主義の教義による保守的な諸団体。アメリカ共和党の有力支持勢力〕がよく使う言葉である。続いてブッシュは、エイブラハム・リンカンを過去から呼び出して横に座らせた。リンカンの支持者は奴隷制を悪と信じ、「人生を善と悪という観点から見た」人が多かったといい、自分も自分の支持者たちも、国際テロとの戦争をそのように見ていると述べたのである。[179]

ブッシュは、もっと隠れたかたちで福音派が重視する新生体験を信じていることを伝えたこともある。たとえば、イラク攻撃の二カ月前、二〇〇三年一月二八日の一般教書演説のなかで、ホームレスや麻薬など深刻な国内問題に触れた後、「しかしアメリカ人の善性、理想、信仰には力が、奇しき力があります」と述べた。ここでスピーチライターが下敷きにしたのは、「血に力あり "There is Power in the Blood"」と題する讃美歌〔日本では「罪　重荷を除くは」というタイトルで歌われる〕である。一八九九年に作られ、福音派の信者に好まれている歌で、この「血」とは「主イエス」の血のことである。そこでは、次のようなリフレインが繰り返される。「汝、罪の重荷より自由になるや／血に力、血に力あり／汝、悪を乗り越え勝利を得るや／血に奇しき力あり／力、力、奇しき力／神の子羊の血に／力、力、奇しき力あり／子羊の得難き血に(180)」。

この一般教書演説はイラクに対する戦争を正当化したもので、サダム・フセインが生物・化学兵器を保有しているだけでなく高度な核兵器の開発を計画しており、アルカイダのメンバーなどテロリストを支援し、かくまっていると述べていた。いつものように、ブッシュ大統領は「神の摂理」を信じ、「生命のすべて、歴史のすべての背後で、愛してくださる神を信じます」と述べ、「引き続きアメリカ合衆国に神のご加護がありますように」という言葉で演説をしめくくった。これを聞いた福音派の人々は、ブッシュのいう神が子羊イエスの血と不可分であることを了解した。ブッシュ大統領の深い信仰は、彼に大きな慰めと自信をもたらしただけでなく、この世にはマニ教の二元論のように、善か悪かどちらかしかないという確信を与えた。そこには、物事の複雑さや、微妙なニュアンスや、他者の事情への関心を容れる余地はほとんどなかった。こうしてブッシュ大統領は、世俗の問題も自らの信仰心を前提にして考えた。テロリストたちはただひたすらに悪なのだから、戦争を宣言し、圧倒的な力を行使して戦えばいいと考えたのである。

信仰心に基づくこうした認識によって、彼はイスラム主義者によるテロリズムと、それ以前の国家の敵が区別できなくなった。歴史のこの時点で、なぜ、どのようにしてこの新たな悪が噴出したのかが彼には理解できず、軍事力以外の手段を真剣に考えようともしなかった。ブッシュ大統領は殺害した敵の数と名前に異常なまでの関心を抱き、ホワイトハウスの執務室の机の引き出しにテロリストの指導者のリストをもっていて、殺害の報告を受ける度に名前に線を引いて抹消していることが有名になった。ブッシュ大統領は、イラク攻撃からほぼ四年間、主イエスに選ばれた民が行使する軍事力の奇しき力に信仰心を託し続けた。その間、イラクの地上でのアメリカの失態や、彼の神聖な戦争がいかに、なぜつまずいているかについては沈黙し続けた。相手を絶対悪とみなしたがゆえに、イラクがテロと騒擾（そうじょう）の温床となっている現実を彼は無視することができた。その結果、イラクは暴力と殺戮の大釜となり、タリバンはアフガニスタンで影響力を回復し、新世代の急進的イスラム主義者が生まれた。

オサマ・ビン・ラディンも、善と悪というブッシュに似た神学的世界観によって支持者を集めた。そしてブッシュと同じように、「全能の神の恩寵」「全能の神の意志」といった言葉で、自分の主張を飾りつけた。ビン・ラディンは一九九八年二月、他のテロ指導者とともに、アメリカならびに「ユダヤと十字軍の同盟」に対する世界規模の聖戦（ジハード）を宣告したが、そのときも彼らはアッラーと預言者ムハンマドの名を繰り返した。その際の「宗教令（ファトワー）」は、次の言葉で終わっている。「全能の神はこうも言われた。落胆するな、絶望するな。おまえが真の信徒であれば、必ず勝利するであろう」。

九・一一以後のビン・ラディンの声明も、つねに神に始まり、神で終わった。たとえば九・一一がアルカイダによるものであることを公的に認める以前の〔二〇〇一年〕九月二四日、「パキスタンの兄弟たちへ」と題する彼のメッセージは、次のように始まる。「神とその預言者を信じる者は、主の御前で証人となる真実の者。彼らは報酬と光明を与えられるであろう」。そして締めくくりは、コーランからの引用であった。「神の力ぞえあらば、お前たちを征服する者なし。神がお見捨てになれば、ほかに誰がお前たちを助けるか」。その翌月の初め、これもまだ九・一一の攻撃を認める前、ビン・ラディンは再び声明を出した。冒頭で「神に讃えあれ」といい、終わりは次の言葉であった。「神よ、われらを助け、許したまえ。われらを悪人、悪行から遠ざけたまえ。神の導きにより人は道を誤らず、神が道を誤らせし者に導きなし。われらの神の他に神はなく、同輩の神もなし。ムハンマドは神の奴隷、神の預言者なり」。

このメッセージでは、「九・一一」はアメリカの数々の残虐行為への天罰とされている。ビン・ラディンがいうアメリカの残虐行為には原爆が含まれており、広島と長崎で「老いたる者、若き者、数十万人」が殺された。そして「今日、アメリカが味わっているのは、われらが何十年も味わってきたものの片割れにすぎない。ここ八〇年以上、ウンマ（イスラムの世界的共同体）はこの屈辱、侮辱に耐えてきた。アメリカは神にことごとく背き、われらの息子は殺され、血は流され、聖地は冒瀆された」。テロにはテロを、殺戮には殺戮をというこのメッセージは、かの心慰められる神への懇願で終わる。「あなたがたに平安を。神のあらゆる慈悲と祝福あれ[181]」。

聖戦とジハード

真珠湾攻撃の直後に米陸軍の依頼で制作された印象的な宣伝映画のひとつに、フランク・キャプラが監督した『戦争への序曲 *Prelude to War*』という作品がある。一九四三年、『戦争への序曲』はアカデミー賞のベスト・ドキュメンタリー部門を受賞したが、この映画には、「日本は世界を征服する」という甲高い英語のナレーションとともに、日本軍がワシントンのペンシルベニア・アベニューを行軍する場面がある。このナレーションは日本語原文の文脈を無視して引用したものであったが、たしかにこの頃、日本のイデオローグたちは「皇道」(天皇の大御心に従う、気高く清らかな政道)の優越を説いていた。日本は真珠湾攻撃に続いて東南アジア全体で成功を収めており、日本の戦争計画者のなかには、ハワイを再襲撃し、カリフォルニアを占領しようと提案した者もいた。彼らの構想は野心的で、東アジアと東南アジアの全域に排他的勢力圏を樹立するというものであった。

ビン・ラディンとアルカイダは、キリスト教徒とユダヤ教徒を殺害して、ムハンマドが預言した「われらがウンマのカリフ(聖なる指導者)制」を樹立すると宣言した。[182] 実際には、それはムスリムの土地から外国勢力を排除し、厳格なイスラム世界を復活させることを意味したが、いずれにしても野心的な構想であった。イスラム主義者のいうジハードは宗教的色彩が濃く、その点では日本の聖戦に似ていなかったが、似ていたのは、両者とも西洋諸国への反抗と抗議を繰り返したことであった。

帝国日本は、多神教的な世界であった。民衆を戦争に動員するために神道や仏教が利用されたものの、ある特定の神とか、善神と悪といった宗教的観念が重要な役割を果たすことはなかった。ただ、たとえば真珠湾攻撃に参加した兵士や山本五十六大将らのように、天祐神助や神仏の加護を祈ることは日常的に行われた。戦局が悪化し、天のご加護も控えめになると、死後の世界を漠然と意識して、「靖国で会おう」といった別れの言葉が使われることもあった。「靖国」とは、天皇のために戦って死んだ「英霊」を祀っている東京の大きな神社のことである。

「カミカゼ」（正式にはシンプウ）という言葉は、文字どおりには「神の風」を意味し、一三世紀に二度にわたって蒙古の艦隊を撃退し、日本を侵略から守ったとされる台風を示唆する語であった。このように日本でも神の恵みを表現することはあったが、日本の戦争指導者は、むしろ「皇道」の清らかさと、エゴイズムや物質主義といった西洋の不純との対抗において聖戦を正当化した。西側が政治的に腐敗し、道徳的に堕落していることは、欧米の帝国主義やソ連主導の共産主義を見れば明らかだとされた。だが、九・一一事件によって、イスラムの自爆テロ犯人のジハードの思想と、太平洋戦争中の日本軍に見られる死の社会化——カミカゼ攻撃、バンザイ突撃、そしてサイパン・硫黄島・沖縄のような玉砕の思想——との間に共通点があるという見方が興隆したことも事実であった[183]。

日本人とイスラム主義者の自殺的行為の違いの第一は、日本軍においては国家による組織化と強制があったことである。イスラム主義者の場合は宗教的動機が強く、より自発的であった。第二に、日本軍の主目的は民間人よりも敵の兵士を殺すことであった。こうした違いはあるが、勇敢な殉死を崇拝した点では似ている。なぜ人は「西洋文明」を敵とする大義に命を捧げ、なぜブッシュ大統領が「あらゆる価値を放棄し、他者を支配しようとする意志しか残っていない」と表現したような、他人を傷つける行為を行うのか。ここでは、人は自分の大義の道義性を心から信じられるかどうか、死を忌避する西洋の啓蒙主義的な価値（西洋自身が疑問視することもあったが）が否定できるかどうか、といった問題が視野に入ってくる。こうした動機を理解することは、彼らが煽動する犯罪を肯定するというよりも、こうした行為にいかにうまく対処するかを考えることにつながる[184]。

死に直面するとは、身を刺すような感覚であり、同時に無感覚になることでもある。そして、殺し合いのサイクルは無慈悲に繰り返される。日本においては、同胞や戦友の死に対する哀悼の心情が、血の借りを返そうとする復讐心に火をつけた。これは連合国の側でも同じであった。そして最近の研究によると、恐らく大半の特攻隊員たちは、自分の小さな部隊に強い帰属意識をもち、すでに命を捧げた仲間がいる以上、自分だけ逃げるわけにはいかないと感じていた。そして万一、自分の最後の飛行の前に戦争が終わったら罪の意識を抱くだろうと思っていた。仲間意識、復讐心、犠牲への贖罪（しょくざい）意識。これらの感情が密接につながっていた。

戦争が激化し、犠牲者が増えるにつれて、勇敢に死ななければ無意味な犬死が待っているだけだと若者を説得する(あるいは自分に言い聞かせる)ことがいっそう容易になっていった。神風部隊に配属された隊員たちもそうで、戦争が終わる頃には、敵に体当たりして危害を与える前に機体はたいてい撃墜されてしまったが、それでも「不死」の観念をもつには、死後の天国のイメージは必要なかった。自分の名前は青春の真っ盛りで命を捧げた犠牲者としてこの世に生き続けるのだから。若者をこうした考えに仕立てあげたのは日本の軍国主義者たちであったが、それは若者をリクルートして訓練し、テロリストとして死の任務につかせるイスラム主義者の大人たちとほとんど変わるところがなかった。

戦時の日本軍兵士はこぞって天皇と「皇道」に献身し、死を受け入れたというイメージがあるが、これは日本の国粋主義者が広め、大半の外国人が額面どおり受け止めた神話であって、必ずしも事実ではない。このことは、なぜ男も女も命を捧げて自殺的なテロ行為を行うのか、その理由を考えるのに役立つ。たとえば、特攻機との最後の交信や生き残った特攻隊員の証言によると、彼らが死を受け入れた主な理由は家族や故郷への思いであった。少なくとも、兵士たちが出撃の前夜や戦場での末期のあえぎの中で口にした言葉は、天皇よりも自分の母親にむけたものが多かった。彼らは生まれ故郷を「日本」と呼ぶこともあったが、むしろ身近な自分の村、山、川、野原の名前をあげることが多かった。そこから、このかけがえのない大地を奪おうとする者への敵意が自然に湧いてきたのである。(185)

黒澤明が監督した一九四四年制作の映画『一番美しく』で描かれた、工場で働く若い女性たちの物語は、おそらく戦時下日本の故郷への愛着を最も繊細に表現した例である。主人公の女性たちは、軍用機用の光学レンズを生産している。映画はセミ・ドキュメンタリー調で進行し、黒澤によると、そのテーマは「祖国に対する滅私奉公」と「働いている者の生々しい躍動感と美しさ」であった。工場の壁には「軍神につゞこう」(「軍神」は英霊を讃える表現)や「山本大将につゞこう」(山本五十六は一九四三年に戦死)と書いてある。だがこの映画がとくに優れていたのは、国を守るとは愛する共同体、両親、兄弟を守ることだというシンプルな確信が愛国的情熱の源泉であることを鮮やかに描いた点にある。

日本の工業化の過程が実際にそうであったように、黒澤の映画に登場する労働者の多くは、農村出身の一〇代の半ばから後半の少女たちである。彼女たちは初めて工場に来るとき、自分の故郷の土を袋に入れてもってきなさいと言われる。工場の寮の菜園にその土を混ぜるのである。こうして、日本がひとつに混じりあう。この菜園に立てば、みな自分の故郷に触れることができる。菜園の横には

「ふるさとの土」と題する掲示板が立てられ、そこにはこう書かれている。

これぞ父祖の血の流れ通へる土
我が生まれたる土
その上で今日もまた
我が父母は　我が兄妹は
孜々（しし）として耕し営々として培（つちか）はれて
ゐるだらう
その上で　我が弟妹は無心に遊び戯れ
またあの犬は喜び走りあの馬は勇み
嘶（いなな）いてゐるだらう
その土の香に私は嘗（かつ）ての日の情景を想起し
幼き頃の思い出を懐かしむ
また裸足でその上に立つ時
私は常に母の膚（はだ）の温さを感じ
忽然（こつぜん）として魂のふるさとに還り
これぞ　父祖の血の流れ通へる土
我が生まれたる土ぞ[186]

この話には美化が加わっているかもしれないが、神聖な大地、神聖な共同体への愛着を表現している点で、日本の天皇崇拝イデオローグたちが説いた感情とはずいぶん違う。形而上的というより現実的であり、抽象的というよりほとんど触覚的である。今日のテロリスト「殉教者」に関する研究においても、同じようなことがしばしば強調されている。テロの「殉教者」たちの場合も、過去に起こり現在も続く占領と、これから起こるかもしれない外国による侵害に対する彼らの警戒心は具体的であり、戦中に多くの日本人が抱いていた故郷への愛着に似ている。ビン・ラディンらテロリストの演説には、神への讃歌やユダヤ教の不信心者への非難とともに、ムスリムの土地への西洋の侵入を例示する具体的な地名や最近の事例が必ず挙げられていた。

このような、西洋に対する日本とイスラム主義者の神聖な戦争の類似点と相違点については、別の本を書く必要があるだろう(187)。

いくつもの「グラウンド・ゼロ」——国家テロと非国家テロ

アルカイダによる九・一一のテロは、リーボウの表現を借りていえば、「新たな悪 a new evil」の到来であった。また九・一一は、リーボウのいう「取り戻せない悪 an evil beyond recall」——ファシズム、ナチズム、日本の軍国主義といった悪とは異質なもの——の誕生という暗い予感が的中したことを示すものでもあった。彼の日記は、自分の国が製造・開発・使用した大量破壊兵器がもたらした帰結の記録である。彼が広島日記を発表した一九六〇年代には、国家、科学者、企業家たちは大量破壊兵器をさらに拡散させる強力な戦争機構を生み出していた。そして二〇〇一年の「グラウンド・ゼロ」に直面すると、彼らは復讐(ネメシス)の女神の熱心な信者となったのである。

世界貿易センターの倒壊は、もうひとつの取り戻せない悪、すなわち第二次世界大戦が残した無差別なテロ爆撃の一種でもあった。国家どうしの戦争を終わらせた原子爆弾とは異なり、九・一一は完璧な軍備を備える超大国と、国境をまたいで集結しては影のように消えていく軽装備の「非国家的」な勢力との間の、終わりの見えない闘いの始まりであった。そして九・一一は、テロ爆撃 terror bombing の英語圏における分析を歪めることにもなった。敵国民に心理的衝撃を与え、戦意を挫く戦術は、もともと〔第一次世界大戦の〕「総力戦」のなかで欧米諸国が採用し、〔第二次世界大戦の〕ドイツと日本に対する空爆において標準的作戦となったものである。こうして旧来の戦争規範は放棄された。したがって、普通の男、女、子どもを殺すという行為は、イスラム教徒なら行い、キリスト教徒、西洋人、アメリカ人なら行わないということはない。テロ爆撃においては、人間は「敵の戦意」という抽象概念を体現した肉体にすぎない(188)。

だが、イスラム主義者によるテロ戦術には、いくつかの点で新しさがある。爆弾を使う者と爆弾の被害者の物理的距離が近いこと、死をもたらす者が確実に自己犠牲を覚悟していること、ハイテク兵器を使っていないこと、今後は大量破壊兵器を保有する可能性があること、である。しかしアメリカ人にとって九・一一の真の新しさは、自分たちが爆撃の主体になるのではなく、逆に爆撃の対象となった点にあった。たしかに、「パールハーバー」もアメリカの一部が攻撃の対象になった事件であり、この言葉は戦略的脆弱性の象徴としてアメリカ人の心に響くが、現実には、ハワイはアメリカ大陸から数千キロ離れた軍事基地であった。冷戦時代、ソ連との核ミサイルの応酬は恐怖そのものであったが、それでも現実感は薄かった。

基本的にテロ terror とは、兵器を駆使する戦略家やテロリストが大衆の戦意を喪失させ、指導者に政策の変更を迫るために生み出そうとする、ある種の集団的精神状態である。「衝撃と畏怖 shock and awe」も、ワシントンの戦略家が広島と長崎の教訓から生み出し、ラムズフェルド時代のペンタゴンの「軍事における革命」に組み込まれた言葉で、テロに似た意味である。また、テロには弱者の武器という側面もある。日本軍は、特攻隊で自爆攻撃を行い、島々の要塞で徹底抗戦し米軍に犠牲を強いたが、これは米軍をひるませ、アメリカの指導者を悩ませて、無条件降伏よりもましな和平の交渉に持ち込むことが目的であった。日本のこのテロ戦術は結局功を奏しなかったが、アメリカの戦闘部隊に与えた恐怖は計り知れないものがあった(189)。

逆に九・一一は、日本軍とは比較にならないほど小さな勢力が実現した、心理戦における驚くべき成功であった。アメリカ人はブッシュ政権下の七年余り、文字どおり恐怖のなかで生活し、時とともに状況はむしろ悪化した。たった一件の象徴的な破壊行為が敵を動揺させ不安にさせたのであり、これは九・一一の前、アルカイダが「ヒロシマ」を実行すると警告していたことの実現であった。ワシントンの計画者たちは広島・長崎の経験を元に「衝撃と畏怖」という軍事ドクトリンをつくり、イラクとイラク人に大きな衝撃を与えれば柔順に従うだろうと期待した。夢を見ていたのは、ワシントンのほうだったのである。

メンバーたちのゆるい結合にすぎず、国家を持たないアルカイダは、ワシントンの国家単位の思考様式を覆した。アメリカの対応は傲慢であったが、同時に狼狽していた。これこそテロリストたちが狙ったものであったが、成果は期待以上と言ってよかった。九・一一に対するラムズフェルド国防長官の最初の反応（「全部片づけろ。関係あろうとなかろうと」）は、圧倒的な軍事力を行使すればすむという、第二次世界大戦や冷戦時代の考え方を象徴していた。それと同時に、ビン・ラディンなどのテロリスト集団がとらえどころのない性格をもっていたことを口実に、アメリカは従来の戦争規範や適正手続きを無視していった。戦争についても、規範についても、テロへの反応においてアメリカは極端に走り、それが国内外で計り知れない害悪をもたらした[190]。

アメリカの強固な同盟国であるイギリスでさえ、これには驚愕した。たとえば、ブッシュ政権が終わりに近づいた二〇〇八年末、イギリスのテロリズム対策専門家が、政府の高官としてはめずらしいほど率直にアメリカの政策を批判した。イギリスの諜報機関MI5の前責任者、ステラ・リミントンは、九・一一へのアメリカの対応は「大きな過剰反応」であり、「テロとの戦争」を宣言したのは「大きな誤りだった」と述べた。「武力でテロリズムに対処できると人々に信じ込ませ、道を誤らせた。そこからグアンタナモ〔の収容所〕ができ、結局イラク〔攻撃〕につながった」からである。イギリス公訴局の局長であったケン・マクドナルド卿は退任演説のなかで、テロは犯罪として対応するのが最も効果的であると述べた。イギリスは「グアンタナモ方式」に頼らず、「テロリズムに対しては断固として訴追によって戦う姿勢を堅持してきた」が、それは「公正な法の手続きにのっとったものであり、イギリスの伝統的規範と自由を尊ぶ憲法に従ってして行われたのです。私たちは公正であることを恐れません。……テロの脅威と対決する最善の方法は、われわれの制度を劣化させることではなく、われわれの制度を強化することにあるのです」。

マクドナルドの批判は九・一一から七年後のものであったが、そこにはアメリカ人に対する厳しい警告が含まれていた。「安全保障国家の圧力によって自由の背骨が折られた生活様式に陥らないよう、われわれは細心の注意を払う必要があります[191]」。

野蛮を管理する

一九四五年の〔広島・長崎の〕グラウンド・ゼロと二〇〇一年の〔ニューヨークの〕グラウンド・ゼロでは大きな違いがあるが、共通点も一般に考えられているよりも多い。たとえばこれらのグラウンド・ゼロは、現代人が暴力とテロにあまり疑問をもたず、非戦闘員を標的にすることを正当とみなしたり、人間の死を「付随的被害 collateral damage」などと呼んで、さして気にも留めず容認したりしている事実に注意を向けさせた（「付随的被害」という表現は、ベトナム戦争時に米軍で使われ始めた言葉である。なお、ベトナム戦争におけるベトナム民衆の死傷者は、最終的に数百万人に達した）。これらのグラウンド・ゼロは、自分のほうが正義だと思っている敵どうしが繰り返す、人間性に対する犯罪の応酬を象徴している。彼らは理性、道義、神意、神の摂理が自分の側にあると信じて疑わない。ここでは、強制されてもいないのに、なぜ人間は戦い、死ぬことを選択するのか、その理由を問題にしてみよう。

九・一一に喝采した者たちにとって、神の名において行われるテロは不道徳でもなければ、とりたてて残忍でもない。テロを正当化する理由は無数にあるが、それらは原爆の使用を決定した論拠や必要性と重なるものがある。たとえば、むき出しの力こそ生命を救い、「自由」を擁護するとか、敵を絶滅させることが正義と慈悲の行為だとか、暴力が平和を生むといった主張がそれである。

広島と長崎への原爆投下は、「真珠湾」「わが国の捕虜を殺害した」「相手は獣」といった報復の言葉によって正当化されたが、イスラム主義者たちがテロを自画自賛する理由も、自分たちの行為が西洋による過去・現在の侵害に対する報復であり、懲罰だと考えているからである。また、九・一一とアメリカのイラク攻撃の後、怒りと報復への渇望からテロリスト志望者が急増した。これはキューバのグアンタナモ収容キャンプの実態がオンラインで洪水のごとく流されたこと、およびアメリカ人が「付随的被害」として片づけようとしたアブグレイブ刑務所（バグダッド近郊の政治犯刑務所。イラク戦争後、米軍が使用）の残酷な映像に刺激されたからであった。また、イスラム主義者がウンマ（イスラムの信仰共同体）を守れというとき、それは原爆で「神の文明 His civilization」を救うというトルーマンの表現に似ている。一九四五年の原子爆弾が複数の敵（日本、ソ連、国内の政治家）に向けたものであったのと同様、ビン・ラディンらは、「遠くの敵」（西洋、アメリカ人、「十字軍とユダヤ人」）だけでなく「近くの敵」（腐敗し独善的な中東の諸政府、コーランを歪めて解釈している「背教者」たち）も相手にして戦っているのだと繰り返した。

イスラムの聖戦の戦士たちも、高度な（あるいは素朴な）技術がもつ「甘美さ（スウィートネス）」と技術者集団の組織的な「美（ビューティ）」を好む。九・一一事件によって、テロリストたちが最新のＩＴ技術にたけており、高度な兵器をもつ敵に手作りの爆弾で損害を与え、西洋のビジネス・スクールの教科書や社会科学の本を熱心に読み、作業を細分化する技法に習熟し、最新の「ブランド戦略」に通暁した広報の達人であることが知れわたるようになった。彼らにあっては、むき出しの暴力でさえモダンな、あるいはポスト・モダンな手法で美化される。最初の核爆発の火を見たアメリカ人が立ち昇る多色のきのこ雲を見て天にも昇る気持ちになったように、イスラム原理主義者と多くの同調者たちの眼には、マンハッタンの二つのタワービルが炎上する光景は厳粛で美しかった。

インテリのテロリストたちが高度な技術に魅了されていることがわかるひとつの例は、アメリカのイラク攻撃後にオンラインで発表された『野蛮の管理——ウンマが通過すべき最も重大な段階 *The Management of Savagery: The Most Critical Stage Through Which the Umma Will Pass*』と題する文書である(原文はアラビア語)。この文書が言う「野蛮」とは、異教徒の外国勢力と背教者の政権がムスリムの共同体を抑圧することを指しており、当然、伝統的なイスラムの文献を引用している。しかし全体的には、アメリカのビジネス・スクールのケーススタディと軍事訓練のマニュアルを合体させたような印象を受ける。この文書の著者は「正確で科学的なメソッド」に従う必要性を強調し、ここで行う戦術的・戦略的提案は純粋な「人間的理性による注意深い観察」の成果であると述べている。この著者の基本的目的は、「マネージメントの手腕を持つ集団の発展」と「マネージメントの技法への熟達」にあり、そのためには政治の理論、歴史、心理学、社会学、軍事戦略、情報技術(メディア操作の技法を含む)の知識を豊富に持つことが不可欠とされる。容赦なく報復することが将来の侵略を阻止し、敵の士気を打ち砕くうえで重要だともいう。また、この文書は「野蛮な地域」との一時的和解はありうるとしても、またいかに長く、血まみれの道になろうとも、この戦いは最終的には完全かつ無条件の勝利(これは第二次世界大戦での英米の合言葉でもあった)以外にあり得ないと述べている。[192]

*

イスラム学者やビン・ラディンのような論客たちの間では、「報復」という概念が「正義の戦争」という概念を支えた。彼ら急進主義者たちは、新たなテロを正当化できそうなコーランやハディース（イスラムの伝承）の一節を掘り起こし、かつ一九六六年、国家反逆罪によりエジプトで絞首刑となったスンニ派のイスラム原理主義者サイイド・クトゥブが書いた有名な著作から、知的な基盤と宗教的な啓示を引き出した。クトゥブは、「世界全体が悪と混沌と神ならぬものへの隷属のもとにある」という確信のもと、コーラン（三章一一〇節）を引用して暴力の行使を呼びかけた（「汝らは人類の善のために生まれた最良の共同体。汝らは正を命じ、悪を禁じ、かくて神を信ずる者」）。

クトゥブは処刑の二年前に『道しるべ *Milestones*』と題する著作を刊行している。これも影響力のあった本で、中世ヨーロッパの天才たちは「科学、文化、法律、生産において偉大な業績」を収めたが、世俗を神聖の上に置いたキリスト教とユダヤ教が「誤った、歪んだ考え」を広め、資本主義と共産主義の腐敗を生んだと述べている。一九四八年から一九五〇年にかけてクトゥブはコロラド州の小さな大学に留学して疎外感を感じた経験（教育学の修士号を取得）を短く述べた後、真のイスラムの「論理、美、人間性、幸福」を賞賛し、「西洋のごみの山」と、西洋の汚物に感染した「邪悪で不潔な東洋の物質主義」を徹底的に軽蔑している。[193]

クトゥブの著作に見られる神学的、政治的、病理的な主張は、イスラムの戦士（ジハーディスト）たちが「祝福された火曜日」と呼んだ九月一一日以降、イスラム主義者のあいだで広まり、インターネットに多数引用されている。たとえば、二〇〇三年春、おそらくアルカイダの要請によってサウジアラビアの聖職者ナーシル・ビン・ハミッド・アル＝ファハドが書いた『背教者に大量破壊兵器を使用する法的地位について *Treatise on the Legal Status of Using Weapons of Mass Destruction Against Infidels*』という論説がある。これは、将来および過去の大規模なテロを神学的に正当化したものであるが、いわゆる大量破壊兵器の拡散と使用を禁じた西洋の条約は、その他の破壊的兵器の使用を認め、同時に化学兵器、生物兵器、核兵器の西洋による永続的独占を意図している点で歪んだものだという。こうした偽善は一九四五年八月にもはっきりと見てとれたとして、以下のように論じている。

たとえばアメリカとイギリスは、大量破壊兵器の拡散と戦うなどと自惚れているが、両国は大量破壊兵器を最初に使用した国である。イギリスは第一次世界大戦でイラク人に化学兵器を使用した。そしてアメリカは第二次世界大戦で日本に対して核兵器を使用した。両国の――そしてユダヤ人の――武器庫は大量破壊兵器で一杯である！

ビン・ラディンらと同じく、この論説も、一九四五年の「グラウンド・ゼロ」は西洋の長期にわたる暴力の一部であるばかりでなく、反抗し復讐すべきもの、同等のものをもって報復すべきものと論じている。そして「判断と法は全能の神に託されている」がゆえに、異教徒たちの自分勝手な法は「イスラム法においては根拠を持たない」。われわれの殺戮は預言者の教えによって行わねばならない。

したがって、「ジハードの指導者が、背教者と同じ手段によって背教者の悪を撃退できるとした場合には、それら(大量破壊兵器)を使用してもよい。大量破壊兵器は、戦闘員であれ女であれ子どもであれ、背教者をまちがいなく殺す。大量破壊兵器は地上を破壊し、焼き焦がすだろう。この場合、こうした行為が許される根拠はいくらでもある」。

そしてアメリカへの攻撃を擁護した箇所では、こう述べている。

神は述べたもうた。「もし汝らが罰するなら、汝らが悩まされたように罰せよ」(コーラン一六章一二六節)。神は述べたまう。「誰であれ、汝らに敵する者には同じように敵すべし」(二章一九四節)。神は述べたまう。「悪に対しては、それと同様の悪で報いよ」(四二章四〇節)。ここ数十年のアメリカによる、ムスリムたちとその土地への侵略を考察するなら、アメリカを攻撃する根拠は、やられた通りにやりかえすというルールだけで十分だと誰もが思うであろう。他の議論は必要ない。われらの同胞によれば、アメリカの兵器によって直接・間接に殺害されたムスリムは一億人近くにのぼる。アメリカの爆弾、砲弾、ミサイルが焼いた土地がどれだけあるか。数えられるのは神だけである。

これはぞっとするような理由づけであるが、こうした考え方はイスラム主義者に特有というわけではなく、旧約聖書の全体を貫くエートスでもある。この論説は、「必要があればなにも禁止されない」と述べているが、これは第二次世界大戦における英米の空爆において実行されたことであり、かつ九・一一後にブッシュ政権の助言者たちは、テロとの戦争という緊急の必要によって、国際法の制約から自由な「一元的権力をもつ大統領制」「中央集権的行政府」が要請されると考えたのであった。

こうして、イスラムの戦争の文化においては、他の戦争の文化と同様、相手と同じやり方による容赦なき報復は、必要な悪となる。この論説は、「女と子どもを殺すことは預言者が禁じるところ」ではあるが、よくみると「禁じられているのは女と子どもを意図的に殺すこと」であり、「もし彼らが付随的に殺されたとしても、……なにも悪いことはない。背教者の女や子どもがそこにいるからといって、聖戦(ジハード)をやめるわけにはいかない」と述べ、他のイスラム学者の言葉を引用しつつ、「聖戦に必要なら、敵の土地に火を放ち、家屋を倒してもよい」という主張に多くのページを割いている。その気になれば、おそらくアル＝ファハドは無数の背教者たちが自分と同じことを言っているのを引用することもできたであろう。[194]

崇高な目的をかかげた夢想の宮殿においては、必要な悪とはよりましな悪のことであり、それが「善」であり、「慈悲」でさえある。必要があるからそう考えたのであれ、一見神学的な理由からであれ、このような考え方は殺戮を止めようとする意志を鈍らせる麻薬となる。

＊

二〇〇一年一〇月二〇日、ビン・ラディンは、アルジャジーラ（中東の放送局）とのインタビューで「文明の衝突」という考え方を支持するかと聞かれて、「それは疑いなく存在する」と答えた。[195]サイイド・クトゥブは「文明の衝突」という言葉が流行する前に亡くなったが、彼も同じように答えたことであろう。ビン・ラディンやクトゥブに代表される現代西洋文明への敵意は、本心からのものである（クトゥブは西洋文明の長年にわたる貢献も同時に認めていたが）。

ほぼ同じことが、日本の聖戦における西欧への嫌悪についても言える。ちょうど連合国側にとって「日本人という獣」との妥協が不可能だったように、日本人にとって「鬼畜米英」との妥協はありえなかった。ただ、帝国日本の自殺的な超国家主義は、一九七〇年に自殺した三島由紀夫のような極端な例は別にして、敗戦とともに影響力を失った。ドイツのナチズムやソ連崩壊後のロシアの共産主義も、これに似た経緯をたどった。連合国によって無条件降伏を強制された戦後の日本は、いわば新しく「天皇制民主主義」をつくりだした。そこでは多元的価値が許容され、人々は旧敵国との友好を忌避することもなかった。

しかし九・一一後の世界における「文明の衝突」は、日本やドイツやロシアでのようにたちまち解消することはない。イスラム急進主義がすみやかに降伏したり崩壊することはありえない。彼らには、降伏を受け入れ、崩壊する主体としての国家自体が存在しない。中東における政治的かつ紛争がテロを助長しているが、お互いが自分こそ正義と思っている以上、そうした紛争が容易に解決される見通しはない。宗教的な熱狂は、政治的な熱狂以上に扱いにくいことが多い。既に公的、政治的、経済的な利害がからんでいるので、今後も大量破壊兵器の拡散は抑止しがたい。「安全保障国家」が自由の背骨を折る可能性も続く。リーボウは、一九四五年に記した『広島の医療日記』において、「取り戻せない」新しい悪が現れたと表現したが、それは二〇〇一年の九・一一によって、絶望が新たな肉体を得て出現することを示唆した言葉でもあった。

もちろん、絶望の裏側には、非暴力の理想が共有される希望もある。もっと繊細な言い方をすれば、言葉が柔軟性をもつことへの希望である。戦争中、国のために死を覚悟した多くの日本人は、戦争が終わったあとも愛国の理想を捨てることなく、軍国主義を否定し得た。愛国とか平和といった理想は、大きく高い言葉であるがゆえに、解釈を新しくすることができる。大きくて何も入っていない背嚢（はいのう）〔軍人が背負うかばん〕のように、新しいものを入れることができるのである。平和、共存、共栄といった言葉もそうである。[196]

イスラムの急進主義者たちは、旧来の概念に新たな意味を与えることに熟達している。聖戦（ジハード）という言葉がその例である。「ジハード」は、かれらの怨恨を表現する中核的概念であるが、それだけではない。アメリカがいう「対テロ戦争」の概念への対抗として、彼らは文明の衝突とか悪を倒す十字軍といった言葉を用いるだけでなく、善とはなにかについても抽象的に繰り返し述べている。彼らの善の概念は、ひとつには彼らの絶対神の性格から引き出される。コーランの神は、全能であるとともに慈悲深く、哀れみ深い。それを表すアラビア語の聖句が、*Bismillāh ir-rahmān, ir-rahīm*（「惜しみなき人、慈悲深き人、アッラーの御名において」）である。これはちょうど、トルーマン大統領とブッシュ大統領が讃えたキリスト教の神が愛にあふれ、慈悲深いのと同様である。抽象的な言葉のレベルでイスラム教とキリスト教の神は似ており、このことは神学や政治にも拡張し得る。たとえば、来世だけでなく「現世の地上に自由と正義を」といった言葉がもつ可能性である。

イスラム学者のクトゥブは、西洋世界では「イスラムのテロ思想家」と思われているが、彼が著作で使っているキーワードや理想の多くは、英語への翻訳で読むかぎり、必ずしもイスラム起源のものばかりではないと思われる。たとえば、著書『道しるべ』の全編を通して、クトゥブは次のような理想を述べている。「人間の苦悩」からの解放、「地球からすべての不正義をなくすこと」への献身、「真の社会正義」「真の人間的進歩」「真の自由」に向けた努力、「自由と名誉、家族とその責務、道徳と価値」、「尊厳、純潔、潔癖、慎み深さと信心深さ、善行への欲求」を大切にする「人間的」資質の育成、「圧制と他人への隷従からの自由」(神にのみ仕えること)の達成、真の「人間の尊厳」の実現――。

クトゥブは、自分の神学理論は「普遍的自由の宣告」であると述べている。この普遍的自由は、コーランとハディース(伝承)が規定するシャリーア(普遍の法則)を遵守することによって実現するという。こうした理想に向けた闘いで得られる究極の恩恵は来世における永遠の至福であろうが、その不死への道は、「人類の善」への不断の闘いでもあるとされている。それが、「真に文明化されている」ということの意味だという。こうした言葉使いは型にはまったものであるが、だからといって言葉の力が失われるわけではない。「普遍の法則」「圧制に反対し正義を追求する」「地球を解放する」といった高い表現は、『野蛮の管理』のようなイスラム主義者の実践的テキストにさえ浸透している。

人は、他人をその行いによって判断し、自分については自分の言葉と理想によって判断する。クトゥブ――そしてビン・ラディン、アルカイダ、タリバン、神の名においてテロを先導する指導者たち――は、たしかに行動においては民主主義、個人主義、世俗の法律や人権という概念、そして世俗的制度全般の敵である。クトゥブは、ムハンマドの啓示にもとづく神政政治を構想した。クトゥブと彼の弟子たちが「正義」とか「普遍的自由」とか「普遍の法則」といった言葉で表した内容は、自由と民主主義を重んじる世界ではほとんど通用しない。こうした言葉の過激な解釈によって彼らが実際に行ったことは、不寛容、抑圧、暴力であった。

だがそれでも、共有されている抽象的な言葉――あるいは、言葉の根底にあるものどうしの心の共鳴――がもつ価値は、説得力をもって語られれば大衆を動かすことができる。クトゥブの表現には力がある。ビン・ラディンの宣告は言い回しが鋭い。言葉は、人を別々の場所に導く道でもあれば、和解に至る橋でもある。より穏健なイスラムの信仰者たち（原理主義者にとっては「背教者たち」）は、イスラム急進主義者と同じ聖典を引用しながら、同じシャリーアによって暴力を否定し、より多元的な世界をつくる道をとることもできるはずである。

だが以上のことは、少なくとも理論上言えることにすぎない。九・一一の驚くべき成功によって急進主義者は勢いづき、それに対するアメリカの無謀な対応は、汚れた偽善者というアメリカのイメージを強めた。イスラム主義者の聖戦は、イスラムとアメリカの双方に多くの代弁者や戦略家をつくりだし、彼らはみな慈悲深き神の名において、理性、道義、そして大量破壊といった合言葉を延々と語り続けている。

第III部

国家建設

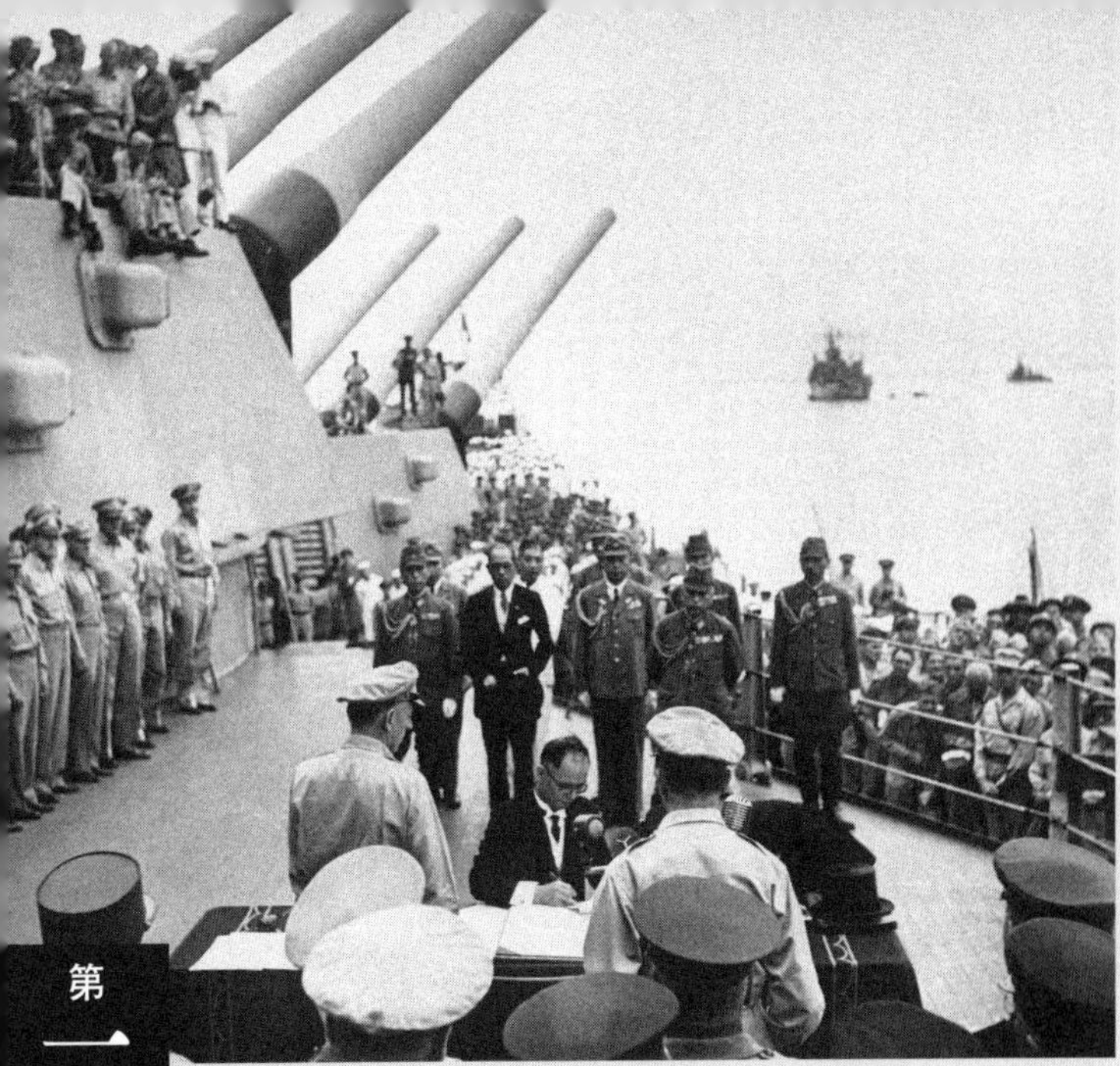

第一三章

日本占領とイラク占領

戦争に勝ち、平和を失う

一九四六年から一九五四年の間に七年余り首相を務めた吉田茂は、日本の降伏直後、自国の苦境を次のように楽観的に解釈してみせた。戦争には負けたが平和を勝ち取った例は歴史上いくらでもある。われわれは団結してそれをめざすしかない――。歳月が流れ、一九七〇年代に日本経済が台頭したとき、多くの論者は吉田の言葉が実現したと考えた。占領が終わってみれば、保守政権が権力基盤を固めていた。日本は資本主義国家として不死鳥のように灰燼(かいじん)からよみがえり、米国と強固な同盟関係を結んだ。不愛想といわれた吉田だが、今ではちょっとした予言者のように扱われている。①

二〇〇七年春、ブッシュ大統領がイラク戦争の「ミッション達成」を宣言してから四年が経とうとする頃、ロンドンでの亡命生活を終えて母国イラクに戻り閣僚ポストを歴任したアリ・アラウィが、アメリカで講演を行った。演題は「イラク占領――戦争に勝ち平和を失う」。これは深い洞察に満ち、哀調を帯びた彼の本のタイトルでもあった。イラクは混沌に陥って久しく、イラク占領はアメリカが行った対外関与のなかでもっとも不名誉な失敗例のひとつとなっていた。イラクについて「勝利」というだけで、人々は嘆息し、冷笑し、嫌悪した。イラクはフセイン体制とは異なるもうひとつの地獄となり、好転の出口は見えなかった。日本占領とこれほど顕著なコントラストをなす事例は、ほかに考えられなかった。②

戦争に勝っても平和が勝ち取れるとは限らない――。これ以上古い教訓も、そうあるものではない。

そしてイラク侵攻前の数カ月間、アメリカ政府内では、まさにこの教訓どおりの警告がなされたこともあった。だがトップレベルは耳を貸さなかったし、他の軍事占領の例から学ぶこともしなかった。[3] イラク侵攻後、米政府がこれほど無能をさらすと予測した者は少なかったが、日本占領の経験がイラク占領への赤信号であることは初めから明白であった。ところが、ブッシュ政権はイラク侵攻後の占領の成功を保証する前例として日本の経験をもちだし、「イラクの自由作戦」の戦闘で勝利すれば、西洋でもキリスト教国でもなく白人が多数派でもない外国で、自然に「民主主義」が根付くと考えた。もちろんこれは誤った推論であり、魔法を信じるようなものであった。

二〇〇二年一〇月も二週目に入った頃、イラクの大量破壊兵器の危険を宣伝するため、ホワイトハウスは「きのこ雲」のイメージや、サダムがアルカイダを支援しているという話を宣伝してアメリカ国民の支持を調達する一方、日本とドイツの占領のサクセス・ストーリーを流し始めた。当初からドイツよりも日本のほうが魅力的なモデルであった。ドイツは米・英・仏・ソ連の四つの占領地域に分割され、その後の冷戦で東西ドイツに分断されてしまったが、日本は、名目上は連合国のコントロール下にあったものの、占領の主導権を握ったのはアメリカ一国だったからである。イラク戦争開始から何年もたち、イラクで不安定な状態が続いても、ホワイトハウスはイラクを「戦後日本」に喩(たと)えることを好んだ。たとえば二〇〇七年の夏、劣勢を回復するために米軍が部隊を増派したとき、大統領のスピーチライターたちは、イラク民主化に希望が持てる理由として日本の例がまだ有効だと考えていた。[4]

名前が中身を表していないという点では、イラクは日本の前例を踏襲していた。日本占領で「連合国Allied」と呼び、イラク占領で「有志連合Coalition」と呼んだものは、どちらもアメリカの単独支配という現実を隠す名称であった。このように似ている点や部分的に一致する点もあったが、基本的には二つの占領は始めから終わりまで対極的なものであった。なにより、日本では勝者も敗者も平和を達成したが、イラクでは誰も平和に到達できなかった⑤。

日本の例をもちだして、イラクについて楽観的な見通しを描いてみせること自体、そもそも異常なことであった。両国はずいぶん違う国家であるし、両国の戦争も占領も性格が違う。しかも、二一世紀の幕開けのアメリカ政府は、一九四五年当時のアメリカ政府とはすっかり別物になっていた。表面では「自由と民主主義」というレトリックを使い続けているが、実際には、政策の考え方も運用も変化している。それでは、日本占領ではなぜ民主主義が機能したのか。その理由を列挙してみるだけでも、戦闘終了後のイラクに欠落しているものが判明したはずであった。戦後日本の先例をもちだして安心材料とすることは、単なる過去の誤読にとどまらない。それは妄想のなかでの「選り好み」に染められた願望思考であり、歴史をあさった改竄に等しかった。

日本占領と体験者のまなざし

米国による占領は、一九四五年から一九五二年四月まで続いた。これは太平洋戦争(一九四一―一九四五年)よりも三年ほど長く、その間に世界秩序は大きく変動した。一九四九年、ソ連が最初の原爆実験を行い、中国共産党は北京を陥落させ中国全土を支配して、アジアは冷戦の緊張に呑み込まれた。東南アジアは反植民地革命で燃え上がり(帝国日本が欧州諸国を追い出したことで火がついた)、一九五〇年六月、朝鮮半島で戦争が発生した。こうした動乱の中で「非軍事化と民主化」という野心的な目標に始まった対日占領政策は「逆コース」に終わることになった。「逆コース」とは、日本の左翼を弾圧し、「自給自足」できる輸出志向の経済を再建し、再軍備を進めた政策を指す。アメリカは軍事基地を日本に無期限に保持し、沖縄を本土から分離し、核兵器を備蓄して戦略的駐屯地とした。経済的にも外交的にも、共産主義、とりわけ中国に対する「封じ込め」のために、アメリカは日本を組み込んだのである(この対中封じ込めは、一九七二年のニクソンとキッシンジャーによる米中和解まで続いた)。こうしてみると、日本占領は極端から極端へと揺れ動いたともいえる。

二一世紀になり、日本占領はイラク占領のモデルとされるようになったが、実は占領期に起源をもつ諸問題は、いまも日本を苦しめている。沖縄はグロテスクなまでに軍事化され、アメリカの前哨基地となったままである。一九四九年初めの総選挙に吉田茂の民自党が大勝して以来、利権中心の保守のヘゲモニーが政治をゆがめる傾向は、二〇〇九年の民主党政権の誕生まで続いた。政府による経済規制の慣習は戦時中に始まり、占領期に強化された。敗戦から半世紀を経て、イデオロギー面でも保守と右翼は勢いを増し、帝国日本の戦争犯罪がなかったことにしようと試みている。その背景にあるのは、連合国が占領中に行った戦争犯罪裁判を「勝者の裁き」として恨みに思う気持ちであり、占領下に制定された憲法によって日本が拘束され、「普通の国」としてアフガニスタンやイラクなど海外に軍隊を派遣できないことへの口惜しさである[6]。

日本人からみれば、アメリカがイラクの戦後を明るく描くために日本占領を「成功」と呼ぶのは、一種の苦い皮肉に聞こえる。日本政府はブッシュ政権の戦争政策を全面的に支持した(いわば、アジアのイギリスになった〉。しかし多くの日本人にとって軍事占領された経験は、歴史における屈辱の一章であり、戦争をしたことよりも占領されたことのほうがもっと不名誉だと感じる人もいる。日本の保守主義者が繰り返し口にするのは、「戦後」を超越せよ、「戦後」の束縛から逃れよ、ということである。彼らにとって「戦後」という言葉は、日本が主権を失い、外国人に統治された占領期の否定的な遺産を含意している。敗戦後、日本が軍事的に去勢されたこと、東京裁判における一方的な「勝者の裁き」を、とくにリベラル派や左翼、そして外国がそのまま受け入れていること、日の丸を掲げ、君が代を歌う愛国主義をうさんくさく思う人々がいること〈日の丸と君が代は占領時代に禁止されていた〉、東京の靖国神社に合祀されたアジア太平洋戦争の「英霊」に政府の代表が公式参拝できないこと、占領下、英語で起草された憲法をいまだに国家の基本法としていること。保守主義者にとってこれらが「戦後」の負の遺産である[7]。

九・一一事件のあとに噴出した他の日本のイメージも、イラクとの戦争を準備していたアメリカにとって都合がよかった。「パールハーバー」の記憶は〈九・一一をもうひとつの〉「屈辱の日」とみなすのを助け、カミカゼ攻撃は〈九・一一における犯人たちの〉自殺的テロを思わせ、日独伊の三国軍事同盟は〈ブッシュ大統領の〉「悪の枢軸」のレトリックに歴史的背景を与えたし、「グラウンド・ゼロ」〈広島・長崎の爆心地〉はニューヨークでのアメリカ人の被害を象徴する語として使われた。そして狂信的な皇軍の兵たちはイスラム主義者のイメージに重なり、硫黄島の星条旗の写真はニューヨークの「グラウンド・ゼロ」の星条旗に勝利の約束を与えた。日本占領を「アメリカ的問奏曲」と呼び、そのおかげで民主的で繁栄した国として日本が戦後再生したと語るのは、アメリカ人にとっては気分が良い。だが、占領されたほうにしてみれば、外国人にあれこれ命令されたことは、それがどんなに昔のことであっても自尊心の傷がうずく。日本では、アメリカが日本占領の歴史をあらためてもちだしたことでこの傷口が再び開き、遠い昔の占領期に関する、微妙だが悪性の痛み――アメリカの属国という自己イメージ――に注意が向くことになった。

日本は、自分の努力で経済的大国の地位を得た。にもかかわらず、日本の指導者たちはアメリカのご機嫌をとろうとする意識がいまだに強く、日本が成し遂げた成果には、構造的・心理的なアメリカ依存の影がつきまとっている。日本がイラク戦争を無条件で支持したのはその一例である。ドイツはそのような追従を免れている。イラク戦争を急いだブッシュ政権をドイツの指導者たちが明確に批判したことは、日独の違いを際立たせた。ここで依存や従属というのは、外国人が浴びせたシニカルな中傷ではない。占領期のアメリカ化から脱却すべしという新国家主義を呼びかける日本の保守層自身のなかにも「従属国家」という自己卑下的な認識がある。同時に彼らは、冷戦と対テロ戦争の全期間を通してアメリカをうやうやしく支えてきた人々でもある。一九五二年に占領が終わってから半世紀以上がたつが、戦争直後のこうした自己同一感の危機と今も格闘している日本人は多い。以上のような状況に照らせば、イラクへの侵攻と占領の前例として気楽に日本の名前をあげることは、〔日本人にとっては〕それほど愉快なことではないのである(8)。

最近の歴史から、見栄えのするモデルケースを選び出そうとしていたブッシュ政権にとっては、もちろん、こうした微妙な心理はまったく視野の外であった。戦後日本は、平和で、豊かで、資本主義的で、従順な国である。バース党の支配を一気に転覆し、親米政権へと短期間に移行させるというシナリオを美化するために、イラク戦争の主唱者たちが日本との戦争と占領の例をもちだしたのは、不思議ではない。たしかに表面上は、イラクと日本は驚くほど似ている。イラクに似て、帝国日本は権威主義的で軍国主義の国であったし、国内では抑圧的で対外的には凶暴であった。ドイツと違って、日本とイラクは非西洋の国であり、憎悪がピークに達したとき「西洋」を激しく非難したことも似ていた。また表面的には、日本もイラクも、アメリカやヨーロッパ諸国と友好的で協力的な関係を結んだ時期もあった。そして戦後日本は繁栄し、規律を守る社会へと大きく変容し、他国に脅威を与えないばかりか、東アジアおいてアメリカの軍事力を支える基地の役割も果たしている。「デモクラシー」が根付くには、西洋的環境が不可欠ではないことを、日本は証明している——。時がたつにつれ、これはブッシュ大統領のお気に入りの議論になった。

通約できない二つの世界

だが、歴史を注意深く学ぶ者ならば、そういう議論には屈しないだろう。実際、アメリカがイラク戦争に踏み切る前にも、日本占領を成功させた要因のほとんどはイラクにはないし、今後もないという見方はあった(9)。

イラクと日本の違いを考えるとき、第一に顕著だったのは、米国が敗戦国日本を占領する法的な正当性がまったく疑われなかったという点である。戦争を始めたのは日本であり、宣戦布告した天皇自身が敗戦を発表し、降伏条件にすべて同意していた。「連合国」のなかでも米国が主要な役割を果たすことを疑問視する同盟国はなかった。ソ連は最初文句を言ったが、やがておとなしくなった（スターリンは、アメリカの日本支配はつきつめればソ連が東欧を支配することの対価物だとみなしていた)。中国をはじめ日本に蹂躙された隣国や犠牲者たちは、日本がアメリカの支配下に置かれることを歓迎した。

現実受容的な天皇に導かれて、日本の臣民も降伏の無条件性、占領の正当性をおおかた受け入れた。感情的には、軍事占領は耐えがたいことではあるが、勝者の命令には従うしかないし、そのほうが望ましいとさえ考えた。八月一五日に行ったラジオ放送で天皇は、降伏条件を全面的に受け入れたと述べ、人々に次のように説いた。「堪ヘ難キヲ堪ヘ忍ヒ難キヲ忍ヒ、以(もっ)テ万世ノ為ニ太平ヲ開カムト欲ス」。二日後、裕仁は陸海軍軍人に向けて別の勅語を発した。それは帝国軍人の武勇を称え、犠牲者を悼み、(原爆ではなく)ソ連の参戦を降伏の主な要因に挙げたものであった。結びの部分では、八月一五日の終戦の詔書を奉戴することこそ、愛国心の最高の発揮であると訴えた。「汝等軍人　克(よ)ク朕カ意ヲ体(たい)シ　鞏固(きょうこ)ナル団結ヲ堅持シ　出処進止ヲ厳明ニシ　千辛万苦ニ克(か)チ　忍ヒ難キヲ忍ヒテ　国家永年ノ礎(いしずえ)ヲ遺(のこ)サムコトヲ期セヨ」。占領軍の日本上陸まであと数日となった八月二五日、陸海軍軍人の復員に関する同様の勅語が出された。「忠良ナル臣民トシテ　各民業ニ就キ　艱苦ニ堪ヘ荊棘(けいきょく)ヲ拓キ　以テ戦後復興ニ力ヲ致(いた)サムコトヲ期セヨ」[10]。

その二日後、少数の士官グループによる降伏命令への抵抗を鎮圧した陸軍大臣は、最後の訓示を出し、愛国心の発露として降伏せよと述べた。「国家百年の為によく分別して軽挙を慎まねばならぬ。またこの際我々は感情に駆られて渡すべき兵器を隠したり破棄したりするやうな姑息なことをすべき秋(とき)ではない。須(すべから)く公明正大、未練なく譲るべき物は整然たる状態を以て之を譲り、以て日本精神の美しさと崇高なる道義心とを外人達に確認せしむることが最も必要であり急務である」。忠実な臣民は天皇の命令に従った。そして多くの者は死からの解放の実現として、また自分たちを破滅的な戦争へと駆り立てた軍隊とその諸制度を廃絶する機会として、降伏と占領を心の深いところで歓迎したのである(11)。

ブッシュ政権は、アルカイダとの戦いをイラクとの戦争へとねじ曲げ、攻撃の矛先を変えてしまったことで世界の批判を浴びていた。したがって、世界全体でも合衆国内でも、そして、当のイラク国内でもイラク占領が日本占領のような支持を得られないことは始めから明白であった。九・一一の後、ワシントンは世界から集まった同情と支持を短期間に消失させてしまったが、その傲慢さと無神経ぶりは息をのむほどであった。二〇〇三年四月のバグダッド陥落後、アメリカは支配と秩序を確保できなかった。また、アメリカの先制攻撃を正当化する大きな理由であったイラクの大量破壊兵器が存在しないことが明らかになったことで、アメリカの信頼は粉々に打ち砕かれた。だが、そもそも戦争を支える無形の財産のなかで最も重要な、戦争の「正当性」自体が最初から欠落していたのである。イラクとの開戦前に戦争の正当性を問題にした人たちも、サダムが野蛮な独裁者であることは認めていた。しかし、それだけではイラク侵略と占領を「よりましな悪」として正当化するには足りなかった(12)。

日本とイラクの違いの第二として、フセイン打倒後のイラクに関する計画には、日本占領において効率的な組織運用に不可欠であった要素、すなわち有能な行政組織という要素が欠けていた。日本の場合、制度的継続性と安定性を象徴したのが、天皇裕仁の存在である。天皇の下で、日本軍は敗戦後も規律をもって維持された(そしてすみやかに廃止された)。また、戦争から平和への移行には、軍の維持だけでなく、行政組織一般の存続が必要であったが、統治機構は手付かずのまま残っており、東京から僻地の町村に至るまで、行政官僚も技術官僚も、上から下まで持ち場にとどまっていた。アメリカがイラク軍を解体し、バース党の幹部を公職から追放したとき、多方面から批判を浴びたが、それより前に元首が追放され、まっとうな政府も存在しなくなった時点で、すでにイラクが日本と比べようもなかったことは明白であった。

第三の違いとして、イラクには日本のような社会のまとまりがなかった。日本とイラクにおけるこの社会的要因の違いは実に大きい。たしかに、敗戦国日本にも政治的、イデオロギー的な意見の相違はあったし、戦前以来、戦闘的だが非暴力的な労働運動や左翼勢力も存在したが、深いところで爆発しかねないような社会的亀裂は存在しなかった。日本の多神教的な文化においては、近代ナショナリズム形成の一時期、宗教(神道)が利用された例を除いて、特定の宗教勢力が巨大な政治的脅威になることもなかった。むしろ日本では、八世紀の年代記(古事記・日本書紀)に始まる「大和民族」のまとまりという歴史観が大切に育まれ、権威をもっていた。二〇世紀のイデオローグたちは、この人種的、文化的、国民的な一体感を戦争に利用したが、吉田茂のような戦後の実利主義者たちは、この伝統を平和的国家再建へと転用したのであった。

他方、イラクでは人々が歴史を共有した期間が短い。イラクという国家は、第一次世界大戦後、英仏の思惑によってつくられたものであり、宗教、民族、部族、地域による内部の断絶は深い。とはいえ「イラク・ナショナリズム」は単なる神話ではなく、国家としての団結は、イランとの激しい戦争の八年間(一九八〇―八八)によって証明された。だが、それはフセインの警察国家のもとでの団結であったことも忘れてはならない。一九四七年、イギリスからの独立と同時にパキスタンが分離したインド、チトー亡き後に分裂し崩壊したユーゴスラビア、アフガニスタン侵攻に続いて崩壊したソ連のように、イラクも強力な統制力なしに国家は維持できなかった。

降伏後の日本では、単に権力の中枢が維持されただけではない。占領初期の数年にアメリカが導入した民主化の施策のほとんどを日本政府は受け入れ、実行した。それができたのは、一九三〇年代、軍国主義者が台頭する以前に、活気ある市民社会が生まれていたからである。これが、イラク戦争の主導者たちが無視した、日本とイラクの四つ目の大きな違いであった。日本は一八八九年の明治憲法で立憲君主制を確立し、選挙で選ばれた議会が戦争中も存続していた。衆議院の第一党が政権を担う政党内閣の慣習が始まったのは一九一八年であり、成人男子による普通選挙は一九二五年に議会で承認された。二〇世紀への変わり目あたりから大正期(一九一二―二六)、一九三〇年代の初頭までに様々な社会的・政治的な運動が起こった。歴史学者はこの運動を「大正デモクラシー」と呼び、戦後日本の多元主義の歴史的起源として重視している。第一次世界大戦後には、選挙を中心に政治活動が活発になり、労働運動、女性解放運動が現れ、資本主義的企業家精神も力をつけた。市や町の人口は増え続け、コスモポリタニズムが浸透した。のちにアメリカのB29爆撃機が灰にしたのは、そのような都市であった。消費をもてはやす風潮と「モダン」の文化は、農村にまで浸透していた。

天皇の聖戦が終わり軍国主義者が放逐されると、こうした近代の歴史のすべてが民主日本の豊かな土壌となった。一九三〇年代に始まり一九四五年まで続いた「総力戦」のための国家総動員の時代でさえ、すべてが時代の逆行ではなかった。自由は抑圧されたが、その間の創意工夫と社会変容は、戦後復興に役立つ遺産となった。一九四五年八月に戦争が終わったとき、日本は六十余りの都市が空襲を受け、アジアの植民地を失い、国富のおよそ四分の一が破壊され、外見上はどこからみても破滅していた。一九四八、四九年まで、都市住民のほとんどは、その日その日を生きるために格闘していた。しかし、長期的視点からみて重要だったのは、科学技術の面でも技術管理の面でも、軍国主義者が権力を握った時期よりも終戦時のほうが人的資源の能力は高くなっていたという事実である[13]。

イラクは識字率が高く、中東で最も進んだ産業国家のひとつであった。高い専門的技能を持つ人々も多く、程度の差こそあれ、彼らは民主主義的な価値を支持していた。しかし、日本と比較すると、ここでも似ている点よりも欠けている点のほうが目に入ってくる。フセインの警察国家以前のイラクに市民社会的な価値や実践の体験があったかというと、誰も確信が持てなかった。第一次湾岸戦争後の一〇年間の経済制裁による打撃に加えて、フセインの腐敗した統治による抑圧と無策によって人的資源はむしろ貧弱になっていた。ブッシュ政権の戦争主導者たちが当てにしていたイラク人たちは、国外追放者や亡命者からなる世俗的なコミュニティで暮らし、成人してからの人生の大半を海外で過ごした者たちであり、イラク本土には彼らの強力な支持者はいなかった。イラクの市民社会は、すっかり抜け殻になっていたのである[14]。

五つ目の、戦後の日本がイラク占領にとって朗報とは言えないことが明らかだった事実は、日本の空間的・時間的な孤立性である。日本は列島であり、外から侵入しやすい陸続きの国境がない。また、日本帝国による支配のあとの中国、朝鮮、東南アジアの国家や国民は、自国の問題に精力を費やしていた。欧州とソ連にとっては自国の復興が第一であり、彼らはアメリカを含め、外交分野でも核兵器の問題と東西のヨーロッパから目が離せなかった。日本を手に入れようと狙う軍国主義的国家も周囲におらず、戦争のための国家同盟の動きもなかった。敗戦から一九四七年頃まで、日本がどうなっているか、どの国もたいして気に留めなかったのである。イラク国境で様子をうかがうイスラム原理主義者やテロリストたちに相当する勢力は、当時の日本にはなかった。

敗戦直後の日本は、主権を奪われ、重要な天然資源ももたず、四流国かそれ以下とみなされており、沖縄を除けば戦略的な価値もほとんどなかった。東京に落ち着いたGHQの改革者たちは、外部からあまり注目も介入も受けず、改革を指導する贅沢が許された。このような空間的・時間的な保護がなければ、日本本土の占領は異なった展開をみせたであろう。例えば、沖縄や戦略的に争奪の対象となった隣国朝鮮のように。沖縄でも朝鮮でも、はじめからアメリカはむき出しの軍事支配を行っており、どちらも占領の良き手本とみなされることはなかった。

占領初期にこのような余裕があったことは、非常に重要であった。軍事占領がなかったとしても、日本が民主的で親西洋的な国になった可能性はあるが、その場合、実質においても形式においても、今の日本とは異なったことであろう。冷戦がやってきて、アメリカが進歩的な占領改革の一部を中止しようとしたとき、吉田茂に率いられた保守派は喜んだ。これこそ、吉田が「平和を勝ち取る」と言ったときに意味したことであったからである。しかし、この老人〔吉田茂は敗戦時六七歳〕は本心から満足することはできなかった。多くの改革（たとえば農地改革、新憲法の制定、徹底した非軍事化、進歩的な教育理念）が既成事実となっており、簡単には元に戻せなかったからである。吉田は後年、残念そうにこう語っている。「独立を回復したあと、直すべきものはなんでも直せばいいだろう、と私は心の中で考えていた。しかし、実際には、いちど決められたことを変えるのは、そう簡単なことではない」。占領当初の改革は、急速に日本人の支持を得ていたのである[15]。

陸地に囲まれたイラクは、島国日本と対照的であるだけでなく、ブッシュ政権の行動によって世界の関心の的になった。イラクは中東地域とその天然資源を支配しようとするアメリカの戦略の中核となり、これが続けば今後どうなるかを予告する場所となった（言葉の上ではイラクの解放とアメリカの統治、現実には暴力と不安定）。治安は回復せず、時間の余裕もなかった。そして政策を作るトップレベル——実際には政策など作っていなかったが——は、こうした問題点をほとんど認識していなかった。

日本占領を計画する

一九四五年夏、日本が降伏したと知ったワシントンのほとんどの政策立案者たちは、意外に思った。原子爆弾の完成を知っていたのはほんの一握りの者だったし、戦争は一九四六年の遅い時期まで続くというのが一般的な予想であったからである。だが、日本における戦争から平和への移行はスムーズであった。ドイツや欧州では、戦闘が終わった後も国家間、民族間、そして占領した連合国間の争いが絶えなかったし、中国や東南アジアでは戦争が新しい形で続いていた。半世紀後のイラク占領の場合と比べても、日本では戦争から平和への移行ははるかにスムーズであった[16]。

イラク占領という暗い背景のなかに置いてみると、敗戦国日本の問題に取り組んだ政策立案者たちがいかに有能だったかがいっそう明らかになる。彼らが戦後に向けた計画に本格的に取りかかったのは、真珠湾攻撃の直後、一九四二年のことであった。アメリカの政策立案者たちは、日本占領におけるアメリカと連合国の意図と目的を明確化し、降伏条件を発表し、九月二日に日本が正式に降伏してから六週間もたたないうちに占領改革の概要を示した。彼らは党派の違いを超えて、実務的で建設的な作業を進めた。こうした状況は、アメリカの国内政治の状況と冷戦思考の強化によって対日政策が再検討される一九四七年頃まで続いた。占領期全体を通して、社会工学的な考え方――後に国家建設（ネーション・ビルディング）と呼ばれる――が当然とみなされていた。占領した側も占領された側も、国家は社会にとって重要な役割を担うが、その役割は時と場に応じて調整されるべきものと考えていた[17]。

日本占領では、このように前提と過程が明快であったが、イラクではそうしたものはなかった。戦闘が終わったあとどうするかを事前に十分計画しておくこと、戦後の基本的な達成目標を素早く明確に示すこと、多様な意見を取り入れて部局間の協力を促すこと、そして、国家には戦争をしたり戦争を防止したりする以外にも重要な役割があると認識すること。イラク侵攻に至る過程では、こうしたことはほとんど不要とみなされた。

一九四二年から一九四七年まで、戦後日本に関する計画立案は、ほとんどすべて国務・陸軍・海軍三省調整委員会（ＳＷＮＣＣ（スウィンク））が統括した。一九四七年になると、陸軍省と海軍省は新設の国防総省に統合され、新たに発足した国家安全保障会議〔大統領をトップとし米国の安全保障政策を統合調整する最高会議〕が日本に関する計画の大綱を認可した。統合参謀本部〔米陸海空軍の代表で構成される、国家安全保障会議の最高軍事諮問機関〕が計画の細部を具体化し、マッカーサー元帥に命令として伝達した。マッカーサーが依拠したのは、統合参謀本部から受け取ったこれらの文書であった。

第二次世界大戦が終わる前に、ＳＷＮＣＣは多くの専門家を動員して、日本についての知識や日本の敗北後に予想されること、達成可能なことについて情報を集めていた。部局間の協力と分業は名目的ではなく実質的なものであった。戦略諜報局、戦争情報局、外国経済管理委員会といった機関がこの作業に加わった。一九四四年の秋以降、日本の政治、行政、通貨、金融、文化といった情報を集めた「ハンドブック」を戦略諜報局の研究分析部門が編集した。さらに一九四四年夏から一九四五年夏には、陸軍省の民政部門が、戦後の日本で問題になりそうなテーマをより網羅的にとりあげた「民政ガイド」を作成した。計七〇冊の「民政ガイド」が計画され、日本降伏の時点で約四〇冊が完成していた。そのうちの三冊は、その後行われた労働問題、農地改革、地方自治の占領政策に影響を与えたとみられている。一九四二年初頭から、ドイツと日本を対象とした軍政要員の養成所が陸海軍の資金によって全米各地につくられた。一九四四年夏には、民政要員の養成所も、ハーバード、エール、シカゴ、スタンフォード、ミシガン、ノースウェスタンの各大学に設置された⑱。

こうしたハンドブックや民政ガイドの多くは、実際には大きな影響力を持つことはなかった。日本語、日本の文化、生活状況について集中的に訓練を受けた一〇〇〇人を超える陸海軍の要員も、日本降伏後あまり活用されず、結局日本に派遣されなかった者も多数にのぼった。しかし、ここで重要なことは、アメリカ政府の主要な機関が、日本占領に備えるプロセスに真剣に関わっていたということである。これらの機関は、マッカーサーを占領軍の最高司令官に任命することに同意し、この決定は一九四五年八月中旬、日本が降伏する数日前に正式にマッカーサーに伝達された。さらに重要だったのは、日本の降伏が突然であったにもかかわらず、国務・陸軍・海軍の三省が「降伏後における米国

82 1945年8月19日　特殊なマークを付け，沖縄県・家島の滑走路に着陸する日本海軍の一式陸上攻撃機．このあとマニラのマッカーサー将軍の司令部で降伏と占領の段取りがとりまとめられた．

83 1945年8月30日　略式の夏服で丸腰，トレードマークのコーンパイプをふかし，連合国軍最高司令官として神奈川県・厚木に到着したマッカーサー．

84 1945年9月27日　当時センセーションとなり，以来，日本占領で最も有名な写真．マッカーサーと昭和天皇は，歴史的な最初の会談を丁重に行い，並んで写真を撮った．この1枚は，天皇がかつての「神聖かつ不可侵」の座から降り，マッカーサーの支配が始まった瞬間をとらえると同時に，日本政府の権威と統治が存続することも伝えている．こうした要因が日本の平和への移行をスムーズにした．

の初期の対日方針」と題する充実した青写真を共同で作成しえたことである。この文書は、マッカーサーが日本に上陸する前日、八月二九日に電信で送られた。東京の占領軍総司令部と日本の各地に配属されたスタッフの大部分は日本降伏後に招集され、ピーク時には五〇〇〇人を数えた。

わが国が降伏すれば、単に武装解除と軍の解体ですむわけではない――。日本政府の高官たちがこのことを知ったのは、七月二六日のポツダム宣言に始まる一連の声明によってであった。なかでも八月一一日の「バーンズ回答」は、天皇と日本政府の権限が「降伏条項の実施のために必要と認める措置を執る連合国軍最高司令官に従属する」と明確に述べていた。「降伏条項の実施」は、どのくらいの年月がかかるのか。それは誰にも予測できなかった。八月一九日と二〇日、マニラのマッカーサー司令部に派遣された日本の全権委員一行は、帝国陸海軍の解体と連合軍の本土到着に備えよと指示された[19]。

アメリカ軍の先遣隊が日本に到着したのは、八月二七日であった(同日、日本の陸軍大臣は、規律正しい降伏こそ「日本精神の美しさと崇高なる道義心」を示す機会であるという訓示を出している)。それから三日後、厚木飛行場に到着したマッカーサーは、武器のかわりにトレードマークのコーンパイプを持って飛行機から降りる姿を撮影させた。さらに三日後の九月二日、東京湾で降伏文書の調印式が行われたが、それは日本を叩き潰した軍事力を誇示する機会でもあった。海上は軍艦で埋め尽くされ、空を切り裂く戦闘機の儀礼飛行が続いた。そして天皇の政府の代表が降伏文書に調印し、天皇と日本政府は連合国軍最高司令官の命令に従う義務があることに同意したのである。

九月二日、マッカーサーは「アメリカ国民へのメッセージ」を発表したが、その内容は日本人を少し安心させた。メッセージは、「日本民族のエネルギー」の方向を転換し、「もし日本民族の才能が建設的に発揮されれば、日本は現在の悲惨な状況を脱して、尊厳ある地位へと向上できる」と保証していたからである。しかし、そこには占領政策が温和だとは書いていなかった。八月二九日にマッカーサーが本国から受け取った「降伏後における米国の初期の対日方針」は、懲罰的な措置（戦犯裁判、賠償など）も含んでいたが、むしろ中心は、日本を非軍事化し民主化するという広範で野心的な目標にあった[20]。この基本方針は国務省によって公開され、九月二四日、（日本の新聞に）報道された。数週間前まで米政府の機密文書だったものが、日本人にも読めるようになったのである。

ほとんど一夜のうちに、マッカーサー個人、および彼が統率する軍政府全体を意味するＳＣＡＰ（スキャップ）(Supreme Commander for the Allied Powers 連合国軍最高司令官）という略語が、日本のあちこちで使われるようになった。一九五二年四月に占領が終わるまでに、ＳＣＡＰはＳＣＡＰＩＮ（スキャッピン）と呼ばれる約二二〇〇通のきわめて具体的な命令を出し、さらに七〇〇〇の行政指令（ＳＣＡＰＩＮ－Ａとして知られる）も出した。こうした命令や指令は、日本政府の行政機構を通じて、五〇〇以上の「ポツダム命令」として実施された。占領の初期に、ＳＣＡＰＩＮとはどういうものかを日本人が理解するうえでとくに影響があったのは、一〇月四日、「政治的、市民的、宗教的自由の制限の撤廃」を日本政府に命じた指令（スキャッピン）であった。この指令には、廃止すべき法律名が具体的に列挙されていた。それから一週間後の一〇月一一日、マッカーサーはさらなる「改革」をすみやかに実行せよと日本政府に指示した。これは「五大改革」と呼ばれたもので、(一)「婦人参政権による日本女性の解放」、(二)「労働組合の結成奨励」、(三)教育制度の自由化、(四)「独裁的、恣意的、不正な措置から国民を守る司法システム」の創設、(五)所得と所有を幅広く分配する「経済機構の民主化」が含まれていた。この指令は、これらの諸改革が「明らかに憲法の自由化を含む」と冒頭で述べていた。

続く数カ月間に、さらなる改革が導入された。一一月には財閥の持株会社の解体が命じられ、一二月には国家神道を廃止する指令が出されたほか、全面的な農地改革によって、大地主の土地を取り上げ、それまで高い小作料を納めて貧しい暮らしをしていた農民に再分配することになった。一九四六年四月に実施された戦後初の総選挙では、新たに結成された三〇〇もの政党(多くは短命におわった)が候補者を立て、三九人の女性代議士が誕生した。この総選挙後の国会は、総司令部が二月に草案をつきつけて作成したラディカルな新憲法案を何カ月も議論し、あちこち修正を加えた(日本国憲法はその年一一月に公布、翌年一九四七年五月に施行された。それから五六年後のイラク侵攻まで改正されていない)。

占領が始まってから数年間というもの、日本は厄介な課題に直面し続けた。たとえば、降伏の時点で日本軍は七〇〇万人近くにのぼったが、その約半数は海外にいた。肉体的にも精神的にも疲れ切った兵士たちを復員させ、そのうえ海外に在住していた数十万人の民間人を日本に引揚げさせる作業は一九四七年まで、あるいはそれ以上かかった。降伏後も、栄養失調による死者は続いた。それは行き場のない者が集まる駅のような公共の場所であることが多かった。結核などの病気の発生率は異常に高く、失業と物価高のため、都市住民は一九四八年頃まで生活に苦しんだ。一九四九年いっぱいまで、経済は不安定であった。空襲で焼けた都市に新しい住居や仕事場を建てるには時間が必要であった。復興が飛躍的に進んだのは、一九五〇年六月に発生した朝鮮戦争による戦争景気からであった(吉田

85 くだけた服装のGI(米兵)が，群がる子どもたちにジープの上からお菓子を配っている．連合国軍部隊の第一陣が到着してから数週間後の横浜で．

首相は朝鮮戦争を「天祐神助(てんゆうしんじょ)」と呼んだ)。

初期の占領改革のなかには、草の根民衆レベルまではなかなか根づかないものもあった。そのため、時間がたつにつれて、占領軍当局者のなかに、民主化の進展について厳しい評価をする者も現れた。はっきりとした左翼系の人物で、経済の民主化に携わったT・A・ビッソンは、一九四九年に出した『日本における民主化の見通し』という本で、占領の成果だけでなく不十分な点も取り上げた。それから二年後、日本の地方レベルで改革に関与したアメリカ人は、もっと悲観的で厳しい目で観察した本を出版した。そのタイトルは『日本における失敗』であった[21]。

しかし他方では、マッカーサーが日本

86 借りた自転車にまたがり，破壊された建物の前を通り過ぎる米海軍兵．1945 年 8 月末，ちょうどマッカーサーが平穏に厚木飛行場に到着した頃の横須賀海軍基地付近．

に上陸した瞬間から、ジャーナリストたちが楽観的で生き生きとした描写の記事を量産していた。しばらくすると、興味を引くタイトルの本が次々と出版された。たとえば、『征服者　お茶の時間』（一九四六年）、『星条旗のミカド』（一九四七年）、『マッカーサーの日本』（一九四八年）、『落ちた太陽』（一九四八年）、『銀座のポップコーン』（一九四九年）、『掛け物　戦後日本のスケッチブック』（一九五〇

87 1946 年初頭．写真 86 と自転車は同じだが，傘が魅力的な若い女性に代わっている．

88 1946年の元日から間もなく，日本人が演じたこのミュージカル・レビューに，アメリカ人カメラマンは仰天した．こうした西洋風の演目は真珠湾攻撃以降禁止されており，それが降伏後すぐに復活したことは日本人の解放感の表れであり，その後何年も続いたつらい日常生活からの一時的逃避でもあった．

年)、『竹垣を越えて』(一九五一年。著者は米軍将校の妻)といった具合である。東京滞在の若いUPI通信の記者アーネスト・ホーブライトは、日本人女性とアメリカ人男性の安直な恋愛物語をいくつか書いて、ちょっとした有名人になった。いずれも英語で書かれた(あるいは口述された)ものだが、すぐさま日本語に翻訳され、日本人女性に熱狂的に読まれた。彼女たちがとくに興味を持ったのは、キスの描写だったという。ホーブライトのいちばん有名な作品は『東京ロマンス』といい、一九四七年四月までに二〇万部以上が売れた。当時のアメリカの雑誌『ライフ』は、「たぶん現代最悪の小説」と言いながらも、この「異人種間のロマンス」を五ページの写真特集で再現した(ある日本人の男性書評家は『東京ロマンス』を読んで、「アメリカ人の知性は低いとしか言いようがない」と書いている)。

こうした娯楽物が人々の注意を引く一方で、普通の日本人からは、膨大な量のハガキと手紙が占領軍司令部に届けられた。それはマッカーサー個人あるいは司令部宛てのもので、内容はたいてい占領を肯定しており、なかには感情過多なほどに感謝を述べたものや、小さな贈り物が添えられている場

89 1947年4月の雑誌『ライフ』は，UPIの記者アーネスト・ホーブライトの小説『東京ロマンス』のシーンを，5ページにわたる写真特集で再現した．『東京ロマンス』はアメリカ人ジャーナリストと日本の女優が恋に落ちるという通俗小説で，日本でもベストセラーとなった．この場面では，女性の父親がアメリカ人のプロポーズを満足げに見ている．

合もあった。昼になると大股で総司令部を出てリムジンに乗るマッカーサーの姿を見ようと、日本人が集まった(マッカーサーは自宅で昼食をとり、昼寝した)。降伏文書の調印から数カ月後には、米軍や民政部門の高官たちの家族が日本に到着した。彼らにとって日本での生活は、エキゾチックでなつかしい人生の間奏曲のような日々として記憶されることになった。日本の有能な中堅官僚はこうした高官たちと親密で有益な関係を結び、彼らの連帯意識は、少なくとも逆コースが始まるまでは一般的に高かった。占領の最初の一年が終わる頃には、日本における社会改革の野心的計画は順調に進んでいるという自画自賛のムードが高まり、実際占領二年目の終わり頃には、日本民主化はおおむね順調に進んでいた。そのなかには、先述の五大改革や農地改革のように真の意味で根本的な改革も含まれていた[22]。

支配の正統性の確保、適切に限定され明確に表現された目標、わかりやすい命令系統と規律、政策の決定と執行における寛容性と柔軟性、国家の建設的行動力への信頼、本国の党派政治に左右されない活動環境、占領政策を受け止める側における、安定的で、活気があり、経験豊かな市民社会の経験――敗北のあと、ラディカルな変革にも順応できた流動的な数年間に重要な改革が実現したのは、このような政治的・市民社会的な条件が日本に存在したからであった。

占領という以上、かつては、こうした条件は当然の前提と思われていた。だが、占領下のイラクにはこうしたものが欠落していたことがわかったとき、逆に日本は例外であるように見えてきたのである。

固く閉じた目──イラク占領

小さな場面が大きな状況を凝縮していることは、しばしばある。占領下の日本の小さな場面で繰り返し登場するのは、甘いお菓子である。征服者と被征服者が最初に出会ったときの写真には、武器を持っていない米軍兵士が、ぼろ服の子どもたちに取り巻かれてお菓子を渡し、大人たちがそれを見ている街頭シーンがある。撮影されたのは一九四五年九月、場所は横浜である。日本人の子どもたちが最初に覚えた「ギブ・ミー・チョコレート」は、いまも日本人に占領を連想させる忘れがたい英語のフレーズであり、当時の雰囲気を多層的に伝えている。殺し合いは終わった。永遠に。米兵は人なつこくて親切だった。日本人はもう無差別に焼き殺すべき顔のない「獣(けだもの)」ではなかった。だが、写真が語るのはそれだけではない。チョコレートは勝者の豊かな生活と富の象徴でさえあった。当時、キャンディーやチューインガムに群がった子どもたちはほとんどが栄養不良であり、甘い物は生活から消えていた。アメリカ人は、日本の指導者や親が与えられないものを子どもたちに与えたのである。

米軍が日本に上陸し、同行したカメラマンが盛んに撮影したのは、空爆による都市の破壊ぶりであった。それは爆撃機からは決して見ることのできない光景であった。そこには困窮した日本人がいたのだが、火傷を負ったり傷ついた人々を撮った写真はめったになく、爆弾は建物だけを破壊したかのようであった。こうしたイメージが伝えられるなかで、菓子を欲しがる子どもたちに囲まれた米兵の写真は、本国のアメリカ人を満足させた。そしてもうひとつ、占領初期に外国人カメラマンが好んで撮影したのは、日本の女性であった。こうして昨日の敵は突然、脅威ではなくなった。アメリカ人の側からすると、このような写真は、残虐な過去を脇におき、これからすべきことが見えてくるもので

90 1946年1月　写真家のアルフレッド・アイゼンシュタットが，撮影している自分と周囲の様子を撮らせた一枚．彼がカメラを向けているのは，戦後現れた自称天皇〔名古屋の雑貨商・熊沢寛道〕とその家族で，自分の質素な店の前でポーズをとっている．何の脅威性もないこうした題材は，『ライフ』のような写真雑誌にとっては大きな魅力であった．ほかに，芸者，寺社，宮中の鴨猟，茶道，生け花，陶磁器，養殖真珠，盆栽，入れ墨，アイヌ民族，歌舞伎役者，力士，地方や海辺の名所，そしてかわいい子どもや気のつく女性といった素材は，かつての敵・日本についての格好の取材対象となった．

あった。この子どもたちが未来であり、すでに大人も従順だ。文化は異国風だが、おおむね柔弱で、穏和で、受容性もある。ならば勝者が果たすべき新たな役割は明らかだ。われわれは寛容な父親のように、民主主義の教師、広範な変革の媒体になればいいのだ――。

米軍兵士がチョコレートを配るシーンは、多少の宣伝臭さもあったが、甘くてほろ苦くもあった。とにかくそれは平和な場面であり、アメリカによる占領という過渡期を的確に表現してもいた。占領軍の到着前に日本は準備を整えており、外国人に対する暴力はなく、それ以後も、アメリカ人は一人も殺されなかった。この横浜の街頭シーン〔写真85〕は、勝者が到着してから数週間後に撮影されたものであるが、同種の写真は占領期間を通じて多くの場所で繰り返し撮影された[23]。

イラク占領でも、ある意味で甘い物は象徴的存在となった。ただし、この場合は不名誉な逸話としてである。イラク人亡命者たちは、米軍はキャンディーと花束でイラク人に歓迎されるだろうとブッ

91 1946年2月　写真家のアイゼンシュタットが3人の芸者とポーズをとっている．この写真は単に絵になるとかエキゾチックというだけでなく，戦後，ほとんど一夜にして出現した，勝者と敗者の女性的で，しばしばエロチックな関係を象徴している．「平和を勝ち取る」プロセスにおいて，日本女性は外国の男性に一種の魔法をかけ，ジャーナリストやカメラマンが本国に送ったこうした写真は「日本」のイメージを計り知れないほど変容させた．残酷で狂信的な日本人という戦争中の思い込みや，日本人は矯正不可能な獣の群れだとトルーマン大統領が言った頃のイメージは，優雅な芸術にあふれた魅惑的な社会というイメージにとってかわった．

〈米軍所属の画家たちがとらえた「優しい日本」〉

92「日本の内陸部」ハンス・マンゲルスドートの絵．1946 年．

93「ある寺院の庭園で」ロバート・グラハムの絵．1947 年．

シュ大統領に請け合った。アメリカ政府のトップレベルのなかに、それを真剣に疑った者はいなかった。花束の代わりに手製の爆弾が数えきれないほど炸裂することになるとは、誰も予想していなかった。独裁者が倒されたという安堵や喜びはたしかに存在したし、独裁者を打倒した軍隊を多くのイラク人が歓迎したことも事実である。しかし感謝の気持ちはすぐに消えてしまった。キャンディーと花束の贈り物は悪い夢にすぎなかった。ブッシュ政権による戦後イラクへの備え――より正確には、きちんとした計画の不在――は、キャンディーと花束の幻想を大書したようなものだからである。戦後日本で政策を策定し実行した者たちがこれを見たら、ブッシュ政権の軽率ぶりに驚愕したことであろう[24]。

　日本占領から引き出すべき教訓。それは、占領によって権威主義的な社会を変えるには、占領する側が明確な正当性と十分な時間と環境を確保すること、占領される側に行政組織の継続性や社会の一体性があり、様々な市民社会的活動の経験をもっていなければならないということである。これらの教訓は隠された秘密でもなかったし、大学の専門家にしかわからないような難解なものでもない。ブッシュ大統領は当初、次のようなことを考えたのかもしれない。自分がアルコール依存症を改めたときのように、イラクも一晩で生まれ変われるし、実際、生まれ変わるだろう――。しかし現実のイラクには、生まれ変われる社会的、政治的、宗教的条件がない。大統領の助言者たちは、それがわかっていた。そしてわからないふりをした。この不利な事実を、第一次湾岸戦争では真剣に考慮した。しかし今回の側近たちはそうしなかったばかりか、非政府レベルや下級レベルからの警告も聞こうとしなかった。

戦後日本を見習うべきモデルとして真剣に考えた者は、誰もいなかった。むしろ、日本をもちだしたのは、歴史を政治的に利用しようとする政権の嗜好のひとつにすぎなかった。「日本占領」の実例はアメリカ政府にとって赤信号のはずであった。しかし実際には、戦争に向かうプロパガンダの道の青信号のひとつになっただけであった。そしてトップレベルの指導者たちは、自らの情報操作に目がくらんでしまったのだ。

＊

占領というなら、アメリカは日本ではなく、年代的にも地理的にも近い他の二つの事例に注目すべきであっただろう。ひとつは、いまも傷口がうずく一九六七年以後のイスラエルによるパレスチナの占領であり、もうひとつは、一九八一年から一九八九年までのソ連のアフガニスタン介入である。ソ連によるアフガン介入は、イスラム過激組織ムジャーヒディーンを生み出し、タリバンの台頭を招き、さらにはソ連崩壊につながった。こうした前例があるにもかかわらず、不慮の事態に十分備えることもせずに中東を攻撃し、占領しようとするのは、狂気に近い高慢であった。

戦闘終了後の課題について、イラク戦争の計画立案者たちがともかくも最終案をまとめたのは、二〇〇三年一月二〇日である。侵攻まで二カ月となったこの日、ブッシュ大統領は、国防総省に「イラク戦後計画局」を設立するという秘密の大統領令に署名した。その数週間前、ジェイ・ガーナー退役陸軍中将が（本人にも驚きだったが）この組織のトップに選ばれ、組織は「復興人道支援局（ORHA）」と改称された。その任務は「戦闘行為が終了した直後にイラク国家が直面する人道、復興、行政の課題への対応を援助すること」とされ、メンバー選びはガーナーにほぼ一任された。しかし、当時のガーナーは私企業の一CEOであり、新組織の予算も未確定であった。「計画局」がどのような組織権限をもつかは何も指示されておらず、ガーナーの任期も一時的と理解されていた。翌年の五月、ガーナーに代わって、権限が強化された連合国暫定当局（CPA）を率いることになったルイス・ポール・ブレマー三世は後に、ORHAは「文民による緊急対応部隊、緊急のニーズに対応する消防隊」のようなものだったと述べたが、実際には疫病、食料不足、大量の難民、あるいはサボタージュによる油田の被害などの緊急のニーズへの対応は、すぐには行われなかった[25]。

大統領令を受けてから一カ月後、ガーナーのチームは約二〇〇人を集めて任務前の準備会合（軍の用語で「ロック・ドリル〔削岩機〕」と呼ばれる）を国防大学で行った。そこでまとめられた二〇ページの報告書は、楽観的なものではなかった。「われわれはイラクの国土の大半において不穏と混沌に陥る危険に直面しており、その規模は安定した新しいイラクをめざすわれわれの国家戦略を挫折させる恐れがある」「われわれが撤退したあと、テロリズムの温床となる可能性をもつ不安定で巨大な混乱が残る危険がある」「この会合は最も基本的な問題を取り上げなかった。アメリカは将来どのような政府をイラクにつくりたいと考えているのか。そのために、われわれはどのように計画したら良いのか」。ガーナーのチームがこの会合を行っているとき、ペルシャ湾のドーハに置かれたＣＥＮＴＣＯＭ（中東・中央アジアを担当するアメリカ軍の中央軍司令部）の将校たちが、一通の文書を作成した。イラクへの侵攻が始まれば、様々な責任を課せられるのは彼らであった。この文書は、彼らが知らされた戦争計画には矛盾があると指摘した。計画立案者たちが追求している「衝撃と畏怖」戦略は、「イラクの国家体制の機能をすべて破壊する」ことをねらいとしている。そうだとすれば、侵攻後の体制安定を確保するために、既存のイラクの機構に頼るというのは矛盾している。アメリカに具体的な安定化計画がなければ、イラクは犯罪者や旧体制のメンバー、そして「テロリストの流入」による破壊活動に直面すると[26]。

こうした問題は、官僚機構の内部では何カ月も前から予測されていた。戦争を急ぐことに疑問をもった官僚の間では、とくにそうであった。たとえば、二〇〇二年九月、国務省の政策企画局は、「イラク再建――過去からの教訓」と題する、ぎっしり文字の詰まった一五ページの報告書を作成した。二〇世紀における紛争後の復興の事例を二〇件余り調査したもので、政策企画局長だったリチャード・ハースによると、その結論は、イラクへの侵攻は「大規模かつ長期にわたる占領」を必要とするというものであった。報告書は冒頭で「イラクと開戦する場合は、戦後に平和を確保する準備が必要である」と述べ、「平和を勝ち取る」必要があるという古い教訓を再言している。そして、イラクには国家の統一を難しくする現地固有の課題があること、「フセイン追放後、安全保障上の空白を生じさせない」ようにする必要があること、安定的でそれなりに民主的な国家になるために不可欠な「ハードウェア」と「ソフトウェア」の基盤がイラクにどの程度備わっているかを検討すべきだと、強い警告を発している。

この報告書には「国家建設（ネーション・ビルディング）」という言葉が使われていた。これはブッシュ政権で影響力をもった保守派と新保守主義（ネオコン）に忌み嫌われた言葉である。報告書は「軽めの国家建設」から「本格的な国家建設」にいたるまで、紛争終了後に考えられる一連の課題を取り上げ、第二次世界大戦後における欧州と日本の復興を「本格的」な場合の「卓越した事例」としている。イラクに侵攻した場合、まず間違いなく、現在の想定以上に大規模な戦後復興策が必要になる。イラク復興は、日本、韓国、ギリシャ、イタリア、戦後西ドイツの復興とまったく同じではないにせよ、ほぼ匹敵するものになる（報告書はこのことを図表にまとめている）。フセインを追放したあと、イラクで「カオス的な戦後環境」が生まれ、「問題のある隣国」に囲まれる危険があり、イラク国内の政治勢力と、派閥抗争をかかえた「亡命中の野党勢力」の間で不和が生まれることも、容易に想像された。統合のシンボルとなるような「昭和天皇のように国民に認知された人物」も存在しない。こうしたことすべてが、注意深い計画と、侵攻後のアメリカの本格的な関与の必要を指し示していると。

この報告書は、日本占領のような「マッカーサー・モデル」は、コストがかかりすぎるうえに、「中東の原油と地域覇権目当ての、むき出しの帝国主義的強奪のようにみなされる」危険があるとしてしりぞけた。代わりに推奨したのは、国家、国際組織、NGOをまきこみ、真に国際的な取り組みとして復興に取り組むことであった。アメリカは強い指導力を発揮するが、それには「国連からの委任という形式」をとり、その委任組織のトップは、国連から役職名を与えられた「経験豊かで信頼できる、アメリカ人以外の、できれば西洋人以外の人物」としている。この報告書は、政権に対する対抗戦術として、ひとつの項目ではなく「国家建設」と「国際主義」の二つを盛り込んでいた。しかし、すでにホワイトハウスと国防総省は、戦争の始めから終わりまで、すべてを合衆国が支配することに固執していたから、この報告書は即刻無視される運命にあった。コリン・パウエル国務長官は国防総省、国家安全保障会議、副大統領府にこの報告書を送ったが、その内容が省庁間協議で真剣に審議されたことは一度もなかった[27]。

二〇〇二年後半、同じ国務省の他の部局が行った、比較的よく知られたもうひとつの努力も、同じような運命をたどった。「イラクの未来プロジェクト」と呼ばれたこの取り組みは、最終的には一〇〇人ほどの、大部分が亡命イラク人の様々な分野の専門家(「自由イラク人」と呼ばれた)を動員したもので、一七の作業グループが設けられ、年末には一〇〇〇ページを超える冗長な報告書をまとめた。これはいわば、第二次世界大戦中にSWNCCのもとで作成された前述の日本占領用のハンドブックや民政ガイドに相当するといえなくもない。そのうちの、「公正な移行期」のための作業グループが作成した文書は、「体制変革直後は、殺人、略奪、窃盗の好機になる可能性がある」と警告していた。「透明性の確保と腐敗防止」のための作業グループは、次のように指摘している。「新しい未来を約束されたイラクの人々は、すぐに結果が出ると期待するだろう。新体制とアメリカ合衆国が信頼されるかどうかは、この約束がどれだけ早く果たされるかにかかっている」[28]。

「イラクの未来プロジェクト」は専門知識を動員したものであったが、占領の青写真であると主張するつもりもなかったし、事実、実際的で整合性のある計画を提供したわけでもなかった。結局、この報告書は省庁間の縄張り争い、とくに国務省と国防総省の衝突のなかで埋もれてしまった。その最も「毒性の高い」瞬間(ダグラス・ファイス国務次官の表現)は、イラク侵攻の数週間前、二月末にラムズフェルド国防長官がジェイ・ガーナーの出した人事案を荒々しく拒絶したときであった。ガーナーは、サダム後に安定政権を築くため、イラク政府の省庁にすぐ配置できるアメリカ人の上級アドバイザーの候補を推薦したのだった。ラムズフェルドがただちにこの提案を却下した最大の理由は、そこに国務省の専門家が多すぎたからであった。侵攻が始まったあとも、ガーナーは当てずっぽうで仕事をするしかなかった。ブレマーと交代した後、「いったいわれわれはどうするつもりなのか、さっぱりわからなかった」とガーナーは告白している。ORHA(復興人道支援局)とは、Organization of Really Hapless Americans(本当に不運なアメリカ人の組織)の略称だという内輪の冗談も生まれた。たしかに、ブラックユーモアのひとつも言いたくなる状況ではあったが、このジョークは、考え方がばらばらで、ささいなことで不機嫌になるような、幼稚な計画の仕方が生み出す深刻な悲劇を十分とらえてはいなかった[29]。

こうして人材と資金の問題は、侵攻が開始されたあともほとんど未解決のままとなった。これらについての議論はほとんど組織の内部で行われていたが、何人かの軍人や官僚は、軍隊の動員規模が小さいことや、最終段階を含めて全作戦のコストの見積もりが低いことに公然と異議を申し立てた。なかでも有名なのが、エリック・シンセキ陸軍参謀総長のケースであるが、こうした人々は勝手なふるまいだとして批判された(ウォルフォウィッツ国防副長官は「異様だ」とか「まったく的外れだ」と言った)。それから二カ月後、ブレマーが連合国暫定当局(CPA)の責任者に任命されたとき、安全保障に関する研究報告を長年政府に提供してきたランド研究所が、(日本とドイツの事例を含む)過去の占領に関する長文の報告書を提出した。その結論は、占領した国の国民一〇〇〇人につき二〇人の米兵を置かなければ、安全は確保できないというものであった。それはイラクでいえば五〇万人ということになり、ホワイトハウスの計画の三倍以上であった。ブレマーは、(二〇〇四年五月、連合国暫定当局の)責任者としてイラクに出発する前に、この報告書を大統領と国防長官に提出した。すでに占領下のバグダッドはあちこちで炎上していた。ブレマーが返事を受け取ることはなかった[30]。

第二次世界大戦時代の旧式のタイプ打ちのカーボンコピーされたていねいな文書に慣れている研究者が、イラク「体制変換」計画の公開文書に接すると、あまりにも記述が断片的であることに年月の経過を感じる。たしかに、それらのなかには説得力のある報告や文書もある。だが同時に、なんでも箇条書きで済ませようとする傾向もうかがわれる。これはパワーポイント時代のまとまりのない断片的思考を反映するものでもあり、こうなると頭で要約した「ポイント」と、慎重な考察にもとづく明確な結論とが混同されやすくなる。リスト、メモ、作業文書、そして数えきれないほどのパワーポイントやスライドのプレゼン資料があっても、それだけでは整合性のある政策にはならない。コンドリーザ・ライス大統領補佐官が、国家安全保障会議における意見の一致を装うためにしばしば「橋渡し」文書を作成したように、高いレベルで承認された「計画」であっても、実際には曖昧で矛盾を含んでいるものは、整合性のある政策とはいえない。イラク戦争では戦闘計画は入念に作られたが、戦闘が終わった後の地域安定化計画や復興準備となると、箇条書きのレベルを超えるものはほとんどなかった[31]。

現実の戦争計画を先導したのは、こうあってもらいたいという願望のシナリオであり、それはあまりにも単純なものであった。フセインの指揮命令系統は破壊せよ、だが、その後の治安維持はイラクの軍部と警察に依存せよ。「新しい指導体制を導入するが、……本体は維持しておけ」（ライスの表現）。戦後の問題については他国が協力するだろうから、米軍の大半は二、三カ月で引き揚げる。ラムズフェルドが率いた国防総省の口癖は、すでにアフガニスタンでそうであるように、イラクにおける米軍の「足跡」を軽く、小さくしろという言葉であった。しかし、政府の内外の専門家が指摘したように、専制体制の指導部が排除され、略奪と混沌が予想されるとき、社会のインフラが無傷のままでいられるかは疑わしいし、新しい指導者がどこからやってくるのかも不明で、イラクの内部も周辺も一触即発である。だとすれば、正確にはいったいどこの誰が、何を準備すればいいのか――それは誰にもわからなかった。問題の大きさに圧倒されたガーナーの復興人道支援局のスタッフは、開戦直前の二〇〇三年二月末、「リハーサルと計画のための省庁間会議」に出席したとき、スタッフ、資金、法と秩序の維持といった問題よりも「重大な問題」があると考えた。それは「〔イラクでの米軍の〕足跡は〔アフガニスタンの時のように〕小さくていいのか、それとも大きくなければならないか」ということであった[32]。

戦後のイラクに関する侵攻前の批判的考察は、政府内部の者によるものであれ、ジャーナリストによるものであれ、結論は実質的に同じであった。「なにか計画があって、われわれはそのリハーサルをしているのだと思っていた。だが、計画など存在していなかったのだ」（復興人道支援局の一員であったポール・ヒューズ大佐）。「本当の計画などなかった。あったのは、計画などいらないという考えだ。戦争をすれば、あとはすべてうまくいく、フセインを片づければ満足だ――。それが前提だったのだ」（元統合参謀本部幹部ジョセフ・ケロッグ・ジュニア中将）。「勝利の翌日何をするのか、合衆国政府は準備をしていなかった。どう進むのか、すぐに何ができるのか、はっきりした考えがなかった」（国務省の中近東担当次官補エドワード・ウォーカー）。「イラクに正統性のある民主主義を生み出す最適な方法は何なのか、よく練られた予想がなかった。周知のように、実際に戦争が始まったとき、われわれにはそういう計画は何もなかった」（連合国暫定当局・元憲法担当上級補佐官ノア・フェルドマン[33]）。

「日本占領」は、妄想のジグソーパズルのひとつのピースにすぎなかった。とにかくイラクに上陸すれば万事うまくいくだろう。第二次世界大戦後の日本やドイツのように。いや、実際にはもっとうまくいく。なにしろ、軍の大部分はすぐに撤退できるのだ（その一方で、日独の場合と同様、アメリカの恒久的な軍事基地をイラクに設けることも考えていたが）。これは信仰まがいの願望で政策を決めたというだけではなく、もうひとつ違うものも反映していた。それは、社会工学的な考え方、すなわち国家建設という概念への嫌悪感であった。しかし国家建設こそは日独の占領の根幹にあったものであり、無視された二〇〇二年九月の国務省報告書（一五三ページ既出、政策企画局作成「イラク再建――過去からの教訓」）の中心テーマでもあった。

ブッシュ政権は「解放」と「自由」という自分の言葉のとりこになっていた。われわれはイラクを「解放」するのだから、イラク「占領」を計画したのでは「解放」にはならない。「自由」とは統制なき市場経済のことであり、国家の役割を最大限にまで縮小することなのだ。ブレマーとほぼ同時期にバグダッドに赴任したノア・フェルドマンは、帰国後のインタビューでこう語った。「これ〔ブッシュ政権〕は国家建設をしようとしない政権でした」「フセインが倒れるとすぐ、新政権が生まれるだろうと彼らは言っていました。魔法のようにね(34)」。

国家建設の拒否

ラムズフェルド国防長官は、気になることがあるとすぐに部下や同僚にメモを送りつけることで知られていた。このメモは周囲から「雪片(スノーフレーク)」と呼ばれ、一日に二〇通、多いときは一〇〇通に及ぶこともあった。ラムズフェルドは二〇〇六年の中間選挙後に国防長官を辞任したが、それまでに雪片の吹きだまりはおよそ二万通に達した。二〇〇六年三月一〇日付のメモには、アメリカ人の三分の二が「アメリカは戦後のイラクで勝利を固める計画を持っていなかった」と回答した世論調査についての悔しさが書かれている。「国防総省には計画がなかったというが、これに反論できる、もっといい釈明が必要だ」。そしてラムズフェルドは、広報担当の次官補に怒りをぶつけている。「まったくナンセンスだ。これ〔世論の批判〕は叩きつぶしてやらねば」。

それより少し前の〔二〇〇四年五月〕の「雪片」でラムズフェルドは、テロリズムは「世界規模の反乱」ととらえなおすべきかもしれないが、事態が制御できなくなった理由のひとつは、イスラム教徒が怠け者だからだと書いている。石油という富が、「世界の他の地域では致富の手段である勤労、努力、投資といった現実から〔イスラム教徒を〕引き離している」。また、「イスラム教徒は肉体労働を嫌うことが多く、韓国人やパレスチナ人たちを雇い入れて、若い連中は仕事につかない」。これらがどうして反乱の原因になるのだろうか。「仕事がない者は過激派にリクルートされやすい」からである。[35]

こんな軽薄な「雪片」は、文書にしたりコンピュータに打ち込んだりする前に融けて消えてしまうものだが、イラクやその他の地域で起きているテロと暴動の悪循環が自分たちの行動と関係があるとは思いもしなかったこの政権では、そうはならず記録に残ったのであった。とはいえ、戦後計画を持っていないとペンタゴンが批判されたことにラムズフェルドがいら立ったことは、理解できないことでもない。あの吹きだまりのようなメモの山のなかに、計画がひとつあったからである。イラクに小さな足跡〔米軍〕を残すというのが、その計画であった。亡命者と「よそ者」が牛耳る「イラク暫定行政機構」のようなものを支援することも、計画に入っていた。実際、ブッシュ大統領はイラク侵攻の九日前、三月一〇日にペンタゴンから出されたその種の計画に署名している。この計画は、その一〇日前に国家安全保障会議を通っていた。もっともこの計画は、アメリカ軍がバグダッドに入ってからも秘密にされ、結局は誰からもほとんど無視され、大統領にも無視された。その大統領は五月、ブレマーをイラクの責任者として派遣した。[36]

戦闘が終わったあとの「占領」は、つねに不利と有利が考えられる難しい問題であったが、多くの機会に議論されたことは確かである。まず、大統領の側近たちは外国が他国を占領することの不利を検討していた。たとえば、二〇〇二年七月二五日に国家安全保障会議に提出された国務省の文書は、

〈達成されたミッション・達成されなかったミッション〉

2003年5月1日，「イラクの自由作戦」の開始から約6週間後，ブッシュ政権はアメリカ西海岸サンディエゴ沖に停泊する原子力空母エイブラハム・リンカンの艦上でイラク戦争の勝利を祝った．パイロット姿の大統領は，ヘリで到着したあとスーツに着替え，「ミッション達成 MISSION ACCOMPLISHED」と書いた横断幕の下で，主要な戦闘は終了したと宣言した．この祝典のモデルは，1945年9月2日に東京湾の戦艦ミズーリで，マッカーサーの元で行われた降伏文書調印式である．状況は一見似ているが，2つの行事には大きな違いがある．日本政府は，戦艦ミズーリの大砲のもとで正式に降伏し，勝利した連合国側の代表もそろっていた．日本にとって，それは殺し合いの終わりであった．イラクにとって，混乱，占領，恐怖，そして反乱のスパイラルは始まったばかりであった．

94 1945年9月2日　日本側代表団がアメリカの戦艦ミズーリの艦上で降伏文書に署名．

95 艦橋に「ミッション達成」の横断幕が掲げられた，サンディエゴ沖の原子力空母エイブラハム・リンカン．

96 航空母艦の艦上で撮影されたこの集合写真は，「戦時大統領」としてのブッシュをハリウッド映画風にうまく演出している．

「その後の外交計画」と題され、次のように警告している。もし、アメリカが「占領国」とみなされると、その結果は「正統性のない政府、不安定、……そして米軍に対するテロ活動」であろうと。この論点は間もなく「イラク解放の戦略」というタイトルの文書に取り入れられ、ライスの国家安全保障会議の主要メンバー会議に提出された。ここでは次のような表現になっている。「世界が、イラクにおけるアメリカの行動を新たな植民地の占領とみなすことは、われわれは望まない」。国務省は九月、イラクに「マッカーサー・モデル」を押し付けるのは危険だと警告したが、これも中東において権力と利益を求めるアメリカの「帝国主義的強奪」に見えるのを避けるためであった。数カ月後、イラクの自由作戦がほぼ準備を整えた頃、ＣＩＡが同じ警告を発した。「外国に占領された歴史があるだけに、イラク人たちは占領者に対して今も深い反感を抱いている。外国軍隊が無期限に占領したり、イラク人以外の軍人が最高権力を掌握したりすれば、広範な反発を呼ぶであろう[37]」。

他方で、フセインを失脚させたあと、アメリカがイラクの秩序、改革、再建に深く関与し続けた場合の利点も指摘されていた。それも数カ月ではなく、少なくとも一年、あるいはそれ以上の期間の関与である。すなわち二〇〇二年八月、国家安全保障会議に提出された前述の文書「イラク解放の戦略」は、アメリカのイラク侵攻が「新たな植民地占領」と見られれば強い反発を受けると警告する一方、「アメリカの目的を達成する上で最も信頼がおける体制変革の選択肢は、相当数のアメリカ軍を長年にわたってイラクにとどめ、アメリカが主導する行政機構を支援すること」だとも述べている[38]。

このように、軍事占領をどう行うかは、実務レベルの計画立案者だけで解決できる問題ではなく、根本的には政治的な問題であった。それはつまるところ、軍隊の、さらには国家の、適切な役割とは何かという問題だからである。ペンタゴンの計画立案者たちが「軽い足跡」と呼んだものは、スリムなハイテク軍事組織による「軍事における革命」のあと、イラクの国家建設に深く関与しないという意味が含まれていた。日本とドイツでアメリカ軍の庇護のもとに行われたような、長期にわたる社会改造は回避するということである。国家建設には反対する。社会の発展に国家が大きな役割を果たすことにはすべて反対する。海外の政治、経済、社会の発展にアメリカが関与することはない——。これは二〇〇〇年のブッシュの選挙公約(その主要演説は同年一〇月に行われた)のひとつであった。この考え方を主導したのは、ブッシュの選挙運動で外交政策のアドバイザーを務めたライスであった。

このように、国家建設への関与を否定したことが、戦闘終了後の計画づくりを阻害した要因のひとつであった(もうひとつは、暫定政権に亡命イラク人を含めるかどうかという問題であった)。最終的にどういう考え方が政権中枢の主流になったかは、二つの事例が鮮やかに示している。ひとつは国家安全保障担当大統領補佐官をめぐるやりとりであり、もうひとつはイラク侵攻前夜の国防長官のスピーチである。

二〇〇二年一〇月、外交評議会、ヘリテージ財団、国際戦略問題研究所といった複数のシンクタンクが、国家安全保障会議の事務局長であるライスに、戦後イラクのための政策選択肢づくりへの協力を申し出た。ライスは、おおむね好意的にこうした提案に応じた(ある人の回想では「こういうものが必要だったのです」「これから忙しくなるので、政府がこういうことをする時間はなくなるでしょうから」とライスは言った)。ただライスは、イラクとの戦争に批判的だったヘリテージ財団の参加には不賛成で、代わりにアメリカン・エンタープライズ研究所(ＡＥＩ)を入れるよう求めた。ＡＥＩ

は、イラクとの戦争を強く支持していた。

翌月、シンクタンクの代表たちは、ホワイトハウスのライスの部屋で会合を持った。だが、それは協力の始まりではなく、むしろ終わりとなった。外交評議会のレスリー・ゲルブ会長が、戦闘終了後の政策全般について様々な選択肢とその論拠を説明した。すると、AEIの所長が発言して、こういうことを考慮すること自体がおかしいとライスをとがめた。「カール・ローヴ（ブッシュの上級政治顧問で、政治的右派との橋渡し役）はこのことを知っているのか」。ゲルブによると、AEIの所長の発言はこう続いた。「大統領はこれを知っているのか。彼らはこういうものには賛成しないよ。国家建設の話をしているようだが、彼らも、それにコンディ〔ライス〕、君自身も、こんなクリントン流の馬鹿げた政策には繰り返し反対してきたじゃないか」。

それで、話はほぼおしまいになった。ゲルブ会長がのちに記者に語ったところでは、「彼らは、こういうことはすべて開戦の邪魔になると考えていた」。このエピソードは、開戦の時が迫るなか、自称「世界の中心」で起こったひとつの瞬間を今に残してくれている。高い理念と冷静な現実直視を自負する有名な保守系シンクタンクであるAEIが、圧倒的な軍事力を見せつければあとは放っておいてもうまく収まると考えていたのである。こうした軽信は、大統領やその側近にも及んでいた。現実の世界では、ものごとは放っておけばうまく収まるよりも、むしろばらばらになりやすいということを、彼らは認めることができなかったのである。(39)

二〇〇三年二月一四日、ラムズフェルド国防長官は、「国家建設を超えて」と題した重要演説において政権の立場を説明した（この日はちょうど、イラクで平和が失われつつあると、多くの政府関係者が警告しはじめた時にあたる)。演説は、ニューヨークのイントレピッド海上航空宇宙博物館で開かれた恒例のイベント「自由への礼砲」で行われた。この博物館は第二次世界大戦の航空母艦イントレピッドを改造したもので、ラムズフェルドは、買ったものを買い物袋からとり出すように、おなじみのイメージとレトリックを並べてみせた。「空母イントレピッドは、真珠湾攻撃後の太平洋戦線において重要な役割を果たしました。デッキにいた水兵たちは、アメリカの艦隊に突入する日本の特攻機を目の当たりにしたのです」。そこから九月一一日の同時多発テロに話がつながる。「それから半世紀以上がたって、この航空母艦は再び残虐行為を目撃することになりました。九月のある晴れた朝、自爆犯たちの攻撃を、今回は世界貿易センターへの突入を、人々はこのデッキから見たのでした」。

もちろん、連想はそこで終わらなかった。ラムズフェルドは、真珠湾後いかにアメリカが巻き返したかを語ったあと、アメリカは「日本の国民が戦争の廃墟から国を再建し、民主主義の諸制度を確立するのを助けたのです」と述べた。それに匹敵したのは、九月一一日後のアフガニスタンへの攻撃であった。ここで国防長官は「国家建設を超えて」という演説の本題に入った。アフガニスタンはアメリカが「占領軍としてではなく、解放軍として」ふるまうモデルだと長官は言い、次のように説明した。「われわれの目的は、いわゆる国家建設に関与することではありません。……この区別は重要です。国家建設というときは、たとえば現場に駆け付けた善意の外国人が、問題があるから、さあ一緒に立て直しましょうと言うでしょう。これは、たしかに動機は良いのですが、かえって害をなしてしまう危険もあります。……なぜならローカルな問題に外国人が介入してインターナショナルな解決を施すことは、注意をしないと、依存関係を生んでしまうからです」。

ラムズフェルドによると、この教訓は「フセイン後のイラク」にも適用される。「ご存知のとおり、大統領はイラクで武力を行使するかどうかまだ決めていません」と言いながら、でもおわかりですよね、と悪戯（いたずら）っぽくウィンクし、「しかし、もしわれわれが武力を行使するのであれば、この原則が当てはまることになります。イラクはイラク人のものであり、われわれはイラクを自分たちのものにするつもりはありませんし、イラクを統治したいとも思っていません。われわれが望むのは、イラクの大量破壊兵器を除去し、イラクの国民を抑圧から解放することです。……必要な限り留まりますが、なるべく早く立ち去ります」。聴衆は拍手で応じた。(40)

この演説の一カ月前、ラムズフェルドが率いる国防総省はイラクの戦後計画における主導権を確立していた。イラクの戦後に関する命令系統をペンタゴンが主導すること自体は、おかしいことではない。それは日本占領で統合参謀本部が果たした役割と同じである。問題は、イラク侵攻後の計画をコントロールする省庁間の協力が行われなかったことであった。

ラムズフェルドは細かいことにうるさいので有名だったが、戦後の安定化と民政部門への彼の関与の度合いは、戦闘計画への関与とは比べようもなく低かった。すでにアメリカの戦争マシンは動き出していた。大規模な破壊力を発揮することへの、ほとんど硬化した関心が政権を支配したが、それは「アメリカ流の戦争」の伝統にも完全に合致していた。衝撃と畏怖、社会システムの無力化、指導者追放、体制変換といったイメージにとりつかれた戦争立案者たちは、イラクが指導者のいない機能不全の停滞国家になるようなことはなく、米軍はキャンディーと花束で歓迎されると思い込み、議会やメディアや、国民の多くにもそう思わせることに成功したのである。

この省庁間の争いの敗者は、まとまりのない「イラクの未来プロジェクト」を作成した国務省であった。それはひとつの敗北にすぎなかったかもしれないが、基本的な発想の点でも実践的な手法の面でも、対立はこれで終わるものではなかった。たとえば、「イラクの未来プロジェクト」は、端的に次のように述べていた。「イラクはアフガニスタンではない。アメリカは、日本やドイツにおけると同様、イラクにきちんと関与すべきである[41]」。

燃えるバグダッド

二〇〇四年五月一二日、ブレマーがバグダッドに飛んだときの状況は、以上のようであった。ブレマーの任務は、イラク復興人道支援局に代わるイラク暫定行政機構を設立することであった。ワシントンを発つ前、ブレマーは軍や民生部門の様々な機関からブリーフィングを受けたり文書を受け取ったりしたが、大統領も国家安全保障会議のチームも、全体を統括する計画を持っていないことに彼は気がついた。彼らしい礼儀正しい表現によると、「大統領の命令はきわめて明快だった。イラク国民を民主的な政府への道に乗せ、イラク国家の再建を助けようということだった」。忠実なブレマーはただちにこの注意に従ったが、「当時われわれのうちの誰も」「だからどうするというのか」見当もつかなかったと認めている。「大統領その他から受けた全般的な指示は、「ともかくイラクへ出かけて、そこから提案をしてほしい」ということでした[42]」。

この段階にきて、ようやくアメリカの政府関係者は「占領 occupation」という言葉を公然と使うようになった(この言葉の公的な使用は、二〇〇三年五月二二日、国連安全保障理事会がアメリカと

97 2003年12月10日　バグダッドの集会で，「イラクの自由作戦」後に噴出したテロに反対し，アメリカ主導の連合国暫定当局の樹立に抗議するイラク人たち．彼らの訴えは実らなかった．

98 2003年，バグダッドのアブ・ハニファ・モスクにおける金曜礼拝の後，アメリカ軍の駐留に抗議するスンニ派のイスラム教徒たち．上のアラビア語の意味は，英語と同様，「イラクは我々のものだ．アメリカ人のものではない」．

99 2004年1月17日　道路脇に仕掛けた爆弾が3人のアメリカ兵を殺したことを喜ぶイラク人たち．このような手製の爆破装置(IED)がアメリカおよび有志連合国軍の巨大な軍事力や高度なハイテクに対して効果的に対抗できたこと，「解放」軍による占領にイラク人が反攻したことは，アメリカの戦争立案者たちに衝撃を与えた．

100 2003年8月　バグダッドのサドルシティー．シーア派の聖職者ムクタダ・サドルに忠実なマハディ軍傘下の覆面の戦闘員が，アメリカ軍との戦いに備えている．

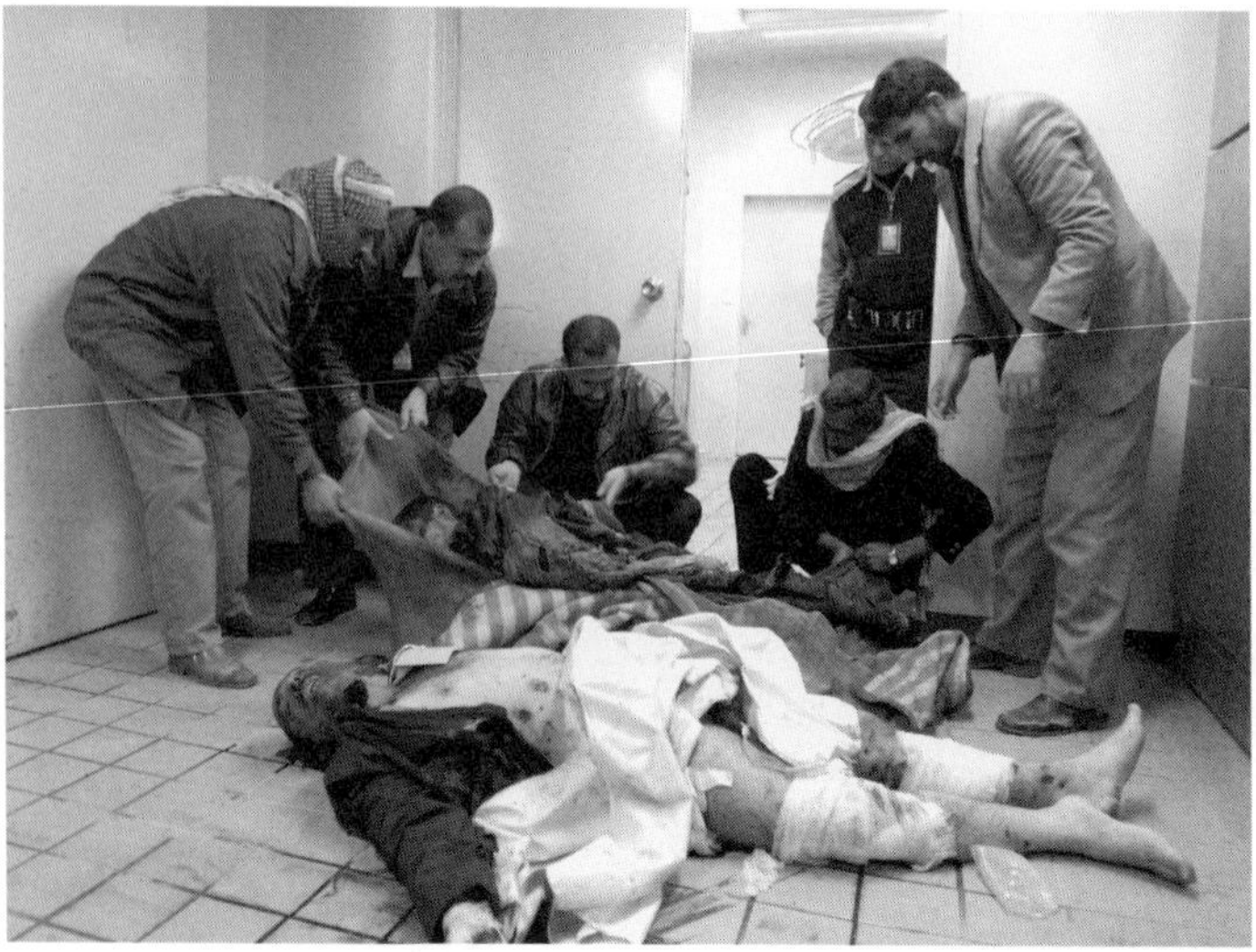

101 2004年2月23日　キルクークで自爆テロによって殺されたイラク人警官の身元を確認する親族.

102 2005年7月20日　新憲法起草委員会のメンバーだったスンニ派のアラブ人が3人殺害され，その棺を運ぶ会葬者．後ろの横断幕には「連邦制にノーを」と書かれている.

イギリスを「統合司令部下の占領国 occupying powers」と認定した決議一四八三に始まる)。ブレマーの飛行機がバグダッドに降下したとき最初に見えた光景が、彼が後に執筆する回顧録の書き出しとなった。「バグダッドは燃えていた」。彼が飛行場に降り立ったとき、彼のブリーフケースには、かつてのポツダム宣言にあたるものや、マッカーサーが日本に上陸したときすでに受け取っていた詳細な「降伏後における米国の初期の対日方針」のようなものは、何もなかった。だが、それでもブレマーは、何十年も前にマッカーサーが直面した課題と、自分の任務を比べてみた。ブレマーは、到着の前の晩に開いたスタッフとの会議の終わりに、こう述べていた。「そうだ。われわれは「占領国」なのだ」「そこを曖昧にしてはいけない」。彼を出迎えたイラク復興人道支援局のスタッフは疲れていた。ブレマーは彼らに、「日本とドイツの例から得られる教訓」を心に留めることが必要だと話した。なかでも重要なのは、デモクラシーを支える条件である。それは「堅固な市民社会であり、……政党、言論の自由、司法の独立、公的資金についての説明責任である[43]」。

二カ月後の七月、イラクの生活状況が悪化し、暴動が急増していたとき、イラクの連合国暫定当局は、翌年の様々な時点での到達点を明確にした五七ページの「戦略計画」をとりまとめた。ブレマーはワシントンにもどり、ホワイトハウスの作戦室で開かれた国家安全保障会議の会合でこれをプレゼンした。反応は上々だった。「いい文書だ、ブレマー」と大統領は言った。「君たちは本当に完璧だ[44]」。

数日もすると、イラクの報道機関はブレマーを「バグダッドのマッカーサー」と呼び始めた。ブレマー自身も、自分の強大な権力を日本におけるマッカーサー(ドイツ占領ではルシアス・クレー)の「総督的責任」になぞらえた。命令の実行をしぶる反抗的なイラク高官には、「今は私がイラク政府だ」と言い渡した。実際、彼はイラク政府そのものであった。五月九日、ブレマーがペンタゴンから受け取った命令書は、イラクにおける「すべての行政、立法、司法の機能」を暫定当局の長官に与えていたからである。解放はすでに外国による占領に変化しており、占領はいつのまにかある種の国家建設に変わっていった。そして暫定当局本部の外では銃声が響いていた。「解放されたイラク」は、上からの専断によって主権を奪われた。二〇〇四年六月二八日、ブレマーが去り、暫定行政機構も解散したとき、イラクの主権は名目的に回復されたが、実質はほとんど変化がなかった。占領軍は撤退しなかった。居残ったアメリカ人は、「グリーン・ゾーン」と呼ばれた都心の駐屯区域に閉じ込められ、ほとんど監禁状態になっていた。暴力と苦しみは続いた㊺。

ほとんどあらゆる点で、イラク占領は日本占領の反対の物になった。平和のかわりに暴力、癒しと回復のかわりに不治の傷口と憎しみ、アメリカの安全と威信の高揚ではなく低下、成功ではなく全面的な破産。だが、それだけでは単純過ぎるだろう。イラク暫定行政機構のもとで導入された改革や復興プロジェクトは、マッカーサーの日本で行われたことに、少なくとも表向きは似ていた。日本占領にしても、「総督的な」権威の行使にまったく汚点がなかったとは、とても言えない。たとえば法と正義という原則を適用しながら、同時にそれを悪用した点で、日本とイラクにはある種の収斂があった。だが、たいていの学者や評論家や政策立案者は、それを見落としてきた。

イラクにいたのは、意欲もなく、経験不足で、保守的で、しばしば利益目当ての、民間人の「国家建設者」であった。ある時、ブレマーは自分が監督しているのはそういう人々であることに気がついた。しかし、彼らを半世紀以上前、日本社会を改革しようとした人々と比べてみようとはしなかった。

ブレマーは、彼の本部の仕事が日本占領とどこが同じでどこが違っているかと考えて悩むこともなかった。しかし、イラクは日本ではないということは認識していた。アラブの報道機関がつけた「バグダッドのマッカーサー」というあだ名について聞かれたとき、ブレマーはちょっと考えてこう答えた。「マッカーサーが抱えた問題くらいだったら、私は甘んじて受けますよ。日本の状況はイラクほど複雑ではなかったですからね[46]」。

第一四章

法、正義、犯罪

イラク侵攻から二年後、国防総省は「アメリカ合衆国の国防戦略」という重要文書を発表した。そのなかでひときわ注目されたのは「変わりつつある安全保障環境」におけるアメリカの「脆弱性」という記述であった。「我が国の力は、国際法廷、司法手続き、テロといった弱者の戦略を用いる者たちによって、引き続き挑戦を受けるであろう」(47)。

国際法廷や司法手続きとテロが並列してあるのは一見奇妙だが、これは国防総省の内外で「法を利用した戦争 lawfare〔warfare（戦争）をもじった造語〕」と呼ばれた運動が、アメリカ政府の対テロ対策を批判してきたことを指している。ウォーターゲート事件やベトナム戦争以来、政治指導者、情報機関、軍部は、国の内外で「戦争の犯罪化」をめざす人権団体や法律家たちが唱える法の網にますます絡めとられるようになった。法が、ひとつの戦場になっていたのである。

「中央集権的行政府」をかかげて大統領権限を強化しようとした保守派の運動は、ブッシュ政権においてピークを迎えた。彼らが大統領権限の強化を望んだ理由のひとつは、「法によって首を絞められている」と感じていたからである。九・一一事件とテロへの危惧によって、保守派のこの拘束感は頂点に達した。九・一一事件のあとアメリカ政府が極端な対応に走った背景には、通称「戦争会議」に集まった超保守派の法律家たちがいた。彼らは司法省法律顧問室がまとめた意見書――のちに「拷問メモ」として知られる――の最初の文案を密かに作成した人々である。そこから生まれたアメリカの対応は、合衆国大統領の地位とアメリカの威信に消すことのできない汚点を残した。

二〇〇三年一〇月、保守派の法律家ジャック・ゴールドスミスが司法省法律顧問室の室長に就任した。ゴールドスミスは大統領権限の強化、テロに対する「戦争」宣言、そして囚人に捕虜の資格を与えないことに賛成していた人物であったが、「戦争会議」が秘かに作成した「拷問メモ」を読んで困惑した。そこには「大きな欠陥がいくつもあった。理由付けが不透明で、適用範囲が広すぎ、しかも大統領に憲法上の特別大権があるという無謀な主張をしていた」からである。室長就任から二カ月後、ゴールドスミスは「拷問メモ」の撤回と修正を勧告したが、この勧告が実現する前に、現実の状況のほうが一変した。アブグレイブ刑務所の悪名高い写真がインターネットに流出したのである(二〇〇四年四月)。また、キューバのグアンタナモ基地の囚人が米国の「人身保護令」で認められている権利を与えられていないことが判明し、世界的なスキャンダルとなった。さらに、アメリカがテロ容疑者を残虐な尋問を行う国に引き渡していること、アメリカ国内でプライバシーを侵害するコンピュータ監視が行われていることもスキャンダルとなった。秘密の拷問に関するメモ類の一部もリークされた(二〇〇四年六月以降)。政権はこうした暴露による政治的ダメージを回復できなかったし、もちろん、こうした行為を抑えることもあらかた手遅れだった[48]。

法律を不正に曲げる行為は、目新しいことではない。第二次世界大戦中も、その直後も、アメリカ軍と連合国軍の行動には様々なレベルでそうした粉飾があった。当時、戦争における法律の制約はルーズで、法をごまかしたり悪用したりしても糾弾されることはまれであり、なにより残虐な敵に完勝したことによって、法からの逸脱行為は忘れ去られた。ところが、対テロ戦争では勝者が逃れられたはずの批判がブッシュ政権に浴びせられた。デジタルの世界における暴露、悪評、非難、整然とした批判などである。ブッシュ政権が、国家安全保障と国際関係における「中央集権的行政府」を唱え、制約のない帝王的大統領制を追求したことも、傲慢な態度として批判を浴びた。

ブッシュ大統領の粗野なふるまいも、法を見下しているという印象を強めるばかりであった。典型的だったのは、同時多発テロ事件当日の夜、ホワイトハウスの緊急会議に集まったスタッフの前で大統領が叫んだ言葉である。テロ問題の担当者であったリチャード・クラークによれば、大統領は「国際法の専門家がなんと言おうと、構うもんか。叩きのめしてやる"We are going to kick some ass."」と言った。これがどの程度正確な証言かはわからないが、この発言は、事件以前からの国際条約に対する嘲笑や、以後もっと激しくなる法的制約への侮蔑の感情を鮮やかに表している。非常に複雑な課題に対する、ブッシュ大統領の尊大で未熟な対応ぶりを表しているという意味でも完璧である(49)。

アメリカ国内では、こうした態度はアメリカ民主主義の基盤たる法の支配の尊重から外れているというのが、一般の見方であった。この見方は正当であったが、過去の紛争においてアメリカとその同盟国がいつも良心的に人権、市民的権利、国際法を尊重していたわけではない。たとえば、真珠湾攻撃のあと、約一一万人の日系アメリカ人が収容所に送られたが、これが法の悪用であったと連邦議会と行政府が認めるまでに四〇年以上かかった(日系アメリカ人に謝罪する法案にレーガン大統領が署名したのは一九八八年)。この他にも、第二次世界大戦において法が無視され、回避され、歪められ、恣意的かつ実質的に変更された事実は、いまだに大部分が不問に付されている。

敗戦後の日本とドイツで強制された広範な改革も、軍事占領に関する当時の国際合意に基づいたものではなかった。多くの人が両国の占領を「非軍事化と民主化」の成功例とみなしたが、それは法的にも実践的にも、当時もその後何十年も、まったく例がないものだったのである。

ニュルンベルクと東京での戦争裁判、さらに元枢軸国の数千人を裁いた中小の軍事裁判については、訴因や訴訟手続きの正当性をめぐって、今も議論が絶えない。これらの裁判は戦争責任に関する理念を導入したが、それは多くの点で、いまやアメリカ自身への批判の根拠となっている。また、これらの戦争裁判は手続きに欠陥が多く、偽善的な「勝者の裁き」にすぎないと非難されることも多い。

ブッシュ政権の囚人虐待に少し似ているが、一九四五年にアジアで日本に勝利した主な連合国——アメリカ、イギリス、中国、フランス、オランダ、ソ連——は、例外なく、降伏した日本軍を何らかの形で虐待した。何十万人もの日本人がかなりの期間本国に送還されず、その間に命を落とした者もいた。強制労働をさせられた者も多かったし、中国内戦で戦わされたり、東南アジアでは独立運動に動員された日本兵もいた。

こうした日本人への虐待は、ブッシュ政権による違法行為とは違っているし、ブッシュ政権の行為を正当化するものでもない。それはむしろ現代の逸脱行為を、より大きな歴史的枠組みのなかでとらえることを可能にしてくれる。この歴史的枠組みにおいては、結果主義、現実主義、そしていわゆる理想主義までもが入り混じって法を政治的に曲げ、正義の実行が妨害される様が見て取れる。

合法の占領と非合法の占領

第二次世界大戦が最終局面に入る前、米英は、枢軸国の犯罪行為は全面的な改革を強制するに十分であると宣言した。この考え方が一九四三年にルーズベルトとチャーチルが発表した無条件降伏の原則〔一月のカサブランカ共同宣言〕の基礎となり、ドイツと日本の降伏過程でもこの原則が貫かれた。法的にみて、こうした降伏の前例はなかったし、連合国が戦後押し付けた広範な改革も「軍事占領においては法的に容認されておらず、厳格に禁じられていたもの」であった（一九四九年、あるアメリカ人の学者の表現）。数十年後に出版された、占領法に関する標準的な教科書は、無条件降伏が枢軸国によって受容されたことは、「連合国にとって決定的に重要であった。連合国がドイツと日本で実行しようとした施策は、占領関連法規では容認されていないというのが、当時の一般的認識だったからである」と述べている[50]。

占領に関する当時の国際法の規定の中核は、一九〇七年のハーグ陸戦条約の付属書である陸戦規則第四三条であった。その全文はこうである。「国ノ権力カ事実上占領者ノ手ニ移リタル上ハ、占領者ハ、絶対的ノ支障ナキ限（かぎ）リ、占領地ノ現行法律ヲ尊重シテ、成ルヘク公共ノ秩序及生活ヲ回復確保スル為施（ほどこ）シ得ヘキ一切ノ手段ヲ尽（つく）スヘシ」。実際には、敗戦国日本の「現行法律」すなわち民法・刑法はもちろん、憲法までが全面的な改正対象となった。占領軍は公共の秩序と安寧を確保しただけでなく、従来占領国に許された範囲をはるかに超える改革を導入したのである。このハーグ陸戦規則は、占領者は所有権を尊重しなければならないと定めているが、日本占領では農地改革、財閥の持株会社の解散、軍国主義あるいは超国家主義と認定された団体の所有財産の没収、軍国主義者として公職追放された者の年金の支給停止、占領軍人員の使用に供するための個人住宅および商用建築物の接収が実施された[51]。

アメリカ政府の内部では、日本占領の法的な根拠はある程度検討されていた。初期の急進的な占領政策の法的正当性の曖昧さは議論の的になったわけではないが、少なくともそこに議論の余地があることは認められていた。たとえば、まだ占領が終わっていない一九四九年、マッカーサーのスタッフがまとめ、アメリカ政府が公刊した『日本の政治的再編』と題する報告書は、日本占領は「国際法上の新しい問題を提起した」と述べている。すなわち、日本の場合、占領は「全面的」であるが、同時に日本政府は権力を保持したままである。そして占領の目的は、外国軍隊が引き揚げたのちも「平和的な日本が続く」よう保障することである。そして報告書は、被占領国の基本法の変更を明確に禁じた前述のハーグ陸戦規則第四三条の全文を引用して、こう分析している。「占領軍は占領した国に対し軍事上の権限を行使するが、完全な主権を持つわけではない」「勝者の意図を十分に承知して全面降伏した場合、どこまでこの規定〔ハーグ陸戦規則〕が変更されうるかは、今日までまったく不確定な問題である[52]」。

日本占領において「法の支配」が貫かれることは、民主的改革を正当化するための根本条件であったから、占領が始まってから四カ月後の一九四五年一二月中旬、連合国軍最高司令官総司令部（GHQ）の渉外局は、「正当な理由なく、一般市民が個人の自由および財産権を侵害されることはない。……占領軍は国際法と陸戦法規によって課せられた義務を遵守する」と日本国民に保障した。しかし、占領軍の実際の権力行使においては、陸戦規則が遵守されることはほとんどなかった。前述のように、日本敗戦後の九月六日、マッカーサーは決定的な命令をトルーマンから受け取っていた。「われわれの日本との関係は契約に基づくものではなく、無条件降伏に基づくものである。貴官の権限は至高であるから、その及ぶ範囲について日本人からの質問に答える必要はない[53]」。

＊

イラク占領の場合、日本占領と違って、国家建設を正当化するような戦争中の声明や、戦闘終了後のための指令といったものは存在しなかった。イラク戦争には無条件降伏の概念は適用されなかったし、ポツダム宣言のような降伏条項の提示や、降伏文書のような文書もなかった。「イラクの自由作戦」が始まってから数週間のあいだ、合衆国当局は「軍事占領」を行っていることさえ認めようとしなかった。米英が連合国暫定当局を設け、国連安保理の支持を得ようとしたときも(二〇〇三年五月八日)自分たちを「占領国」と自称するのを避けた。

「占領国 occupying powers」という表現が初めて公式に使われたのは、侵攻から二カ月たった、五月二二日の安保理決議一四八三であった。この決議は、アメリカとイギリスが国連に提案したものであったが、法的には問題の多いものとなった。決議は「イラクの主権と領土の不可侵を再確認し……」という言葉で始まるが、占領当局の義務として、「国際法上の義務とりわけ一九四九年のジュネーヴ諸条約および一九〇七年のハーグ協定の義務を完全に遵守すること」も強調していた。法学者のなかには、この文言はきわめて不適切であったと考える者もいる。(54)

たとえば、占領の国際法について大著を著したエヤル・ベンベニスティによれば、安保理決議一四八三は、一九世紀から二〇世紀初頭につくられた一群の法規定を「眠り」からゆり起こし、「過去五〇年間ほとんど廃止されていたに等しい古い原則を復活させることを政治家や法律家に求めた」ものであった。また、クリントン政権で初代の戦争犯罪問題担当大使を務めたデイヴィッド・シェファーによると、イラク問題をめぐり、アメリカとイギリスが国連を支配しようとしたことは、法的には逆効果であったと述べている。シェファーは、サダム後のイラクでは「大胆に社会を変革する力」が必要だと考えていたが、安保理決議一四八三がアメリカとイギリスに「占領国としての責任」を課す一方、ジュネーヴ諸条約とハーグ陸戦規則の適用を確認した結果、アメリカとイギリスの行為は少なくとも一二の分野において「占領諸法により民事上あるいは刑事上の責任」を問われる可能性が生まれたと述べている。[55] シェファーは、アメリカ政府が時間をかけてイラク戦争の計画を練ったにもかかわらず、これほど重要な法律問題を棚上げにしていたこと、そして遅まきながらこの問題にとりくんだあとも、秩序維持や国家建設などの問題と同様、いかにも無能であったことにも驚いた。アメリカが主導した日本占領においては、ハーグ陸戦規則はあってなきがごとく扱われたが、そのことを公に批判する声はまったくあがらなかった。とはいえ、アメリカによる日本およびイラクの占領は、ハーグ陸戦規則を含む既存の法を尊重すると謳いながら、実は他国の主権を奪うという不遜な態度において共通していた。イラクの主権尊重を冒頭にうたった安保理決議一四八三から四カ月後（九月一六日）、ポール・ブレマーは連合国暫定当局（CPA）のトップとしてイラクの新任閣僚たちに会った。そのときのブレマーの言葉は、ある意味で六〇年前のトルーマン大統領からマッカーサーに宛てた、前述の命令の再現であった。「君たちが好むと好まざるとにかかわらず、ここで主権を持っているのは、このCPAだ」。こうしてCPAは、政治的にも心理的にも壊滅的な結果を残しながら、その後九カ月間、主権を行使し続けた。[56]

戦争犯罪、そして勝者の裁きへの報い

日本においては(イラクでもそうだが)、占領が合法かどうかという問題は、せいぜい一時的な関心しか呼ばなかった。ハーグ陸戦規則は始めから既成事実によって無視されたし、最終的には、日本は主権を回復したからである。それよりも真剣な議論の的になったのは、東京で行われたA級戦犯訴追の問題である。東京裁判は、ドイツのニュルンベルク裁判に対応するもので、正式名称を「極東国際軍事裁判」といった。日独の裁判は、ドイツと日本の文民および軍人の指導者を裁いたが、それは侵略と暴虐を指揮した者を罰することのほかに、いくつか目的があった。ひとつは歴史を記録することである。裁判を開いて詳細な文書と証言を広く集めれば、将来、ナチス・ドイツと帝国日本の犯罪行為を否定することは難しくなる。

もうひとつの、より直接的な目的は、目に余る国家行為の責任を個々の指導者の責任とみなす国際法の新しい領域を樹立して、将来の侵略をできうるかぎり抑止することであった。この「抑止」という考え方は、原爆を使用すれば戦後の軍備管理が促進され、将来の戦争が防止されるというアメリカの戦略立案者たちの考えの非軍事版のようなところがあった。無条件降伏という概念が新しいものであったのと同様、国家指導者個人を戦争犯罪によって国際法廷の場で裁くという方式にも先例がなかった。それは必然的に、行為が行われた時点では犯罪ではなかった逸脱行為を理由に、被告を訴追することを意味した。また、ニュルンベルクと東京の裁判は、「平和に対する罪」と「人道に対する罪」という戦争犯罪の新たな二つのカテゴリーを導入した。枢軸国による戦争犯罪には、既存の規則や協定に違反する行為も含まれていたが、一般市民に対する計画的な空襲は、当然(米英自身が行っていた

ために」，戦争犯罪から除外された[57]。

ニュルンベルク裁判で導入された「人道に対する罪」は，主にホロコーストを裁くためであったので，東京裁判では重要な役割を果たさなかった。他方，「平和に対する罪」は，侵略戦争のための「共同謀議 conspiracy」という概念でとらえられ，一九二八年以後に日本が行ったすべての軍事行動に適用された。「共同謀議」という容疑も国際法に先例がなかったし，世界大恐慌の少し前から戦争終結に至るまで一七年間の日本とアジアの動乱を説明する概念としては，あまりに単純でもあった。この期間を一律に「共同謀議」の視点からみるというのは，今日の日本現代史のまともな研究者なら，誰も支持しないであろう。

ニュルンベルク裁判と同様，東京裁判には理想主義の要素が含まれていた。二八人（裁判の終わりには〔死亡や精神病などにより〕二五人に減った）の著名な被告たちに対する裁判は一九四六年の半ばから四八年の終わりまで続き，弁護側は検察側よりも多くの発言時間が認められた。それでもこの裁判は，日本の保守主義者やナショナリストたちの批判を許す弱点をもっていた。訴追自体が違法であるとか，勝者と敗者で適用基準が異なるのはおかしいとか，勝者の一方的な裁きにすぎないといった彼らの憤りは，今日もやむことがない。彼らは，帝国日本の軍事行動は西洋の帝国主義と中国の「無秩序と共産主義」が日本の死活的な経済権益を脅かしたことへの対応であったと主張する。つまり世界のどこにでもみられる侵略擁護のための正当防衛論である。また，西洋の帝国主義と植民地主義からアジアを解放せよと叫んだのは単なるプロパガンダではなく，誠心誠意のものだったのであり，残虐行為はあったとしても，それはあらゆる戦争であらゆる国に起こる，意図せざる行き過ぎであったと

103 極東国際軍事裁判(東京裁判)の被告たちの後ろに，1928 年から降伏までの帝国日本の版図を示す回転式の大地図が掲げられている．入念な手続きで行われたこの裁判の目的は，戦争犯罪を訴追する新しい基準を導入するだけでなく，日本の軍事拡張と「平和に対する罪」の詳細な資料と証言を記録にとどめることにあった．

104 サダム・フセインと少数の共同被告人の裁判は，イラク暫定政府によって2005年10月に始められ，2006年12月30日，フセインの処刑によって終了した．審理は有名な1982年の虐殺など，ごく限られた罪状に集中して行われた．日独の指導者を対象に行われた戦争裁判とは対照的に，フセインの裁判は舞台設定も内容も非常に簡素であった．それは新たに高い水準の判例を確立・確認しようとするものでもなく，独裁者の行為について徹底的な記録をつくろうとする意欲も特になかった．

も彼らは主張する。これは、狂信的愛国者たちが言い逃れるための定型的な「逸脱論」であるといえる。

イラクの場合、日独の戦争犯罪法廷にあたるものは開かれなかった。イラクの旧体制の犯罪を詳細かつ包括的に記録した文書を集めたり、証言を得ようとすることもなかった。独裁者サダム・フセインは、自分の犯罪のごく一部について裁かれただけであり、混乱の中で行われた彼の裁判と処刑は、政治的な見世物以上のものではなかった[58]。

しかし東京裁判は、侵略を謀議した指導者個人の責任を問いうるという考え方において、アメリカ主導のイラク侵攻の後にも、遠くからではあるが、影響を与えた。マッカーサーの側近には、個人的にA級戦犯の裁判に反対していた者もかなりいた。たとえば、総司令部の情報分野の責任者であったチャールズ・ウィロビー少将は、A級戦犯の裁判を「偽善」と呼び、戦争に負けたら戦犯になるというなら、〔アメリカ人が戦犯にならないために〕合衆国は将来の戦争のすべてに勝たねばならないではないかと述べた。マッカーサー自身は、東京裁判について全面的に否定的ではなかったが、日本の指導者を一律に「戦争責任」によって訴追することには反対であり、真珠湾攻撃だけに絞った短期間の裁判のほうが望ましかったと、内々に明かしたことがある。東京裁判においてアメリカ主導の検察団が共同謀議、武力侵略、自国からすすんで戦争を始めた指導者個人を訴追した法理は、ベトナム戦争と同様、イラク戦争後において、すべてアメリカ自身にふりかかるものでもあった。日本とドイツに関しては、残虐行為や捕虜虐待など通常の戦争犯罪を裁く法廷〔BC級戦争犯罪裁判〕が開かれたが、次に述べるように、それらについても同様のことが言えた[59]。

*

ショー的だったA級戦犯の裁判とは別に、「B級」「C級」で訴追され、記憶のブラックホールに追いやられた戦犯たちがいる。五〇〇〇人を優に超える日本軍将校、下士官が、アジア各地の数十カ所で開かれた軍事裁判で戦争犯罪を問われたのである（イギリス、フランス、オランダ、アメリカが、日本の敗戦とともに回復した領土や以前の植民地でそうした裁判を開いた）。C級裁判で部隊の残虐行為の責任を問われた高級将校は比較的少なかったが、彼らのケースは戦後の軍事法史に長く残る事例となった。最も有名かつ影響を残した最初期の事例は、マニラでの米軍の軍事裁判で有罪となった山下奉文大将のケースである。山下は、「自らの指揮下にある部隊の統率義務を不法に怠ったことにより、部隊員がアメリカおよび同盟国、保護領、とくにフィリピンの人々に対して残虐行為その他の重罪を行うのを許した」罪に問われ、一九四五年一二月七日（米国時間で真珠湾攻撃の日）に死刑を言い渡された（この日付は偶然とはいいがたい）。マッカーサーもアメリカ連邦最高裁も、マニラの軍事裁判の判決を支持した（ただし、連邦最高裁では全員一致ではなく、多数意見としてであった[60]）。

山下奉文は、太平洋での開戦初期にマレー半島を攻撃し、数で優る英軍を破ってシンガポールを陥

105 マニラでの軍事裁判における山下奉文大将とアメリカ人の弁護人．山下は指揮下にあった軍隊が行った残虐行為の責任を問われ，有罪を宣告された．1946 年 2 月 23 日，死刑執行．

落させたことから、「マレーの虎」の異名をとった将軍である。一九四四年一〇月初め、山下将軍がフィリピンの日本軍司令官となってから数週間後、アメリカ軍のフィリピン奪回作戦が始まった。それから翌一九四五年六月まで、フィリピン人の「ゲリラ」と一般市民に対して続いた日本軍の残虐行為が、マニラにおける裁判の対象となった。日本軍の残虐性は疑問の余地がなく、バタンガス県で約二万五〇〇〇人、ラグナ県で八〇〇〇人の一般市民が虐殺され、マニラではさらに八〇〇〇人の男、女、子どもが殺された。議論が分かれ、かつ裁判の焦点になったのは、これらの犯罪に対する山下の責任であった。山下は、自分は虐殺を許可したこともないし、そもそも虐殺の事実を知らなかったと弁明した。検察側は、一二三件の事例を挙げて追及した。検察側が主な根拠にしたのは、山下本人はほとんどの場合残虐行為の現場にいなかったが、マニラとの通信は四五年六月まで維持されていたこと、山下本人がおよそ二〇〇〇人の「ゲリラ」の即決処刑を承認したこと、連合軍捕虜の収容所の近くに山下が居住していた時期があったという事実であった。

マニラでの軍事法廷を委任された構成員五人のなかに法律家は一人もいなかった。そのため法的見地からは、「素人による裁判」の「表現の不適切な判決」であり、以後の戦争犯罪裁判ではもっと概念を洗練させる必要があったという批判もある。とはいえ、山下裁判の判決の主旨は、それなりに明瞭であった。「(一)一連の残虐行為および重大犯罪は、貴官の指揮命令のもとにある日本軍が、アメリカ合衆国、その同盟国、および保護領の人々に対して犯したものであり、それらの行為は散発的ではなく、多くの場合、日本軍の将校および下士官による組織的な監督下に行われた。(二)問題の期間において、状況から必要とされた実効性ある部隊の統率を、貴官は実行しなかった」。この判決の欠

106 バグダッドのアブグレイブ刑務所で米国が行った拷問の写真が2004年春に流出した．それに刺激されて，イラク人の芸術家サラ・エディン・サラットが描いた壁画．頭巾をかぶり，電線に結び付けられた囚人(当時最も有名になった拷問の写真)の横で，頭巾をかぶった自由の女神が電気のスイッチに手をかけている．

との戦争におけるアメリカの実際の行為、より一般的にはアメリカのダブル・スタンダード〔ご都合主義〕に光を当てることになったのである。

もちろん、捕虜虐待といっても日本とアメリカでは明らかな違いがある。日本の残虐行為のほうが規模が大きかったし、日本軍が虐待・殺害した捕虜は重要情報の提供者でもなかった。しかし、日本軍による拷問などの行為は、当時、はっきりと虐待であると指摘され非難された（なお、日本軍は情報を得るため「水責め」の拷問も行ったが、そのために訴追され有罪になった日本兵はごく少数であった）。捕虜に対する日本軍の残虐な取り扱いへの怒りは戦争中すでにひろがっており、たとえばトルーマン大統領は広島・長崎への原爆投下後に発表した声明の中で、原爆は「アメリカ人の

107 イランのテヘラン近郊の大通りに掲げられた大壁画．アブグレイブ刑務所の悪名高い拷問写真から複製された絵の前を，イラン人のカップルが通り過ぎている．右の写真には，ペルシア語で「今日のイラク」と書かれている．

捕虜を飢えさせ、殴打し、処刑した者たちに対して使われた」と述べている。当時は、捕虜の扱い方の違いこそ、文明人と野蛮人、民主主義国と枢軸国を分かつ境界線とされたのであった。(65)

＊

東京裁判の判事を務めたオランダの法律家B・V・A・レーリンクは、東京裁判の判事のなかで最年少（一九四六年の開廷時四〇歳）かつ、おそらくもっとも思慮深かったと思われる人物であるが、戦犯裁判が終わってから約四五年後、次のように述懐している。「二つの裁判（ニュルンベルクと東京）に敵意がなかったわけではないし、政治的に悪用された面もあり、いくらか不公正でもあったが、戦争の違法化において、非常に建設的な貢献をした。今日の世界は国際関係における戦争の政治的、法的な位置付けの根本的な変更を、是非とも必要としている」。

したがって東京裁判は、「法の発展における里程標のひとつであり、判決が依拠した考え方は、原子力の時代においても絶対に必要なものである」と。(66)

山下裁判で光が当たり、その後、日独の少数の戦犯裁判で精緻化された「指揮官責任論」の背景にも、こうした考え方があった。たとえば、一九七三年に米陸軍の『軍事法研究』誌に発表された長文の論文は、次のように結論付けている。「第二次世界大戦の火燼の中から、部下の行った戦争犯罪に対する司令官の責任をもっと明確にしたいという欲求が立ち現れた。これは、世界の軍事学者たちが以前から認識していた問題である」。そして指揮官責任論は複雑な問題を含んでいるが、それは「未必の故意による、道義に反する無関心」にもとづいた部下の行為が立証された場合、司令官に対して厳格に適用されるものである。軍事法は、最高水準の義務と責任を国家の指導者たちに課している。それが果たされず、危険な黙認がはびこる場合は、指揮官に「刑事責任」が認定されなければならない(67)。

この一九七三年の論文は、ベトナムのミライ集落虐殺事件(ソンミ村事件)が指揮官責任論に新たな関心を呼び起こした後に発表された(一九六八年、ソンミ村のミライ集落で米軍が南ベトナムの民間人数百人を虐殺した事件、翌六九年に明らかにされ、世界の怒りを呼んだ)。軍事法研究者によるこの分析は、前述のようにGHQのウィロビー少将が東京裁判を揶揄してから数十年後、そして九・一一に続いてアメリカが対テロ戦争を起こす数十年前のものである。そして、この論文はウィロビーにも対テロ戦争にも関連する内容をもっている。

ウィロビーは、戦争に負けたら戦犯にされるなら、「みずからの戦争犯罪を隠すために」合衆国は将来の戦争のすべてに勝たねばなるまい」と述べたが、合衆国は、ベトナムでもイラクでも勝利できなかった。「ミライ」は、ベトナム戦争におけるアメリカの犯罪を象徴する言葉となった。これは、古くは日本に関する「南京」「真珠湾」「バターン」「捕虜」という言葉や、新しくは九・一一のあとのアメリカに関して「グアンタナモ」「アブグレイブ」「水責め」が象徴したものとも似ている。ウィロビーが連合国の「偽善」を指摘した当時は周囲に聞こえただけであったが、一九六〇年代や七〇年代のテレビ時代になると、そうした批判はもはや隠すことが難しくなった。そして二一世紀になると、サイバー革命によって、批判の封じ込めはまったく不可能となった。保守的な立場からみれば、これは国際法、人権運動、公民権運動の影響力が高まったように映るであろう。

しかし、コミュニケーション手段が革命的に変化したにもかかわらず、そして「(現実の戦争を批判し阻止しようとする)法律を利用した戦争」が盛んになっている(むろん、軍や連邦政府は多数の法律家を動員してこれに対抗しようとしている)にもかかわらず、一九七〇年代から対テロ戦争まで、現実の状況はほとんど変わっていない。第二次世界大戦後に米国が推進しようとした戦争犯罪の先例づくりと法的原則は、ニュルンベルク裁判と東京裁判の終結と同時に忘れ去られてしまった。アメリカとその同盟国の態度は、他国を裁く裁判には参加するが、自分たちに他国と同じ基準を適用するなど、とんでもないというものであった。アメリカ人が非アメリカ人に裁かれることも、ありえないこととされた。正義の戦争とはなにか(jus ad bellum)とか、戦中の行為としてなにが正当か(jus in bello)といった大きな問題は、現在ではもはや議論されないし、ベトナムでもアフガンでもイラクでも、残虐行為について指揮官の責任が真剣に問題にされることもなかった。現実には、「法を利用した戦争」

よりも無責任のほうが常に優越しており、〔本章冒頭に引用した国防総省「アメリカ合衆国の国防戦略」が述べたように〕「国際法廷」や「司法手続き」は、テロと同等の「弱者の武器」のひとつにすぎないのである。

勢力圏と敗軍の試練

日本占領では根本的な国内改革が行われたが、前述のように、その国際法上の正当性は曖昧であり、戦犯裁判も後世に複雑な影響を残した。しかし、この孤立した敗戦国の占領では建設的な成果も多かったため、そうしたことが問題にされることはあまりなかった。他方で連合国が勝利し、世界的災禍は終わったが、いつの間にか戦時の約束が反故にされ、騒乱が発生し、アジアのいたるところで紛争と犯罪行為が蔓延したことは、見逃されがちな事実である。

日本の敗北は、天皇の軍隊に抑圧されたアジアの数億人を解放するはずであったが、現実には、日本の敗北は新たな戦争と占領に道を開いた。この忘れられがちな経緯は、解放の約束が悲惨な結果につながったイラク侵攻に似ているところがある。イラクで起こったことには、戦争の文化が繰り返し演じてきたもの、すなわち目前のものしか見ない「現実主義」、降伏した兵士への虐待、そうした虐待をそそのかすかのような法の仕組み、無法状態、テロ、反乱、といったものが含まれていた。

一九四五年九月二日、マッカーサーは「アメリカ国民へのメッセージ」を発表して、「今日、大砲は沈黙している。……太陽の下、人々は地面に這いつくばることなく、背筋を伸ばして自由に歩ける。世界は静かで平和である」と述べた。[68] しかしアジアでもヨーロッパでも、戦争を生き延びた数百万の人々の苦しみは終わっていなかった。光といっても光の幻影にすぎず，静かになったとしてもせいぜい一時的にすぎなかった。サダム・フセインが倒されても，イラクの人々の苦しみが終わらなかったように。そして多くの場合，苦しみをもたらしたのは勝者の冷淡さであった。どの地域でも，どの国でも，太陽の下で背筋を伸ばして歩けた者が，他の者――日本人であれ，日本の犠牲になったアジアの人々であれ――を抑えつけて平気でいることは稀ではなかった。そういう抑圧された境遇に陥った人々にとって，世界は静かで平和だなどというのは残酷なことであったし，日本占領から数十年後のイラク人にとっても，アメリカの侵略者たちが祖国を支配し，生命が危機にさらされているときに，おまえたちを「解放」してやったとか，合衆国に感謝すべきだなどと繰り返し聞かされるのはむごいことであった。

日本軍国主義の台頭と没落は，アジアにおける古い植民地支配への弔鐘であった。だが植民地支配がすぐに終わったわけではない。世界は平和だとマッカーサーが宣言したあとも，言葉と現実の落差はほとんど変わらなかった。日本は，「大東亜共栄圏」の名のもと，東南アジアにおけるイギリス，フランス，オランダの地位，そしてフィリピンにおけるアメリカの地位を奪い取り，偉大なる日本は「アジアの指導者……アジアの守護者……アジアの光」であると宣言した[69]。広大な「南方」(東南アジア)の住民は当初，日本が掲げた反帝国主義の目標を歓迎した。彼らは西洋の植民地勢力が撃退されたことに驚き，天皇の軍隊を解放軍として歓迎した。しかし，それも長くは続かなかった。経済的な搾取や政治的な抑圧が，当初の希望を凋落させた。日本に緊密に協力した者たちをのぞけば，日本帝国が終焉したとき，それを嘆き悲しんだ者はいなかった。

これに対してアメリカとイギリスは、早くも一九四一年八月一四日の「大西洋憲章」において、アジアの、そして世界の新しい夜明けを宣言していた。ルーズベルトとチャーチルの連名によるこの憲章は、「すべての国民が自分たちの将来の政府の形式を選ぶ権利を尊重する」と宣言していた。これは日本の真珠湾攻撃やアメリカの第二次世界大戦参戦の前に出されたもので、ドイツによる侵略を念頭においていたが、その理念は、枢軸国に対抗する二六カ国が参加した一九四二年一月一日の「連合国共同宣言」でも確認された。この宣言には、アジアの戦場でのちに日本軍の降伏を受け入れることになる四つの政府――アメリカ、イギリス、ソ連、中国――が含まれていた。連合国共同宣言は冒頭に大西洋憲章を引いて、次のように述べている。「自国であれ、他国であれ、生命、自由の諸権利、独立、宗教の自由を守り、人権と正義を維持するためには、敵に対する完全な勝利が欠かせない」。このため連合国は「世界を従属させようとする野蛮で残忍な勢力に対する共同の戦いに加わっているのである」。

アジアの民族主義者たちは、こうした宣言を文字通りに受けとめ、植民地後の世界をアメリカがリードしてくれると思った。宣言を作成した当事者たちは、遠くの植民地の人たちが宣言をどう受け取るか、たいして考えていなかったから、日本降伏の瞬間から沸き起こった彼らの熱烈な期待ぶりに、アメリカもイギリスも、そしてフランスもオランダも、驚いた。一九四五年九月、ジャワ島で日本軍の降伏に立ち会ったイギリス軍将校は、独立を求める現地の熱気に驚いたと記している。バタビアでは、そこらじゅうの「乗り物や馬車の側面に、手書きでスローガンが大書されていた。「大西洋憲章はオランダ帝国主義からの解放」とか、「アメリカはアメリカ人のもの。インドネシアはインドネシア人のもの」と書いてあるものもあった。どこもかしこも，民族主義にあふれていた。電話をかけようとすると，受話器から「メルデカ（自由）！」という挨拶が交換手から返ってきた[70]。

西洋諸国の植民地のなかには，フィリピンやインドのように，日本の敗北からまもなく独立を勝ち取ったところもある。しかしその他の地域では，連合国が約束した民族自決は，実質的には日本が行ったプロパガンダとさして変わらず，日本軍の降伏をどの国が受け入れるかによって連合国の勢力圏が確認された。ソ連は満洲と朝鮮半島の北半分，蔣介石の腐敗した南京政府は中国全土（アメリカの軍事支援に全面的に頼っていた），アメリカはフィリピン，日本，朝鮮半島の南半分，そして太平洋全域を担当した（当時，太平洋は「アメリカの湖 American Lake」と呼ばれることがあった）。イギリスがさしあたり東南アジア全域を担当し，その後フランスとオランダも植民地宗主国として復帰すると思われていた。一九四五年九月二日の東京湾での降伏文書調印に続いて，九月一二日，イギリス軍が中心になって，シンガポールで東南アジア全域の日本軍の降伏を受け入れた。そのセレモニーで艦隊のバンドが高らかに演奏したのは，「ブリタニアよ，統治せよ！ Rule, Britannia!」（一八世紀以来のイギリスの愛国歌）であった[71]。

こうした勢力圏の分割は，なにかの理念によって行われたというより，実際的な事情によって決められた。委任統治方式や独立保証宣言のような形式で，かつての植民地支配を消滅させることが真剣に検討された地域もあったが，戦争から平和への移行は壮大な事業であり，軍事組織で戦争をすすめる以上にやっかいなところがあった。戦争中は同盟国として行動したアメリカ，イギリス，フランス，オランダの意見は一致せず，あらゆる段階で非協力が蔓延した。

108 1945年8月29日　青森の連合軍捕虜収容所で解放された捕虜たちがアメリカ，イギリス，オランダの旗を振っている．

109 1945年2月　マニラのビリビッド収容所で解放された，痩せ衰えたアメリカ人捕虜．

110 日本の降伏を告げる天皇の放送を聞くグアムの日本人捕虜．戦争が終わったとき，海外には600万人以上の日本人がいた．しかし，多くの場合，帰国は何カ月も，ときに1年以上遅らされた．

111 1945年9月　米軍の飛び石作戦によりマーシャル群島に置き去りにされ，餓死寸前で米軍に救出された日本軍の水兵．戦後日本における強い反軍感情のかなりの部分は，戦局が悪化したのちに日本の軍人と民間人が味わった悲惨な経験からきている．

その結果起こったことは、ある意味で単純であった。理念よりも大国の思惑が物を言ったのである。戦中と同様、アメリカはアジアよりもヨーロッパを優先した。西洋の古い帝国主義システムの害悪が糾弾され、それは日本によっていったん破壊された。にもかかわらず、アメリカの政策立案者たちは、東南アジアを再び手中に収めようとしたイギリス、フランス、オランダを政治的・物質的に援助した。それはなぜか？　コーデル・ハル国務長官は、回想録にずばりこう書いている。「彼ら〔ヨーロッパ諸国〕がアジアでわれわれと疎遠になれば、彼らはヨーロッパでわれわれに協力しないだろう(72)」。

このようにヨーロッパ中心主義が続いたひとつの理由は、連合国の軍部と政府の計画立案者たちのほとんどが原子爆弾のことをまったく知らされておらず、日本が思ったより早く降伏したからであった。彼らは戦争に忙殺され、戦後の問題について計画を立てる余裕がなかった。朝鮮半島から中国、東南アジアにいたるまで、民族主義や革命運動がどれほど強力に湧き起こるか。それを予想した者はほとんどいなかった。あとから考えれば当然予想してしかるべきことが、実際には予想されない——。これはその最初の例でもなければ最後の例でもない。

日本と日本人が戦争直後のアジアの混乱において果たした役割には、矛盾したところがあった。大規模な死と破壊を生んだ日本は占領の繭(まゆ)に包まれ、アジアの動乱から遮断され、世界から孤立した。その一方で、海外で降伏した日本兵の相当数が、アジアを揺さぶる動乱にまき込まれた。武器をもったまま「法と秩序」を維持せよと命じられた部隊もあった。戦闘員や技術者の中には、地元の民族運動や共産主義運動にみずから加わったり、参加を強制された者もいた。天皇の軍隊の何万という兵士が、昨日の敵とともに新しい戦争に加わった。戦勝国は数十万の日本兵の帰国を遅らせ、労働させた。

捕虜に対する戦時法の保護は広範かつ恣意的に放棄されたが、当時、このことは一般に知られることもなく、抗議の声もほとんど上がらなかった。

＊

一九四五年八月以降、海外で六五〇万人に近い日本軍兵士と民間人が日本への帰還を待っていた。逆に、一二〇万弱の人々（おもに朝鮮半島出身者）が、日本から母国への帰還を望んでいた。輸送の実務は複雑で、業務は長期にわたったが、帰還はおおむね目覚ましいスピードで実行された。

東京のマッカーサー司令部は、船舶による海上輸送と日本国内での輸送を担当したが、彼らは膨大な業務を巧みに運営した。およそ一五〇万人の日本人が一九四六年二月の終わりまでに帰郷し、四六年の三月から七月の半ばまでに、さらに一六〇万人の帰郷が実現した。一九四六年の終わりまでに日本に帰還した総数は五一〇万人と見積られた。しかし、一九四六年一二月以前も以後も、消息が正確にたどれない人々がいた。降伏した日本兵に長期にわたる虐待をしたので有名なのは、ソ連である。帰還を遅らせたのはソ連だけではないが、ソ連に抑留された日本人は、負けた側であったというだけで悲惨な運命をたどったのであった。[73]

ソ連が対日参戦したのは、第二次世界大戦の最後の一週間にすぎない。だが、満洲と北朝鮮においてソ連の支配下に入った日本の軍人と民間人の数は膨大で、おそらく一六〇万人前後いた。自力で北朝鮮から南朝鮮に移動できたのは約二九万三〇〇〇人、そのほか六二万五〇〇〇人がソ連の手で一九四七年の終わりまでに日本に帰還させられた。日本政府の推計では、約七〇万人がシベリアに送られ、労働者として抑留された。ソ連はこれらの抑留者の帰還を一九四八年五月に再開した。日米の当局者は一九四九年春の時点でまだソ連に抑留されているのは四〇万人以上、おそらく四六万九〇〇〇人にのぼるとみていたが、ソ連は、まだ抑留されている日本人は九万五〇〇〇人だけと発表し、その落差の大きさは衝撃を与えた。

シベリアからの日本人の帰還は、一九五〇年代前半まで続いた。ソ連が崩壊した後、一九九一年になってソ連で亡くなった四万六〇〇〇人の名前が公開されたが、正確な抑留人数および死者数は今もはっきりしていない。ソ連に長く抑留された者は、共産主義と反米の思想教育を集中的に受けたので、一九四八年以降のシベリアからの帰還兵の中には、その影響からどぎつい振る舞いをする者もいた。ソ連では、ドイツ人捕虜に対してはさらに大規模に謀殺、虐待、思想教育が行われた。こうしたことはすべて、日本の内外で冷戦のプロパガンダの材料とされ、ソ連の冷酷さを示す例とされた(74)。

日本によって多大の被害を受けた中国では、日本人の帰国はおおむね迅速に進められたが、普通なら考えにくいような事態も起こった。一九三七年、日本による侵略で長い戦争が始まったが、その間、中国は自身の内部にも戦争を抱えていた。日本の統制下にあって対日協力者が支配した海岸部と、日本に占領されなかった内陸部が軍事的に対峙していたし、国民党と共産党の積年の争いは、抗日統一戦線の名のもと、表面的に抑えられていただけであった。

日本の降伏にともない、蔣介石の国民党はアメリカの支持を背景に、中国全土に支配を及ぼそうとした。共産党との内戦が再開されると、国民党は日本人の熟練した技術者(およびその家族)の帰国を遅らせただけでなく、とりわけ共産党が勢力をもっていた中国北部で日本軍の協力を求めた。こうして国民党の指揮の下、何万人もの日本軍の部隊が降伏後一年以上にわたって内戦に参加し、なかには共産党が内戦に勝利する一九四九年まで従軍した日本人もいた。[75]

日本軍の部隊や技術者をこのような形で動員し酷使したことは、関係者すべてにとって決まりの悪いことであったから、今日事実を再現しようとしても、断片的な情報や逸話しか残っていない。たとえば一九四六年一一月、日本の降伏から一五カ月後、米軍のアルバート・ウェデマイヤー中将は、日本軍の武装解除が遅れており、北京とその周辺に日本軍が七万人いると推測している。一九四七年一月末、南京にいた米国のあるベテラン外交官は、完全武装した八万人の日本兵が蔣介石の指揮下、満洲で戦闘に参加していると推定した。最も蔣介石に近かった協力者の一人は、岡村寧次(やすじ)大将であった。彼は敗戦時の支那派遣軍総司令官であり、殺し尽くし、焼き尽くし、奪い尽くす、悪名高い「三光作戦」を中国北部で率いた人物である。「三光」は中国共産党と、それを支援する農民に対する焦土作戦であり、これによって二〇〇万人を上回る民間人が殺されたといわれる。岡村は一九四九年まで蔣介石の助言者として中国にとどまり、蔣介石は岡村を戦犯として起訴しないよう配慮した。国民党は、台湾にいた数千人の日本人行政官や技術者の帰国も遅らせた。[76]

降伏後も日本軍将校を取り込み、日本軍兵士を利用したのは、蔣介石政権だけではなかった。将校を含む約一万五〇〇〇人の日本軍部隊が山西省の軍閥・閻錫山(えんしゃくざん)の指揮下に内戦に駆り出された。一九四九年、共産党軍との戦闘で閻の軍が壊滅させられるまでに、日本兵約七〇〇〇人が亡くなっている(日本軍部隊を指揮していた今村方策大佐は、閻が降伏したとき自決した)。中国共産党もまた、多くの日本人兵士や技術者を勧誘したり強制したりして、自陣営に動員した。その結果、日本降伏後の血みどろの内戦で日本人どうしが何度も戦うことになった。このようにして帰還が遅れた日本兵の数は、ソ連での抑留と同様、把握が難しいが、一九四九年四月、中国共産党が中華人民共和国樹立に向けて最後の段階に入り、蔣介石と国民党軍が台湾に逃避した頃、アメリカの情報当局は六万人以上の日本人がまだ満洲に残っていると推計していた。[77]

＊

東南アジアにおける日本軍の降伏の受け入れは、英軍主体の東南アジア連合軍（ＳＥＡＣ）に任された。東南アジア連合軍指揮官であったルイス・マウントバッテン海軍卿が昭和天皇による降伏の放送の前にロンドンから受け取った指示には、イギリスがとるべき優先順位が明記されていた。まずビルマ、シンガポール、マラヤの主要部分の再占領、次に香港、その次に「仏領インドシナ」（「フランスの軍と民政官」の復帰準備を進める）、次にシャム（タイ）、最後がジャワおよびスマトラ（「日本軍の降伏を受諾し、この国を最終的にオランダ民政当局に引き渡す準備を行う」）であった。

イギリス、フランス、オランダの旧植民地への帰還にあたり、アメリカは政治的、経済的、物質的援助を非公表で行った。また、ＪＳＰ（Japanese Surrendered Personnel 降伏日本人員）と呼ばれた日本軍兵士を動員して、軍事的に援助させた。独立運動を抑圧するのに使われたアジア人はＪＳＰだけでなく、マウントバッテンの東南アジア連合軍の人員の大半を占めたインド出身者もそうであり、この活動で死傷した兵の大半も、インド人であった。[78]

インドネシアでは、支配の座を降りようとしていた日本軍の支援を得て、スカルノ率いる現地軍が日本の降伏直後の八月一七日に独立を宣言した。インドシナでは，ホーチミンのベトミン軍〔ベトナム独立同盟軍〕が北部と南部を統合したかたちで，九月二日に「ベトナム民主共和国」の独立を宣言した。これら民族主義者たちの運動は，ヨーロッパの植民地支配の再確立に対する強力な異議申し立てであった。とくにインドネシアでは，イギリス人もアメリカ人もオランダ人も，一時は雷に打たれたようなショックを受けた。オーストラリアに亡命していたオランダの植民地官僚たちは，オランダがインドネシアに復帰すれば歓迎されると思っていたし，マウントバッテンの東南アジア連合軍もワシントンの計画立案者たちも，そう信じていた。たとえば，日本の降伏から間もない頃，アメリカ国務省のある覚書は，オランダ領東インド軍司令官の言葉をこう伝えている。「オランダ領東インドの住民は，わずかな反体制派を除けば，かつてのオランダ当局を支持するであろう。全般的印象としては，日本のプロパガンダは人口の一パーセントのうちのさらに一〇分の一に影響を与えたにすぎなかった」。同省が一九四五年六月にまとめた大部な報告書は，次のように結論している。「現地住民の大半は，日本人の追放とオランダ人の復帰を歓迎するであろう」。

これについてイギリスの公式戦史は，次のように記している（これはほぼ六〇年後の，イラクに関するブッシュ政権の場合にも通じる記述であろう）。「オランダ領東インド全域を任されたマウントバッテン卿が受けた状況説明は，こうあってほしいという希望的観測の典型的な事例であったことがすぐに判明した。実際には，オランダに喜んで協力するどころか，日本軍によって訓練され，装備を与えられ，オランダの支配を回復しようとする者を相手に戦う準備をした，相当数のインドネシア人の部隊がいたのである[79]」。

一九四五年八月一七日にスカルノがインドネシアの独立を宣言すると、日本はすぐにそれを承認した。日本軍のなかには、武器や物資を供給したり、日本軍を脱走して現地の独立軍に加わった者もいた。しかし、日本軍兵士の大多数は東南アジア連合軍の命令に従った。連合軍側は、日本人が連合軍の捕虜を「非人間的な、獣のような扱い」(マウントバッテン)をしたことをあちこちで実見し非難しながら、彼ら自身、その日本兵を武装解除せず、オランダ軍が到着するまで地元の民族主義者に対抗させ、「法と秩序」の執行を担当させた。

「法と秩序」の執行は、警察的取締りだけでなく、軍事行動を含んでいた。一九四五年末、独立を宣言したが苦境にあったインドネシア共和国首相スカルノは、トルーマン大統領にあてた「クリスマスの手紙」の中で、イギリスによる空爆と艦砲射撃について次のように訴えている。「イギリス軍およびその命令に従っている日本軍は、〔独立運動に対する〕懲罰として、多くの村を焼き払いました。その結果、スラバヤやスマランはほとんど廃墟になりました」。スカルノは、アジアの民族主義者たちはアメリカこそ大西洋憲章の理想を守る最後の希望だと信じていると述べ、「私たちが大統領にお願いしたいのは、常に自由、正義、民族自決を求める戦いの先頭に立ってきた国家の元首として、インドネシアで現在起きている流血を止めていただきたいということです[80]」。

「敵〔日本軍〕と同衾(どうきん)する」というタイトルの、東南アジア連合軍の政策を扱った論文によると、イギリスとオランダが軍事作戦に投入した日本兵はジャワで一万人以上、スマトラでは「二万四〇〇〇人の優秀な日本軍部隊」が使役させられた(イギリス外務省の一九四六年五月の記録)。この間の日本兵の犠牲者総数は、死亡が七一七人、負傷者が三八七人、作戦中の行方不明が二〇五人となっている。

アメリカ政府はこの展開を注視していた。アメリカ政府の主要な関心事は、オランダ、イギリス、合衆国が権益をもつスマトラの製油所を守ることであった。一九四六年の半ば、十分な規模のオランダ軍がようやく到着すると、イギリスは日本兵一万三五〇〇人をオランダ軍に引き渡した。これらの日本兵の大半は、一九四七年五月まで故国の土を踏めなかった。[81]

＊

インドネシア独立闘争の結果、オランダは一九四九年の後半、植民地復活の夢をついに断念した（オランダ領東インドは一七世紀以来、長い間オランダの植民地であったため、なかなか諦められなかった）。インドシナでは、連合国の背信行為はもっと悲劇的な結果をもたらした。一九四五年七月、ポツダムで四大国（米英ソ中）が同意した取り決めでは、中国の国民党政府がインドシナ北部で、東南アジア連合軍がインドシナ南部で、日本軍の降伏を受け入れることになっていた。その後、中国は独立を宣言したベトナム民主共和国を承認したが、イギリスはベトナムの独立を認めず、アメリカはそのイギリスを支持した。ロンドンとワシントンは、フランスをインドシナ南部に速やかに復帰させようとして、インドシナでの戦闘に関与した。これがやがてベトナム戦争へとつながったのである。ヴィシー政権という第二次世界大戦中の不名誉な対ドイツ協力の時代が終わると、フランスは再びインドシナの植民地を回復すべく、素早く行動を開始した。日本降伏以前、すでに米国務省の報告書が述べていたように、それは「大国としてのフランスの威信を再び主張する」ためであった。一九四五年一二月一九日、東南アジア連合軍はインドシナ南部の支配権をサイゴンのフランス当局に返還した。

インドネシア同様、このときまで法と秩序を維持する責任は、日本軍に委ねられた[82]。日本敗戦のあと、一九四五年八月の終わりにサイゴンに入り、現場の状況を見たイギリス先遣団は、インドシナ南部の約七万の日本兵に、武装解除せず駐屯を続けるよう命じていたからである。その結果、東南アジア連合軍が到着し、最終的にフランス軍が引き継ぐまで、日本軍は重要な業務を担った。イギリスの命令のもと、日本軍の飛行機は総計一〇万マイルを飛行し、重量にして数万ポンドの物資を輸送し、およそ一〇〇〇人のフランス兵とインド兵を運んだ。日本の降伏から二カ月後の一〇月半ば、イギリス軍とフランス軍がサイゴンとその周辺を確保した際にも、日本軍が支援している。

一一月半ば、東南アジア連合軍はベトナムにおける日本軍の武装解除を「これから開始する」と発表した。一一月末、日本軍の降伏手続きが正式に終了し、帰国に向けた部隊の集結が始まった。フランス軍が到着するにつれて、イギリス軍も自分たちの出発の準備に取りかかった。一二月初め、日本軍が集計したところでは、英仏のために行ったベトミン軍との戦闘における日本軍の死傷者は四〇六人、そのうち死者は一二六人であった[83]。

無形の資産の散失

ハーグ陸戦規則第六条は、「国家ハ将校ヲ除クノ外、俘虜ヲ其ノ階級及技能ニ応シ労務者トシテ使役スルコトヲ得。其ノ労務ハ、過度ナルヘカラス。又一切作戦動作ニ関係ヲ有スヘカラス」としている。捕虜にした国が、その捕虜を別の戦争に使うことを明確に否認しているわけである。また、戦争に関する規則や慣習は、紛争の終了後、降伏した戦闘員を長期にわたって労務に従事させることも許していない。捕虜をぞんざいに扱うことも，もちろん容認していない。だが，アジアで勝利した連合国はすべて，こうした規則・慣習を無視した。

マウントバッテンの東南アジア連合軍に降伏した日本兵のなかには，長期間にわたって収容所にいて，栄養失調や病気になった者がいた。その他何万人もの兵士が留め置かれ，肉体労働をさせられた。一九四六年半ば，マッカーサー司令部がすべての日本人を年末までに帰還させるようイギリスに要請したとき，その期限以降も一三万五〇〇〇人を働かせるとイギリスは回答している。実際イギリスは，一九四七年まで，降伏した日本兵八万人をマラヤとビルマに留め置いた。最後の日本兵が帰還したのはその年の末であり，戦争が終わってから二年余りがたっていた[84]。

アメリカ自身は，「病人その他利用価値のない人員」や「非生産的労働者」はすみやかに日本に帰らせる一方，健康な日本人は労働力として留め置く（「必要不可欠な施設の維持・補修」をさせるためというのが理由のひとつ）という方針をとった。このため，少なくとも六万九〇〇〇人の捕虜の日本への帰国が一九四六年一〇月から一二月まで，つまり降伏から一四カ月ないし一六カ月遅らされた（留め置かれた場所の内訳は，フィリピン四万五〇〇〇人，沖縄一万二〇〇〇人以上，太平洋地域七〇〇〇人，ハワイ五〇〇〇人）。戦後日本の著名な映画監督の一人で，戦争と抑圧の実態を容赦なく描いて尊敬された小林正樹も，沖縄で降伏し一九四六年末まで捕虜として労働させられた一人であった[85]。

こうしたことは，言葉の操作を利用して行われた。ドイツが敗北する前に，イギリス政府は無条件降伏するドイツ軍の捕虜に独自の名称を考案し，国際法の保護から外そうとした。「降伏敵国人 surrendered enemy persons」「武装解除敵国人 disarmed enemy persons」といった呼び方がそれで、こういう名称ならハーグ陸戦規則やジュネーヴ条約が適用されず、労務者として働かせたり、その他、最低栄養レベルの確保といった捕虜の権利・保護を剝奪しても構わないと考えたのである。アジアでも、同じような言葉として「降伏日本人員 Japanese Surrendered Personnel」「武装解除人員 disarmed military personnel」といった名称がつくられた。後にブッシュ政権は、「法に従わなかった敵性戦闘員 unlawful enemy combatants」という言葉を考案し、捕虜虐待を正当化した。言葉の変更によって国際人道法や捕虜に関する条約の適用を回避したこのような前例に照らしてみると、ブッシュ政権のやり方は批判者たちが言うほど例外的な現象とは思えない(86)。

＊

枢軸国による犠牲者や交戦国にとっては、降伏した軍隊がどうなったかは、大きな関心事ではなかった。だが、東南アジアの人々にとっては、解放の約束が裏切られたことはショックであった。帝国を維持しようとするイギリスの熱意は、誰の目にも明らかであった(イギリス嫌いのアメリカ人のなかには、東南アジア連合軍(SEAC)とは〝Save England's Asian Colonies(イギリスのアジア植民地を維持せよ)〟のことだと言う者がいた)。イギリスの東南アジア連合軍は正面からフランス、オランダを支援した。アメリカはそれほど単純ではなく、マルセイユからサイゴンへフランス軍を輸送する一方で、究極的にはアジアの「自治」を約束していた手前、オランダ軍がインドネシアを再占領するとき、「アメリカによる」武器貸与という標章を軍用車両や武器から消すように要請した。だが、アメリカからの政治的、物質的支援がなければ、宗主国が植民地を再占領することは不可能であっただろう[87]。

その後数十年にわたって、西洋諸国は現地の独立運動を支えた自尊心、希望、屈辱、怒りを理解することなく、繰り返し権威を押しつけようとし、白人の傲慢が現地でどのように受け取られているか、自省することもほとんどなかった。そうしたなかで、アジア人の目でアジアを見ようとした数少ない西洋人の一人が、アメリカ人ジャーナリスト、ハロルド・アイザックスであった。アジアの動乱をみずから目撃し、その体験を一九四七年に『アジアに平和なし』という本にまとめたアイザックスは、バタビアで出された「ジャワにおける集団的精神狂乱」と題するオランダの記事を引用している。これはオランダ人医師の意見を紹介した記事で、それによると、独立や民族自決を求めているインドネシア人の扇動家たちは、「東側の優越という願望を成就したい」という重い病気にかかっており、「夢を生きているかのようなトランス状態、精神的な狂乱」に陥っていると述べていた。この医師の見方は、第二次世界大戦でグルー元駐日大使が述べた日本人分析、二〇〇三年のイラク侵攻後に連合国暫定当局代表を務めたポール・ブレマーが語ったイラク人分析、両者をはさむ期間に無数の西洋人が表現した内容に似ているところがある。このオランダ人医師はこう続ける。非西洋人の「夢を生きているかのような」思考が、「西洋の教育がもたらした合理主義にかわって登場している。最も高い教育を受けた人でさえ、そうである」「こうした連中は、幻の神秘的な世界に生きており、……マシンガンを前にしても、飛行機の轟音の下でも、ひるまない。だが、狂信的なあの群衆に対するただひとつの答えは、やはり軍事力である」[88]。

理性的な西洋人と非理性的な有色人の群れという想像上の二分法は、多くの白人にとってつねに絶対的真理であった。たとえば、あるとき民族運動の指導者たちと穏やかに話しあいができたことに驚いたオランダ植民地軍の総司令官は、「現地の代表は理解力も常識もあった」と報告している。その数日前には、この総司令官の政治アドバイザーが、バタビアのアメリカ領事に次のように述べていた。「東インド人〔インドネシア人〕たちは自分の夢の世界に生きていて、現実的な議論とか事実はほとんど忘れてしまっている」（アメリカ領事がワシントンに送った電報）。しかし、現在の歴史家たちが夢の世界に生きていたとみなすのは、こうした西洋の植民地官僚たちのほうであり、見下されていた植民地の人々は、とうにそのことがわかっていた。

先のオランダ人医師による「ジャワにおける集団的狂乱」という見方に対して、あるイスラム法学者が丁重に応答している。「この医師が言う病的興奮状態に深刻に罹患しているのは、オランダ人自身です」と。アイザックスのような例外を除けば、西洋人には、このようなアイロニーを見抜く能力がほとんどなかったし、自分たちのことをこのように認識することはできなかった。しかし、自尊心をもち自分の主張をもった非西洋人は、やがてヨーロッパ人とアメリカ人が完成させた強気な交渉スタイルを実行するようになる。たとえば、独立を宣言したインドネシア共和国大統領は、穏やかな口調で、これからはオランダの植民地官僚を外国政府の使節として扱いたいと述べた。この事実を聞いた米国務長官代理（ディーン・アチソン）は、「典型的な東洋人の交渉方法だ」と鼻で笑ったのであった[89]。

イラク占領と日本占領を比較対照するというのは，いかにもやってみたくなるテーマであるが，日本が東南アジアを占領したことと，そのあと西洋諸国が覇権を取り戻すために東南アジアを再占領しようとしたことも，同じくらい意味深い比較対照の主題になりうる。また，西洋諸国に支配されていたアジア地域が日本に占領され，さらに戦後は外国軍の介入と国内の動乱を経てそれぞれの道をたどっていった姿は，日本占領をより明確な光の中でとらえることを可能にしてくれる。たとえば前述のアイザックスは，占領初期にマッカーサー司令部が唱えた日本の非軍事化・民主化の讃歌を聞いても，それほど感服しなかった。彼は日本占領を「不自然で不気味な喜劇」とみなし，敗北した日本を次の戦争への準備の文脈のなかに位置づけていた。「東京の特派員はみな，当地の将官たちが日本を「次の軍事作戦のための準備地域 the staging area for the next operation」だと語っているのを耳にしている」。次の軍事作戦の相手はソ連であり，アイザックスの予想では，中国の共産主義もそうであった。(90)

＊

アイザックスにとって(そしてアジアの人々にとっても)，「アメリカ人は，日本の犠牲者たちよりも日本人に対して，喜んで多くの自治や自由や独立を与えているかのよう」であった。朝鮮人もベトナム人もジャワ人も，彼ら自身は，みな少なくとも日本人と同等の自治能力をもっていると自認していた。アジアを略奪し，戦争の苦しみを味わわせたのは日本人である。したがって「極東においてなんら平和をつくりだせなかったのはアメリカ人，イギリス人，日本人，フランス人，そしてオランダ人」であって、アジアの民ではなかったのである。それでも日本は「国家としての一体性だけでなく、旧体制の核心部分の維持が許された。その一方で、植民地の人々が自国のアイデンティティを確立しようとする努力は、どこでも妨害された」。

アイザックスによると、戦勝国が日本軍を利用して植民地の独立運動を抑圧したことは、「アジアの人々にとって、さらなる屈辱であった。アメリカの対日戦勝に期待したものは、これではなかった」。ほとんど一夜にして、アメリカは「われわれの時代においてどの国も手にしたことのない大きな政治的資産」、すなわち大西洋憲章の理念の真の闘士になるという期待を散失させてしまった。もちろん、独立運動の側にも欠点はあったが、アイザックスに言わせれば、アメリカの行為は「諸国家の記録において、もっとももったいない散失のひとつ」であった[91]。

別の角度からいえば、世界に新たな悪が生まれたということでもある。力の優劣を競う国際政治のゲームの始まりであり、その視点からみれば、日本占領とは日本を「次の軍事作戦のための準備地域」にし、勢力圏争いの大きなジグソーパズルのひとつのピースにすることであった。降伏した日本兵を旧植民地の法と秩序の維持に利用した事実は、あらかじめよく計画して行われたことではないが、このゲームの性格をよく物語っている。日本人に向けられたアメリカの父親的な面倒見の良さは、他のアジア国民に向けられたアメリカと連合国の行為に比べると、きわめて対照的であった。

アジアにおいて唯一、大砲が静まり平和が訪れたのは、日本本土であった。

第一五章

市場原理主義

資本主義と統制

日本占領は成功し、イラク占領は失敗したと単純に対比するのではなく、むしろ似ているように見えるものを日本とイラクで比較すると、戦争や占領というものが深くわかってくる。そういう分野は、前章でみた法と正義の問題以外にもある。たとえば、占領下の日本では暴力的な事件は少なく、占領軍に対する暴力は皆無であったが、それでも犯罪と腐敗は深刻な問題であった。今日ではほとんど忘れられているが、占領軍の到着前に、日本では物資が大量に横領された。それはイラクでフセインが失脚したあとに起こった略奪と破壊とは異質のもので、日本の場合は半ば公式に、隠然（いんぜん）かつ整然と行われた。それは手際のよい野盗のようであり、イラクのように官庁や美術館を襲うといったこととは無縁であった。

軍隊の解散とか旧指導者の追放といった厳格な措置は、イラクでも、日本占領でも重要政策であった。違っていたのはその結果である。日本では、それらは生活に困窮する人々を生みはしたが、社会的混沌を招いたわけではなかった。賠償や経済の集中排除のように、出だしでつまずいた政策もあったが、新憲法の制定のように永続的な影響を与えた改革もあった。成功した改革のいくつかは、ワシントンで細部まで計画したというより、現地のマッカーサーと総司令部の臨機応変の指導によって推進された。(92)

「臨機応変 ad hoc」は、イラクでも重要であった。占領と国家建設に関する事前の計画はないに等しかったからである。連合国暫定当局(CPA)は、慌てて新憲法の制定も行った。しかし占領下の日本にあったもの――ひとつの文化を共有するひとつの国であるという深いアイデンティティ、多元的な市民社会の経験の積み重ね――がイラクには欠けていたがゆえに、「民主主義」はイラクでは下からの支持が得られなかった。

日本とイラクの占領において、一見似ている点のひとつは、両国とも主権が侵害され、合衆国がほとんど絶対的な支配権を手にしたことであり、もうひとつは、どちらの国でも資本主義を促進しようとしたことである。だが内実をみると、戦争と平和の問題についての合衆国の行動は、戦後初期と現在では大きく様変わりしたことが浮き彫りになる。

マッカーサーが日本に君臨したのは約六年間(一九五一年四月、連合国最高司令官を解任)であったのに対して、イラクのCPAのトップであったブレマーの在任は「イラクの一年」(彼の著書のタイトル)だけであった。だが、両者の違いはそれだけではない。マッカーサーの組織は命令系統が明確で、軍事と民政の両方に権限をもっており、東京の総司令部には非軍人のスタッフも派遣されていた。イラクのCPAの場合、支持政党や宗教的信条がスタッフの人選に影響したが、東京ではそのようなことはなく、むしろいろいろな考え方が許容され、超党派的であることが総司令部に活力を与えていた(リベラルや左翼を排除する傾向が出てきたのは、一九四七年から一九四八年頃、冷戦が激化し「逆コース」が導入されて以降のことである)。マッカーサーは専門家の調査団の来日を歓迎したが、占領軍に便乗して敗戦国に入り込む請負業者の群れは存在しなかった。

日本に派遣された専門家たちは、公共への義務感というやや古風な感覚をもっていたが、そういうものは二一世紀になるまでに消え去っていた。軍も同様で、かつては占領地域の住民の生活や自軍の兵の日常まで配慮する責任感や義務感をもっており、規律と統制、説明責任の維持を意識していた。イラクについてもそうだったと思う人はいないだろう。

イラクと同様、日本占領においても、健全な資本主義を育成することが目標とされた。ただ、「健全な」とか「資本主義」という言葉が何を意味するかが問題である。GHQの初期改革の中核は、農地改革、労働組合の結成支援、財閥解体であった。冷戦の到来とともに日本の将来像が変化した後でさえ、国家が経済発展に主要な役割を果たすことは当然とみなされた。つまり、占領国アメリカだけでなく日本政府も経済政策の策定に参加し、実行し、必要とあれば脆弱な産業や企業を外国資本から守ったのである。

他方、米国がいったんイラク再建に取り組み始めると、そこで支配したのは、市場原理主義のドグマであった。「民営化」という言葉が、国家建設の新参者たちの基本教理となった。初期の段階で、占領下のイラク経済のほとんどの資産が売りに出された。崩壊したイラクの民生に関わる仕事や機能の大部分がアウトソーシングされ、その契約者は民間の請負業者、それも大半がアメリカ企業であった。「民生」部門、情報収集、治安維持、さらには、日本占領では日本人に任され、イラクの場合でもイラク人に委ねたほうがはるかに効率的であったはずの建築物の再建までもが、アウトソーシングの対象となった。その結果、混乱、身内びいき、透明性の欠如、腐敗が生まれた。日本占領では、こうしたことは見られなかった[93]。

腐敗と犯罪

一九四五年八月半ばの降伏受諾から米軍到着までの二週間に、日本の軍部と官僚は戦争に関連する公文書を可能な限り処分した。少々おおげさだが、空襲の煙が消えたら公文書を焼却する煙が立った、などと言われたものである。経済的に打撃となったのは、前述のように戦争にそなえて備蓄されていた膨大な製品と生産財が、日本中で隠匿されたことであった。この隠匿には政治家、中央・地方の官僚、軍の将校、警察、実業家、犯罪組織が関わっており、実行から一年以上、公に暴かれることも捜査されることもなかった。

イラクにおいて日本の公文書焼却に相当するものは、政府のコンピュータや中央官庁の略奪や破壊行為であろう。イラクでは暴徒による略奪や破壊行為は真っ昼間に行われ、それはバグダッドの巨大な博物館にも及んだ。二〇〇三年の終わりまでに、こうした行為がもたらした経済的損失はおよそ一二〇億ドルと推定されている。敗戦直後の日本における「隠匿物資スキャンダル」の規模と影響はイラクに劣らないか、あるいはもっと大規模であっただろう。盗まれ、秘蔵された備蓄物資は、毛布、家庭用品、医薬品、機械、原材料、貴金属など多岐にわたった。それが闇市に流れ、インフレを引き起こし、数年にわたって産業の復興を妨げた。その他、経済復興用の政府資金が復興金融金庫（一九四七年設立、政府出資の金融機関）を通して私的に流用される事件も起こった。[94]

同じ略奪でも、日本とイラクの大きな違いは、社会的な影響の大きさにあった。イラクでは、米軍の到着と同時に始まった略奪が秩序の崩壊を予示した。略奪は事前に予想されたことであったが、米軍はこれを阻止しようとしなかった。こうした事態に対応するプランを米国はもっていなかったからである。米軍がバグダッドに入る前(二〇〇三年四月一一日)、ペンタゴンでのブリーフィングでラムズフェルド国防長官は、「まあ、悪いことは起こるもんだ"Stuff happens."」と言い、数カ月後の八月九日、イラクでの暴力と混沌の悪化について、「デモクラシーは乱雑だ、自由も乱雑だ、解放も乱雑だ」と述べて平然としていた。米国メディアの主流は、こうした記者会見を面白がって報道した。だがこうした軽薄な演技は、米国に対する信頼の終わりの始まりであった。

敗戦直後の日本では、略奪は官公庁の黙認のもと、世間がほとんど気づかない間に、迅速に行われた。連合国の大軍が到着し、マッカーサーが力を見せつけると略奪はストップしたが、すでに盗まれ秘匿された物資のほとんどは、そのまま回収されなかった。日本の政治家、官僚、資本家たちは、占領軍が来た後はあらゆる手段で捜査を妨害し、時間稼ぎをした(占領研究の分野では、これを「ネガティブ・サボタージュ」と呼んでいる)。しかし日本全体でみれば、経済再建に向けて建設的に協力した例のほうが多かった。結局、このような建設的な協力が、イラクとの違いを生んだ。

日本では、戦争による破壊と敗戦による混乱とあいまって、隠匿物資や「ネガティブ・サボタージュ」が飢餓的な超インフレを発生させ、闇市が全国に広がって、それが一九四九年頃まで続いた。闇市は違法であったが、実態としては闇市こそが現実の経済であった。ほとんどの人が、売手、買手、あるいはその両方として、闇市にかかわった。冷淡な言い方をすれば、実質的に日本の全成人が、生活のために法を破っていたのである[95]。

*

ドイツやヨーロッパほどではなかったが、日本でも占領軍が無法なふるまいをすることはあった。日本の元気な子どもたちが愛想のいい米兵を囲み、それを大人たちが警戒しながらも控えめな態度で見守っている有名な写真があるが、それは昨日まで敵として嫌悪しあった者どうしが、急速に人間らしい顔を見せ合った様子をよく表している。しかし、米兵の犯罪の写真が残っていないのは、占領軍の命令によるものであり、カメラを持った戦勝国側の人間が誰もそういう写真を撮ろうとしなかったからであった。実際、占領軍の規模からみて、犯罪の発生は避け難かった。占領が始まったとき、米国が率いた連合軍の総数は五〇万人に近かったし、五年後に朝鮮戦争が始まった時点でも一〇万人以上いた。占領軍による検閲に加え、日本側の自己検閲もあって、連合国軍兵による犯罪は報道されず、勝者の寛大な慈悲によって和解が進んでいるというイメージがつくられた。

米兵(および豪州と英国の兵)による日本人に対する犯罪を数字で把握することは不可能である。多くの被害者が沈黙したし、日本政府には外国人の犯罪を取り締まる権限がなかった。占領軍当局も事件をもみ消したし、勝者が自らの成員を訴追することはまれであった。九月一〇日に連合国軍による正式の検閲が始まるまで、つまり占領の最初の二週間に、占領軍が関わった犯罪や非行は日本の新聞に何百件と掲載されており、その後数週間にわたって、飲酒の末の暴力沙汰、器物破損、盗難、武器を使った強盗、襲撃、強姦など、多くの犯罪が起こった。日本側の資料には、連合国軍による強姦は時とともに増加したとするものもある[96]。

イラクを荒廃させた爆破や民族浄化のようなものはなかったが、降伏後は強盗、盗難、盗品売買のような日本人による犯罪も増えた。実家に帰っても職がなく、家もなければ生き残った身内もいない復員兵による犯罪が多かった。「特攻くずれ」という言葉も生まれた。かつては愛国者とされた神風部隊の生き残りが屈辱をかかえ、無法者としてふるまったのである。公衆道徳の退廃を象徴したのが闇市の繁栄であり、連合国軍兵士を相手にする、「パンパン」と呼ばれた売春婦であった。保守的な日本人にとっては、労働運動の台頭も法と秩序の弛緩の証しであったが、実際には一九四八年まで、労働運動が暴力的にエスカレートすることは非常にまれであった(97)。

一九六〇年代以降、日本が復興するにつれて、戦後初期の苦難、混乱、不安は忘れられていった。しかし、それまで人々は栄養失調で死亡し、犯罪集団が闇市を仕切り、失業率は高く、都会の住民は日々の食べ物に困っていた。それでも後のイラクと違って、狂信的な反抗が横行したわけではなかったし、道路わきに手製の爆弾を仕掛ける者もいなかった。全体としてみれば、秩序は保たれていた。日本の漫画家は、押し込み強盗や盗みが増えたことを、ちょっとした笑いのネタにさえした(ある家に押し入った強盗に主婦が、「昨日タンスの中身は全部盗まれてしまったわよ。あんた、タンスを持っていくかい」と言っている漫画がある)。闇市とパンパンの姿には、退廃と同時にある種の活力を見てとることも可能であった。絶望の日々はいずれ終わるに違いない。人々はそう思ったし、実際、まもなく終わったのである。こうしたユーモアも楽観も、イラクには見られなかった。

非軍事化——成功と失敗

もうひとつ、日本とイラクで共通するようにみえて結果が非常に異なっていた分野が、指導者追放と軍の解体であった。連合国暫定当局(CPA)のブレマー代表は、二〇〇三年五月一六日、バグダッドに到着して四日後に、「イラク社会の非バース化」と題する「命令第一号」を出した。この命令で、官僚、政府所有企業の経営者、教師、医者を含む、数万人のスンニ派バース党員が追放対象となった。続いて五月二三日に出された「諸単位の解散」というやや奇妙なタイトルの「命令第二号」は、国防省およびその関連官庁と既存の軍隊を全廃するというものであった。同時に、多民族からなる、政治的に中立な軍隊を新たに創設すると約束している。

こうした命令によって職を失った人(給与のほかに年金も失ったケースもあった)の数は正確にはわからないが、軍事のスキルをもった数十万人が、失業率五〇パーセント超の労働者の群れに武器を持ったまま加わったのであり、その後反乱と反米の暴力が増加した。イラクがこうした状況にあった七月二日、ブッシュ大統領はイラク人に挑戦的な言葉を浴びせた。「いまの状況ならわれわれを攻撃できると思っている者がいるようだが、私の答えは、「かかってこい "Bring'em on."」だ。対応できる軍隊は十分そろっている」。政策を真剣に見直すかわりに喧嘩腰の言葉を使い、状況が崩壊しつつあるとき、またも現実から遊離した思考で自己満足にひたっていたのである。(98)

日本では、マッカーサーが追放(パージ)と陸海軍の解体を統括した。追放は占領開始からしばらく間をおいて行われ、「好ましからざる人物の公職からの除去および排除」と題する長文の指令が出されたのは、一九四六年一月四日のことであった。その後、パージはいくつかの段階に分けて進められ、最終的には二〇万人を超える人々が、過去に軍国主義的あるいは超国家主義的な地位にあったと認定され、公職に就くことを禁止された(ドイツにおける連合国軍によるパージの対象者は日本の約二倍であった)。日本でもイラクでも、公職追放は役職などによる一括指定という形式や、不服申し立ての手続きの煩

112 2003年5月15日　ルイス・ポール・ブレマー3世がバグダッドに到着し，連合国暫定当局(CPA)の指揮者となってから数日後．フセイン後の政治指導者の選定にアメリカが介入したことに抗議するシーア派イスラム教徒たち．左側の小さなプラカードには，「外国の支配にノー，ノー，ノー」とある．バグダッドにて．

雑さは似ていたが、違いも大きかった。ブレマー代表は、バース党員の追放とイラク軍の解散を命じた目的は、「サダム主義の根絶をイラク人に対して再保障する」ことだと説明した。このときブレマーがモデルとしたのは日本ではなくドイツであり、イラクの「非バース化」は「非ナチス化」に対応するとされた(99)。

日本には、ナチスやバース党にあたる政党がなかった。「ナチズム」や「サダム主義」のイデオロギーに近いものを探すとすれば、それは天皇崇拝であった。戦争中は「皇道」(天皇が仁徳をもって行う神聖な政道)という漠然とした観念が中心的な役割を果たした。しかし、米国は天皇を味方にし、「現人神(あらひとがみ)」という神の衣装を取り去ったかたちで利用すると決めていた。天皇を免責し、同時にその忠実な部下を追放するという矛盾は無視された。その結果、政治に対する冷ややかな見方が日本人のあいだに広がった。米国は、天皇と天皇制の中に日本の統合、持続性、安定性を象徴する強力なシンボルになる可能性を見抜き、巧みに利用した。そのことを通じて、天皇と皇室は日本社会がもつ男性中心の家父長制的性格、血統中心のナショナリズムのシンボルとして、潜在的な力を保持し続けることになった。

日本における公職追放は、愛国心ゆえの行為を罰した過酷なケースが多かったが、社会的混乱はそれほど大きくなかった。公職に就くことを禁止された者のうち、四分の三は職業軍人であった。一九四六年四月に行われた戦後初の総選挙では、約六〇〇〇人の保守政治家が追放され立候補できなかった。本人たちは困ったが、有権者はそれほどでもなかった。経済関係では八〇〇〇人のエリートが追放され、そこには産業、金融、商業関係の経営者一五三三人が含まれていたが、有能な人材が代わって業務を担った。官僚のパージは小規模で、社会的影響も小さかった。イラクでの「非バース化」は、バース党のメンバーと政府を牛耳っていたスンニ派の専門家や官僚を根こそぎ排除したため、社会に亀裂を引き起こした(100)。

イラク軍の解散は、将校クラスを独占していたスンニ派による支配の解体を意味したため、スンニ派と〔イラク国内で多数派の〕シーア派との争いは不可避となった。日本の場合、軍の全面的解体は国内では混乱なく実行された。日本の根本的な非軍事化という方針は、すでに戦争中の連合国の宣言に含まれていた。一九四三年以来、米英両国は、ドイツと日本の完全かつ恒久的な武装解除を連合国の戦争目的のひとつに挙げていたし、日本上陸前のマッカーサーに送られた指令も、「日本は完全に武装解除され、非軍事化される」と、この原則を再確認していた。占領開始後、陸軍省・海軍省は格下げされ、名称を変更されて、復員業務のほか、掃海(そうかい)など戦争終了に必要な作業を担当したあと、新憲法の施行とともに廃止された(101)。

戦争が終わったとき、日本は七〇〇万人余りの兵をかかえており、彼らの復員は一九四七年に入っても続いた。イラクと違って日本では、もはや日本軍は再建されないことが共通理解となっていた。軍需生産を禁止するGHQ指令も出た。このような反軍的な社会的雰囲気のシンボルとなったものが、一九四六年二月、マッカーサー司令部が日本政府に草案を押し付け、ワシントンにいたマッカーサーの上司たちまで驚かせた日本国憲法であった。新憲法は国会での長時間の審議を経て同年一一月に公布され、翌一九四七年五月に施行された。

*

それから数年のうちに冷戦が激化し、日本が米国の潜在的同盟国とみなされるようになると、日本を完全に非軍事化したことをワシントンは後悔した。しかし、当時もその後も、日本国民は戦後初期の反戦の理念を捨てようとしなかった。日本の敗戦から半世紀以上たって、米国がイラクに侵攻した時点でも、日本の憲法は変更されていなかった。その間に日本は相当な「自衛力」を築きあげたが、自衛隊の機能と海外活動には依然として制約があり、反対論もある。そのため、ブッシュ政権が進めたアフガニスタンとイラクでの戦争において、日本の軍事的な役割は大きく制限された。陸海軍の解体が混乱を引き起こさなかったのは、日本国民のこのような根深い反戦意識に根本的な原因があった。一九三七年の日中戦争に始まる長い戦争によって国民は疲弊していた。空襲で六十余りの都市が廃墟となり、一〇〇〇万人が家を失い、戦闘員の死者は約二〇〇万人、一般市民の死者は五〇万人以上であった。海外から復員した数百万の兵士の八割が、負傷者または病人であったと推定されている。この破滅的な敗北のあと、かつて尊敬された帝国陸海軍を支持する者はいなかった。

軍隊や軍国主義に対する人々の冷淡な態度を代表する言葉は、「騙(だま)された」であった。日本では一九三〇年代に軍部が台頭したが、もともと日本社会は矯正不可能なほど軍国主義的ではなかったから、軍隊が崩壊しても、国内の法と秩序には大きな影響はなかった。数百万人の復員兵が帰郷した農村部は、空襲の被害を免れていた。急速に発展し始めた労働運動に加わった元兵士も多かった。元職業軍人のほとんどは、身につけた技術や能力を生かして復興に取り組んだ。戦争遂行と軍需生産に動員された人材は、技術的にも心理的にも、非軍事的な仕事に十分転用できた。

陸海軍省が廃止され、軍部が行っていた経済統制が廃止されると、ほとんどの資本家がこれを歓迎した。軍国主義者たちに頭を下げた年月は終わり、大蔵省を筆頭とする省庁が指揮権を握った。予想外のことであったが、マッカーサーによる日本軍解体は、日本の行政機関の権限を強め、米国はそれを通して占領政策を進めることができたのである。

「ジェネラリスト」対「地域専門家」

イラクでアメリカが失敗した理由のひとつとして、戦闘後の占領計画や実施にあたった者が、イラクについても中東についても、ほとんど予備知識がなかったことが挙げられる。だが、これはややミスリーディングな指摘でもある。実際には、一家言を持った亡命イラク人や中東専門家たちが何百人も参加して、アメリカが侵攻する前に様々な公開・非公開の議論が行われており、予備知識が共有されていなかったわけではない。むしろこの段階ですでに彼らに派閥争いがあり、意見が一致しなかったことが、現実の占領の難航を予示していた。日本の場合、政治的に活動する亡命日本人のコミュニティといったものは存在しなかったから、占領の前にアメリカでこのような議論が行われることはまったくなかった。

重要なのは、敗戦した日本で改革を進めたアメリカ人にも、日本語が話せる者はほとんどおらず、日本についてたいした知識をもっていなかったという事実である。むしろ「ジェネラリスト」や、日本語ができるというより、特定分野の専門知識をもつスペシャリストこそ、貴重な人材であった。そもそも日本をよく知る西洋人は著しく少なかっただけでなく、そういう人物は意図的に避けようとする傾向さえあった。たとえば、日本の司法制度改革で中心的役割を果たしたアルフレッド・オプラーは、ドイツ生まれでドイツ育ちの法律家であったが、日本占領の初期には、彼のように日本について知識がないほうが普通であった。一九四六年二月、来日したオプラーがGHQに出頭して、「日本についてはなにも知りません」と正直に言うと、彼を出迎えた大佐はこう答えた。「ああ、それで問題ありませんよ。日本のことをあまり知りすぎていると、先入見が入りますからね。私たちは古手の日本専門家 old Japan hands は歓迎していません」[102]。

若手エコノミストとして占領に参加し、のちに著名な経済学者となったマーティン・ブロンフェンブレナーも、占領軍に日本経済の専門家がいなかったことを、次のように回想している。「アメリカ占領軍は、日本の経済問題を扱う準備ができていなかった。GHQの職員は、軍人も民間人もほとんど臨時に雇われた人たちで、日本については事前にトレーニングも受けていなかったし、関心もなかった。占領が続くにつれ、最良の人材はもっと評価の高いアメリカ本国政府の職に移るか、許可を得て日本国内で起業したり、専門家として開業したりした。……GHQの職員のほとんどは日本経済のメカニズムについて曖昧な理解しかなく、その理解も戦争中のプロパガンダに影響されて、見方がくっきりと二つに分かれた。ひとつは、日本人を遅れた「アジア人」とみなして、西側による慈善と啓蒙が必要だとする見方であり、もうひとつは、財閥、地主、官僚制による「搾取」から解放すれば、日本経済は生産性が上昇し発展できるという見方であった。占領初期の政策は、この二つの見解の合成であり、これに政治的調整、懲罰的な(ときに人種差別的な)姿勢、それに不完全で不正確な知識が付け加わっていた」[103]。

占領改革の担当者たちは、いわゆる特定地域の専門家を信用しない傾向があった。特定地域の専門家は文化的に偏った見方をしやすく、人類普遍の価値に鈍感なことが多いからというのが理由であった。たとえば、「古手のアジア専門家 an old Asia hand」と呼ばれた人々は、文化的・歴史的理由から、デモクラシーが日本や他のアジア地域に根を下ろすとは思えないと主張していた。そうした「アジア専門家」の例が、「日本派 Japan crowd」と呼ばれた、国務省のジョセフ・グルーやその仲間たちであった。グルーはいろいろな機会にそのような主張をしており、たとえば日本降伏から数週間後、知人宛ての手紙に次のように書いている（のち回想録に引用）。「日本にいきなりデモクラシーを押しつけようとすれば、かならず政治の混乱を招き、独裁者が登場して支配することになろう。一〇年も日本に住めば、それくらいのことはいやでもわかる」[104]。

文化史家として有名な英国外交官のジョージ・サンソムは、一九〇四年に日本に赴任して以来、日本の経済状況を長年本国に報告し続けた人物である。彼は、GHQの初期改革について、グルーにも増して批判的であった。降伏から三年以上たった一九四八年一二月、サンソムは日本経済の戦時と復興を論じた本に序文を寄せて、こう書いている。「この序文は、ときに非現実的なまでの熱意をもって追求されてきた日本民主化政策について論じる場所ではない。だが議会制民主主義というものは、西洋という比較的恵まれた経済的条件があってはじめて生まれ育ったものであることは、ここで指摘しておきたい。そして食べ物も衣服もろくになく、日々の生活に苦労している民なら、政治的自由を求める戦いにエネルギーを注ぐこともあるかもしれない。しかし、日本がそのように民主制や自由を求めるような国かというと、きわめて疑わしい[105]」。

しかし、リベラルなニューディール主義者や、マッカーサーのように起業家的な進取の精神を重んじる伝統的な共和党員なら、違う主張をするだろう。GHQ民政局のチャールズ・ケーディス大佐はニューディール派の弁護士で、国連憲章に表現された普遍的な人権の原理をもとに、日本国憲法の草案作成を率いた人物であった。マッカーサーも似た趣旨を詳しく書いている。「今後の歴史は、以下のことを明示するであろう。人類は、地理的制約や文化的伝統がどうあれ、自由、寛容、正義を受け入れ、堅持し、擁護する能力をもっている。神のご加護があれば、人類は最大の力と進歩を享受できるに違いない[106]」。

政治的に左も右もふくむ「ジェネラリスト」は、基本的人権や原理はどんな社会にも普遍的に適用可能だと主張し、他方でいわゆる「地域専門家」は、歴史的、文化的に、非西洋社会は「デモクラシー」のような価値を受容しないと考えた。地域専門家がこういう考え方をするのは、彼らの階級意識や外交官特有の選良意識にも原因があった。外交官はその国のエリートを相手に仕事をし、社交をする。そういう相手国のエリートは、自分より下の階級の人間を無知で自治能力がないと見くだしている。じつはこれらのエリートは無能で専制的で軍国主義的かもしれないのだが、少なくとも彼らは高等教育を受け、自分にふさわしい社交クラブに属し、たいてい英語を話した（駐日大使としての一〇年間を詳細につづったグルーの日記をみると、彼がうやうやしく接したのは、たいてい皇室につながりのある知人や情報提供者たちであり、それはまるで上流階級へのへつらいの記録である）。

これに表面的には似た対立が、ブッシュ政権のイラク戦争の場合にもあった。一方にネオコンの一団がおり、それを率いたブッシュ大統領とブレア首相は、イラクには民主主義が育つ土壌があるだけでなく、軍事力による体制変更でイラクを民主化すれば、それは中東全域に波及し、ドミノ効果が生まれるはずだと主張した。たとえば、ブレア首相は二〇〇三年七月一七日、米連邦議会の上下両院合同会議で、マッカーサー流の普遍主義のレトリックを披露して満場の拍手を受けた。その頃、「イラクの自由作戦」の栄光は急速に失せつつあり、開戦理由のひとつであった大量破壊兵器も存在しないことが判明していたから、イラク侵略の大義として、あらたに「デモクラシー」を持ち出さねばならなくなっていた。「われわれが掲げる価値は西洋だけのものではありません」。そうブレアは演説した。「それは人間精神がもつ普遍的な価値です。どこでも、いかなるときでも、普通の人が選択の自由を与えられたなら、同じものを選ぶことでしょう。専制ではなく自由を、独裁ではなくデモクラシーを、秘密警察の支配ではなく法の支配を選ぶでしょう」。この見方からすれば、イラク侵攻への批判は、古い人種差別主義や自民族中心主義にほかならない。したがってもっとも糾弾されるべきは、〈アラブ世界を特殊視する〉国務省と在野の「アラブ専門家たち」なのであった。[107]

ホワイトハウスとペンタゴンがアラブ専門家を無用とみなしたことは、イラク戦争のアメリカ人当事者の回想や調査報道で繰り返し出てくる。たとえば、ジェイ・ガーナーが率い、短命に終わった国務省の復興人道支援局（ＯＲＨＡ）で働いたティモシー・カーニーは、バグダッドで活動を始めたとき、組織は深刻な人材不足であったと回想する。幹部レベルには「最初、アラブ専門家がほとんどいなかった。アラブ世界で勤務した経験者もいたが、専門家ではなかったし、アラビア語も流暢に話せなかった」。カーニーの見方では、これは意図的なことであったという。ペンタゴンの役人は、「アラブ専門家は歓迎しない。そういう専門家はイラクが民主化できると思っていないから」と語っていた[108]。

こうした言葉をみていると、アルフレッド・オプラーが「古手の日本専門家」について聞かされたことに、表現まで似ている。しかし次に述べるように、地域専門家たちの知識と意見には、ときとして耳を傾けるべきものがある。

国家建設の民営化

二〇〇四年のはじめ、復興人道支援局に代わってブレマー率いる連合国暫定当局が発足してから数カ月後、任務を解かれたジェイ・ガーナーはインタビューに応じた。彼によると、なにも青写真がないまま戦闘終了後の膨大な課題に直面した復興人道支援局は、「早急に民間の請負業者を引き入れる」以外に方法がなかったという。しかしこれはその場しのぎの応急策というだけではなく、以前からワシントンが促進していたやり方でもあった。その際のマジックワードは、「アウトソーシング」である。おそらくこれが、戦闘終了後のイラクに関してアメリカ政府が持ち合わせた「計画」にもっとも近いものであった[109]。

日本占領の初期における経済分野のスローガンは「経済の民主化」であり、イラクの「民営化」とは非常に異なっていた。初期対日方針で示され、その後も繰り返し表明された政策は、日本を安定させ、繁栄させ、平和を保証する最善の方法として、産業、金融、通商、労働、農業の各分野で再編を進め、「所得だけでなく生産・貿易の手段の所有権を広く再分配」するというものであった。

農地改革も労働組合の奨励も、国内市場を活性化するものとして正当化された。それは同時に、下からの共産革命の芽を摘み取り、日本が海外市場を再び独占しようとする欲求を除去するためでもあった。また、マッカーサーは、巨大な企業複合体を支配した一族である財閥は「封建的な家系」の遺物であるとともに、財閥系企業は私企業の形をとった歪んだ社会主義の一種だとし、「国有化の恰好の対象」、「共産主義と集産主義〔社会主義思想の一種〕がねらう富の標的」と呼んだ。共和党員の最高司令長官も、トラスト嫌いのニューディーラーも、巨大な財閥を解体することで競争が刺激され、活力ある中流階級が誕生すると考えた⑩。

同時に、占領軍司令部の改革者たちは、国家による目に見える介入を許容し、時に促進しようとさえした。戦時に日本政府が導入した施策や体制の一部も存続した。経済計画を担当する役所が新設され、これが一九四九年に通商産業省となった。一九四八年以後は、GHQ自身が経済計画の立案に深く関わって経済復興を刺激し、輸出向けの製造業部門を優先することで、日本の「自給自足」をめざそうとした。一九五〇年の朝鮮戦争発生後には、独立回復後に外国資本から日本経済を守るための法制度を導入した。資本主義経済を再び軌道に乗せるには、国内外の略奪者から経済を守る合理的な保護が必要だというコンセンサスがあったのである⑪。

冷戦が激化すると、資本、労働、富の再分配をめぐる改革は後退したが、当時の日本に関わったアメリカ人が、ブッシュ政権のイラク政策を支配した市場原理主義の発想――規制なき市場は根本的に合理的であり、社会にとっても世界経済にとっても常に有益であるという考え方――を知ったら、さぞ驚いたことであろう。ましてや、経済復興そのものを利益追求第一の外国の私企業に委ねると聞いたら、仰天したかもしれない。戦後初期の世代の人々は、強欲をほしいままにすることに古風な道徳的嫌悪感をもっていただけでなく、制約なき資本主義が社会の混乱や政治の反動を引き起こす危険に対して敏感であった。また、日本との関係の維持には信頼が不可欠であることを、当時の占領の担当者は意識しており、アメリカが日本を搾取しているとか、経済的帝国主義を進めているといった印象を与えないよう注意を払っていた。

このような処方箋は、日米両国に相当な現実的利益をもたらした。アメリカは報酬目当ての私的な軍隊を雇うこともなければ、不正な利得者を呼び込むこともなかったから、清廉なイメージを維持できた。日本は資本主義陣営に属する民主主義の国として主権を回復し、混合的な経済体制を取り、支配者も国民も、ある種安心できる保護的な体制を導入した。日本は経済復興の軌道に乗り、三〇年後には資本主義世界で第二の経済規模の大国となり、国民の大多数は自分を「中流階級」と意識するようになった。

＊

イラク占領では「民営化」が称賛されたが、これが問題を引き起こした。そこでは、アメリカの国家と民間部門が、手と手袋のように密着していたからである。イラクの国家建設は企業家たちに委ねられたが、契約した業者は利益を保証され、それらはアメリカの納税者の金で賄われた。ワシントンの官庁向け専門誌が、連合国暫定当局（CPA）の解散と同じ日の二〇〇四年七月一日号で、民営化の矛盾をこう表現している。「政府がもっていた唯一のプランは、国家建設を民間部門の裁量にまかせることであった」。これが実施されると、国家による監視や管理は事実上存在しなくなり、結局イラクに残ったのは、一九三〇年代や一九四〇年代前半の日本の「国策会社」（満洲重工業開発会社のように、占領地の開発を目的として設立された半官半民の企業）に似た組織が支配する、一種の国家資本主義であった(112)。

戦闘終了後は民間セクターに任せるという方針は、ある意味で事前の「計画」のようなものといえなくもなかった。しかし、戦争計画自体が極秘のうちに作成され、その後も情報が注意深く操作されるなかで、国家建設のプロジェクトを軌道に乗せることは難しかった。イラク復興のための業者を募集するため、米政府が調整を始めたのは二〇〇二年九月頃であり、アメリカ国際開発庁（USAID）の援助のもと、最初のいくつかの契約が結ばれたのは翌二〇〇三年一月であった。『ウォール・ストリート・ジャーナル』は、国際開発庁が作成した「紛争後のイラク像」と題する一三ページの文書（二月一三日付）を入手し、同年三月一〇日付紙面でその内容を報道した。

広く関心を集めたこの報道によれば、総額九億ドルの契約がアメリカのインフラ建設会社五社と結ばれており、一八カ月以内に「経済及び統治のための新しい制度的枠組み」が完成されることになっていた。イラク再建のカギは、上下水道、道路、港湾、空港、保健医療、学校、発電施設とされていた（イラク侵攻前から強い関心を呼んだ、石油産業についての記述はない）。契約企業の募集は当時も続いていたが、契約には国家機密事項取扱のための審査をクリアする必要があった。そのこともあって、アメリカ軍がイラクに足を踏み入れる前から、イラク人にはそういった事業はできないとみなされていた。数カ月後、アメリカ企業が次々に契約を締結していたとき、あるイラク人ビジネスマンがこう言った。「イラク人には大量破壊兵器を作って世界を脅す能力がある、とアメリカ人は言っていました。いまやわれわれは、一九世紀末のアメリカ原住民扱いですよ」[113]。

『ウォール・ストリート・ジャーナル』は、国際開発庁のプロジェクトを、「第二次世界大戦後の日本とドイツ以来、最大の復興計画」の先触れと評した。たちまち企業ロビイストたちが注目し、数十億ドルどころか数百億ドル規模のプロジェクトになるという期待を集めた。同紙は五月一日、「ブッシュ政府高官、イラクに自由経済建設の大計画を立案」という見出しの一面記事を掲げた。記事の根拠となったのは、財務省が主導して作成した一〇〇ページの報告書で、『イラク経済　復興から持続可能な成長への移行』というタイトルであった。この文書は二月、つまりイラク侵攻前に金融コンサルタントたちに配布されていたもので、「広範な民営化の計画」を促進するものと同紙は報道した。かつてラムズフェルド国防長官が「国家建設を超えて」と題した演説で喝采を浴びた頃には、イラクはイラク人のものだとか、米国はイラクから早々に撤退するといったイメージがまだあったが、この記事は、そのようなイメージを一掃するものであった。記事の書き出しは次のようになっている。「ブッシュ政権は、イラク経済を米国流に作り直す全面的計画を作成した」[114]。

「国家建設を超えて」いたはずのブッシュ政権は、チグリス川沿いに小さいアメリカを建設する「全面的計画」へと方針転換し、それとともにCPAが急いで創設された。二〇〇三年五月二二日に採択された国連安保理決議一四八三以降、「占領 occupation」という言葉も使われるようになった。この頃から「国家建設」という言葉が保守的サークルでも流通し始めたが、それが何を意味するのか、意見の一致はなかった。CPA発足時に雇われたある技術アドバイザーは、バグダッドに向かう飛行機の中で同乗者たちが読んでいたのは、イラクについてではなく、「例外なく」日本とドイツの占領に関する本であったと回想している。その数カ月後、保守派の知識人フランシス・フクヤマは、いまアメリカが取り組んでいるのは「軽めの国家建設 nation building "lite"」(一年前に却下された、国務省の表現)だが、これでは不十分だと主張した。他の保守的人物は、フクヤマとは逆の理由から懸念を述べた。二〇〇三年一〇月初め、イラク問題に大きな責任をもつコンドリーザ・ライスは、信頼するアドバイザーであるロバート・ブラックウィルにイラクの状況を調べさせた。案の定ブラックウィルは、「イラクの状況は好ましくありません」と報告した。「イラクの政治は不安定で、状況は良くありません。ですからそもそも私は、占領という発想が好きになれないのです[115]」。

イラクを「ビジネスに開放」する

ブレマーがバグダッド到着から数週間後に宣言したように、イラクは「再びビジネスに開放」された。かつてなかったほどに、と付け加えてもよかったかもしれない。「再びビジネスに開放される」という表現はその後よく引用されたが、これは国連安保理決議一四八三にもとづいて、一九九〇年以来のイラクへの経済制裁が解除されたことに始まる。だが、それは単純に以前の状態にもどすということではなかった。イラク経済を保護していた貿易制限は次々に撤廃された。輸入関税はわずか五パーセントに固定され、その結果外国の製品が洪水のように入ってきた。ブレマーは、全面的私有化という連合軍暫定当局(CPA)の衝撃的なプログラムの動機を、機会あるごとに説明した。「自由な経済と自由な民は手を携えて進む」。具体的には、「社会の資源が私有財産と所有権で守られていること が、政治的自由の最良の防御である」。したがって「非バース化」とは、フセインがつくった警察国家のトップを政治的にパージするだけでなく、フセインの「歪んだ社会主義経済理論」、「バース党の指令経済」とブレマーが呼んだものを打ちこわし、完全な規制緩和を導入することを意味した。CPAが発足し、占領の概念に代わって自由化が導入されたとき、ラムズフェルドもこう言った。「スターリン流の指令システムではなく、市場システムのほうが支持されるはずだ[116]」。

CPAによる私有化のプロセスは二〇〇三年九月がピークで、この頃重要な命令がいくつか出されている。まず命令第三七号は、税率を一律一五パーセントに定め、企業や裕福な個人の負担を大幅に取り除いた(これも日本占領の場合と対照的であった。一九四九年、財政学者のカール・シャウプを団長とする税の専門家チームの提言に従って、本格的な税制改革が行われた。この改革は、公平性を強調し、企業に様々な優遇措置を認めながらも、付加価値税のほか、キャピタルゲイン、利子、相続、純資産への新税を導入した[117])。

もっとも激しい議論を呼んだのは、命令第三九号であった。この命令は、国営企業の民営化を提唱し、外国人によるイラク企業の株式の一〇〇パーセント保有を認め、投資利益を無税で本国に送ること、四〇年間の不動産賃借契約なども認めた。命令第四〇号は、銀行も私有化するとした。これも「不透明な中央計画経済から、活力ある民間セクターの確立による、持続可能な経済成長を特色とする市場経済への移行」という民営化の考え方によるものである。ラムズフェルド国防長官は、二〇〇三年九月二四日の上院公聴会で、これらの改革をこう称賛した。「税と投資に関する法律としては、これは自由世界でもっとも先進的かつ魅力的なものです」。『エコノミスト』誌は、この経済改革を「資本家の夢 a capitalist dream」と呼んだ。この表現はその後しばしば引用されたが、その記事のタ

113 2003年10月13日　ロンドンで開かれた「イラクでビジネスを」と題する会議場・展示場の外で抗議する人々．連合国暫定当局(CPA)がイラク経済の大胆な民営化と外国投資への開放を発表すると，「イラク 売ります Iraq for Sale」というキャッチ・フレーズが広まった．

イトルが「みんなでヤードセール〔自宅の庭先で庶民が行う不用品の安売り〕に行こう」であったことが示すように、冷笑が含まれていないわけではなかった。

　イラクは占領されただけではなく、売りに出されたのだという見方が広まったが、イラクで主権を行使したアメリカ人がためらう様子はなかった。もとより、バース党支配下の経済システムが非効率で機能不全に陥っていることは誰も否定しなかった。だが連合国暫定当局の指令がどれほど理にかなっていたかどうかとは別に、自由市場をつくり出そうというアメリカ流聖戦の誤りは、政治的な要因、大衆の心理、世界の人々の目にどう映るかといった側面を無視したことにある。「資本家の夢」を見た者はかつてのゴールド・ラッシュをイメージし、それを批判した者は「殺人の報酬」「略奪のライセンス」「一旗組のやり

114 2003年11月7日 CPAのバグダッド本部前で開かれたスンニ派のデモの旗．英語とアラビア語で書かれ，自治の要求はファトワー(イスラムの宗教令)として表現されている．

たい放題」と評した。しかし、当のイラク人たちは労働者もブルジョワも、ただ驚くほかなかった。国務省の元職員は、当時のアメリカ政府の雰囲気を次のように回顧している。「イラクとの戦争を支持しなかった国や、そうした国の企業をイラク復興に招き入れる気はほとんどなかった。戦利品は勝者のもので、戦争に反対したフランスやロシアの企業が利益を得るのは許せないからだ。政府内では、イラクは私物化できる宝石だと思っている者が多く、みんなで担うべき重責だとは考えていなかった。異様ではあるが、それがワシントンの実態だった」[118]。

戦利品の分け前にあずかろうと、熱狂が起こった。バージニア州で二日間開かれた「イラク再建会議」は、その典型的な例である。CPAの民営化命令が出る直前、二〇〇三年八月末に開かれたこの会議には、イラク進出を考えている数百の請負業者と投資会社が参加した。講演者は、元国防長官のウィリアム・コーエン、元商務長官のミッキー・カンターであった。「イラクはビジネスに開かれている」というブレマーの言葉が、会議のオンライン広告に使われ、日本占領とドイツ占領以来「最大の国家再建プロジェクト」という『ウォール・ストリート・ジャーナル』の表現も再利用された。はじめ「イラク再建には一〇〇〇億ドルかかる」（米外交評議会）とされていたが、すぐに「非軍事部門の再建の試算は五〇〇〇億ドル近くになる」（戦略予算評価センター）という評価にかわった。イラクは「最も儲かり、もっとも速く成長している最新のマーケット」であり、「巨大なビジネスチャンス」の国とされた。[119]

その年の終わりまでには、こうした幸福な予想はほとんど色褪せてしまったが、最初から不吉な前兆はあった。先に紹介したイラク侵攻前の『ウォール・ストリート・ジャーナル』の記事は、アメリカ国際開発庁のイラク再建計画を日本とドイツの占領政策と比較しているが、そこには国際関係の専門家アンソニー・コーデスマンの、「これは暴利をむさぼるということではないことを、世界に理解してもらう」ことが不可欠であるという言葉が引用されていた。しかし、海外の論評は、世界がそのように理解することは難しいと指摘した。たとえば香港の『アジア・タイムズ』は、かつて一九世紀末から二〇世紀の帝国主義の時代に「中国争奪戦」と言われたことを引き合いに出し、「もちろん、いま始まったのは「イラク争奪戦」である」と述べた。イラクでの契約に参加できなかった政治家やビジネスマンは、これは「縁故資本主義（クローニー・キャピタリズム）」であり、共和党に強力なコネがある会社だけが内密に取り引きしていると非難した。[120]

『ウォール・ストリート・ジャーナル』がその後掲載した「イラク経済をアメリカ的に再建」という記事も、この計画は「論争の的になる」「議論を引き起こす」だろうと論評していた。今回の計画は、一〇年前、ロシアや旧ソ連ブロックの国で自由市場主義者たちが導入したショック療法的な改革に似ているが、ロシアでは当時、「国営企業の民営化を急速に進めた結果、職場やサービスに大きな混乱が生じ、腐敗が横行した」と。やがてアメリカの請負業者たちが次々にイラク入りすると、予想された通り、イラクの国営企業には未来がなくなった。失業率は上昇し、インフラは崩壊し続けた。CPAが二〇〇三年九月に民営化命令を出すと同時に、国務省は城塞のように防衛したバグダッドの「グリーン・ゾーン」に重要人物を集めて会議を催した。講演者の一人は、ロシアで過酷な経済改革を立案したエゴール・ガイダルであった[121]。

自由市場への礼賛がピークに達していた頃、国際法の専門家たちは、急激な民営化は違法である可能性が高いと指摘していた。CPAがイラクで仕事に取りかかろうとしていた二〇〇三年五月二二日、イギリスの週刊紙『ニュー・ステーツマン』が、ピーター・ゴールドスミス検事総長からブレア首相あての秘密メモの内容を報道した(ゴールドスミスは、イラクへの軍事侵攻自体は、フセインが持っているとされた大量破壊兵器を考慮すれば、合法であると述べていた)。侵攻開始から一週間後、三月二六日付の秘密メモは、占領全般の合法性を疑問視するもので、とりわけ「大規模な経済改革を押しつけることは、国際法上許されないだろう」と警告していた[122]。

こうして、経済改革の問題は、占領の合法性を厳しく問うことにつながっていった。アメリカ政府とCPAの法律家たちは、イラクの経済システムの根本的改革は国連安保理決議一四八三によって正当化されていると主張した。同決議は、「効率的な行政」および「経済再建と持続可能な発展のための条件」を促進すると述べており、そのためには経済改革が必要だからである。他方、多くの法律専門家は、民営化を進めるCPAの命令は、国連決議が引用するハーグ条約およびジュネーヴ条約の

〈占領されたイラクと長い戦争〉

2009年1月，ブッシュ政権の戦争を記録した画像は，どうしようもない行き詰まりを伝えている．テロと暴動，終わりなき不安と危険．米英軍は，「イラクの自由作戦」の開始から5年後の2008年になっても，戦争開始時と同様の戦闘即応態勢にあった．60年前の日本占領では，日本の子どもたちと交流している兵士を写した写真がよくあった．イラクでもそういう場面はあったが，兵士はいつも完全武装していたし，子どもが傷つけられたこともあった．占領時代の日本のように，西洋人をひきつけるものはイラクにはなかった．地元民との交流も，男女の親密なつきあいもなかったし，文化に魅了されたり，美しい景色を発見したりすることもなかった．エキゾチックなもの，多少ともエロティックなものもなかった．カメラがとらえるものは，年を追うごとに，不安，痛み，抗議，悲しみの情景となっていった．

115 2004年11月12日　ファルージャでの負傷兵をヘリコプターに運ぶアメリカ軍兵士．

116 2005 年 3 月 5 日　あと数週間で戦争が 3 年目に入る頃，家宅捜索でイラク人の母親と子ども 2 人に銃を向けるアメリカ軍兵士．イラク北部の都市モスルで．

117 2007 年 1 月 11 日　イラク兵と共同で警戒・捜索作戦中のアメリカ兵．バグダッドで．

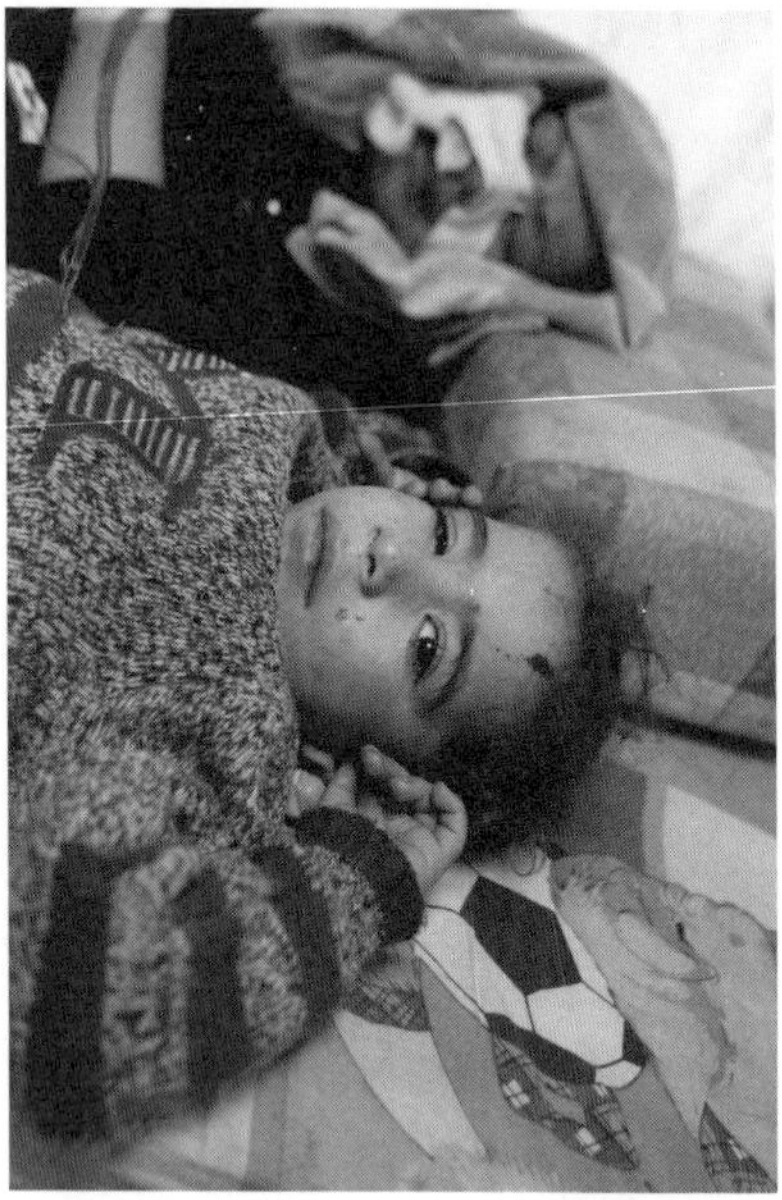

118 2008年12月27日　自動車の爆破で負傷し，バグダッドの病院に横たわる母親と3歳の娘．報道によると，この事件で22人が死亡，54人が負傷した．

119 2008年7月12日　アメリカ軍とイラク軍の合同部隊に家宅捜索され，拘束された男たちの横で抗議する女性．バグダッドのサドル・シティで．

〈戦争の犠牲〉

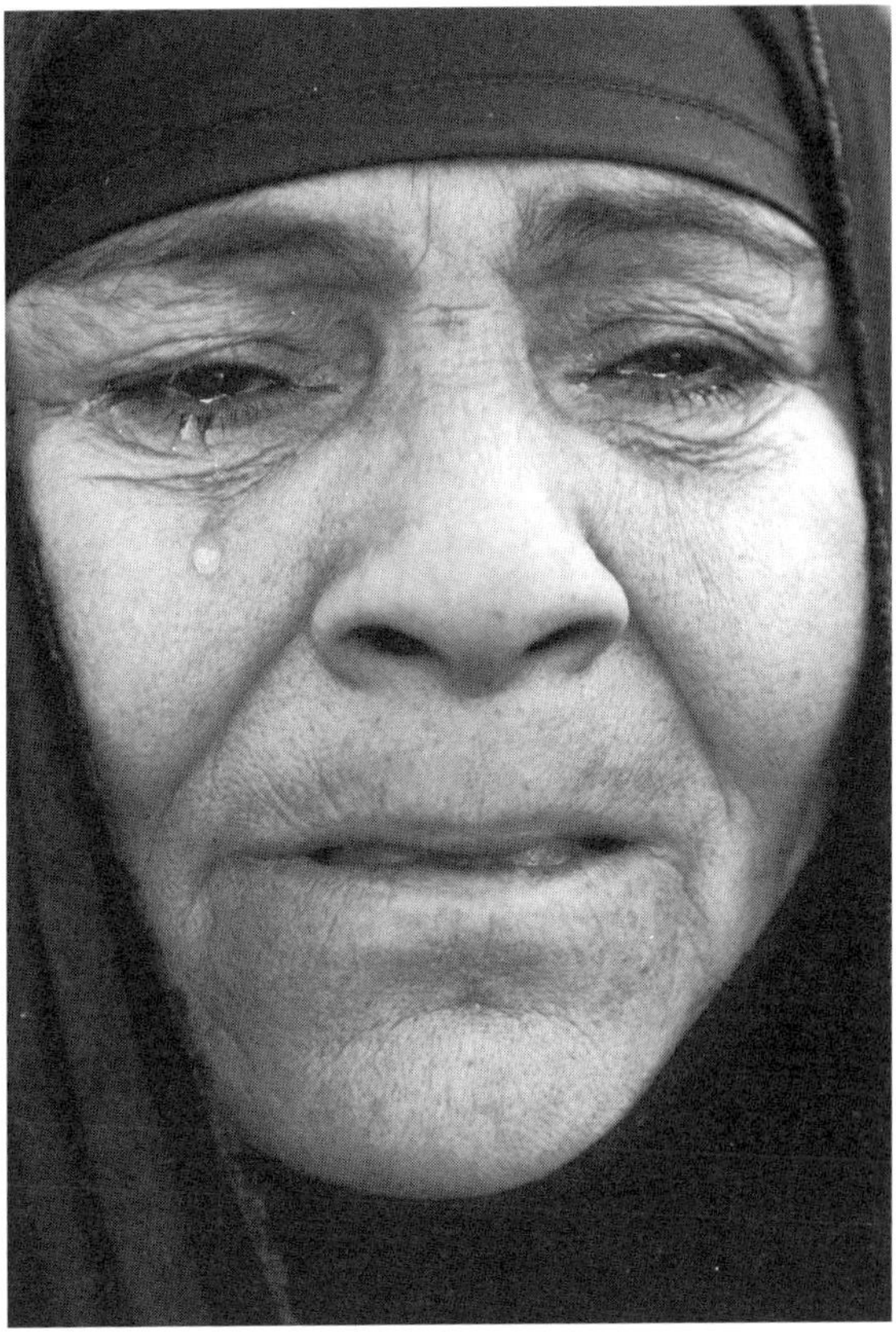

120 2008年11月1日　カルバラの集会で泣く女性．集会は，2003年のアメリカ主導のイラク侵攻によって夫を亡くした女性や，孤児になった子どもへの政府の援助を要求していた．2009年1月，ブッシュ政権が終わった時点でのイラク戦争の人的損失は正確には不明であるが，結果は悲劇的であった．イラク侵攻からブッシュ政権が終わるまでの間に，テロ，暴動，軍事作戦の犠牲となった市民は，記録があるだけでも約10万人である．記録のない人も入れると，数十万人が犠牲になったという推計もある．イラク側の推計では，片親もしくは両親を亡くした子どもは100万人から500万人で，2008年1月の報道では，住むところのない孤児は50万人と見積られている．およそ200万人(相当数の中流階級を含む)のイラク人が国外(ほとんどが隣国)に逃亡し，その他200万人がイラク国内で避難民となっている．

〔占領地における法改革を禁じた〕規定に違反しているうえに、アメリカ陸軍の野戦マニュアル『陸戦の法』（これもハーグとジュネーヴのガイドラインを引用している）にも反しており、さらにイラク憲法にも違反していると指摘した（イラク憲法は、国民の同意なき憲法改正を違法と宣言しており、国家の資源や「基本的な生産手段」を私的に所有することも禁止していた。不動産を外国人が所有すること、アラブ人でない者が会社を設立することは明文で禁止していた[123]）。

しかし、こうした経済改革論や法律論は長続きしなかった。二〇〇四年六月二八日、ＣＰＡが廃止されたとき、ゴールド・ラッシュの予想はすでにアヘン常用者の夢のようになっていた。「急成長し、儲かる市場」は実現せず、広がったのはカオスであった。このとき名目上、イラク占領は終了したが、実際には終わっていなかった。アメリカ軍は居残り、イラク国家と契約した外国企業も残った。しかし、イラクの処方箋としての市場原理主義は終わりを迎えた。三年後、アメリカ経済が破綻すると（これについてはエピローグで論じる）、市場原理主義は世界中で信用を失った。占領下のイラクにおける民営化の熱狂は多くの爪跡を残し、歪んだ願望的思考の時代の象徴となった。

二つの時代の援助

イラク復興をめぐる論争がピークに達していた二〇〇三年九月、ブッシュ大統領は再び日本とドイツの例を持ちだした。九月七日の演説で、大統領は「アメリカはこういったことを過去に成し遂げたことがあります」と語った。「第二次大戦後、アメリカは打ちひしがれた日独両国民を鼓舞し、時間と資源を投じて民主的な政府の構築を支援したのです」。さらに九月二三日には国連総会で、アメリカ連邦議会に予算の追加支出を求め、「われわれのイラクでの仕事は、この種のものとしてはマーシャル・プラン以来、最大規模です」と説明した。

たしかに、おおよその支出額はマーシャル・プランに近かった。米議会調査局が二〇〇六年三月に発表した報告書によると、二〇〇三年から二〇〇六年までにアメリカがイラクに支出した援助の総計は二八九億ドルで、そのうち一七六億ドル（六二パーセント）が経済と政治の再建に向けられ、残りは治安の改善に使われた。報告書は結論として、「これまでイラクに支出したアメリカの援助は、（インフレ率を調整すると）一九四六年から一九五二年にかけてドイツに支出した援助の総額とほぼ同じであり、同時期の日本に出した援助のほぼ二倍」であるとしている。二〇〇五年の水準に換算すると、アメリカからドイツへの援助は二九三億ドルで、うちマーシャル・プランによるものが九三億ドルであった。同じ一九四六年から一九五二年の日本への援助総額は、二〇〇五年水準に換算すると一五二億ドルであったが、日本向け援助の大半は経済復興の目的ではないと記されている[124]。

しかし、援助は額の大きさだけで論じることはできない。第二次世界大戦の時代、ウィンストン・チャーチル首相は様々な名言を残したが、マーシャル・プランについても、「史上もっとも卑しくない行為」という彼のフレーズは有名になった。だがこの表現には少々誇張が入っている。マーシャル・プランをはじめとするヨーロッパと日本への経済援助は、アメリカの利益にも合致していたからである。とりわけ重要だったのは、外国の経済を再建して国際経済を統合すれば、アメリカ製品の輸出市場がつくれることであった。ヨーロッパとアジアにおいて経済的に弱い国は、共産主義に対しても脆弱であるが、それだけでなく、今後アメリカが生産過剰に陥ると予想される中、そうした国々が

「ドル不足」のままでは、アメリカの製品が売れないことになるので、援助でドルを供給することには意味があったのである。[125]

第二次世界大戦後とイラク戦争の時期を比べた時、いっそう違いが大きかったのは、援助のタイミング、計画遂行者たちの気質、政治的目的といった側面であった。ドイツと日本で経済再建が問題になったのは、戦争が終わってから二、三年後のことである。ドイツと日本の敗北当初のアメリカの目標は、なによりもまず「経済的武装解除」にあり、周辺諸国に対する両国の経済的支配を「永久に」撤廃することであった。したがって占領当局は日独の「経済的更生」を目的とする行動を取ってはならないと、はっきりと命令されていた。

ドイツのアメリカ軍最高司令官に与えられた基本指令(一九四五年四月二六日付)は、この点を明確に述べている。「容赦なき戦争遂行とナチスの狂信的な抵抗が、ドイツ経済の破綻と混乱と困窮を不可避とした」のであって、「自らがもたらした帰結について、ドイツ国民は責任を免れない」。したがって占領の明確かつ緊急の目標は、「軍事産業の解体とドイツの非軍事化」であり、その手段は賠償および軍需につながる生産の制限であった。そのため、占領軍最高司令官は次のような指令を受けていた。「貴官は以下のことをしてはならない。(a)ドイツ経済の更生のための行為、(b)ドイツ経済の維持、強化につながる行為」。その上、ドイツの「基礎的生活水準」は「連合国に属する近隣の国の生活水準」を上回ってはならない、とまで定めていた。この命令が撤回されたのは一九四七年七月のことで、統合参謀本部の新指令一七七九号は、「ヨーロッパの秩序回復と繁栄のためには、政治的に安定し生産力の高いドイツの経済的貢献が不可欠である」とした。それ以前には、ドイツの重工業施設のかなりの部分が賠償のため解体され、鉄鋼などの重要部門には厳しい生産制限が課せられていた。[126]

ドイツに対するのと同様、日本についての基本指令であった「降伏後における米国の初期の対日方針」も、この点は明確であった。「日本国民に降りかかった経済の崩壊と、今後予想される困難と困窮は、日本の国策が招いたものである」から、「日本が現在置かれている苦難は、自らの行為の直接的帰結であり、連合国はその損失を修復する責任を負わない」。ドイツにならって、ここでも厳罰主義が取られ、賠償として日本国内の工場を解体し、海外に移転してアジア地域の生活水準を引き上げ、日本国内の生活水準は近隣国の水準を上回らないようにするとされた。[127]

敗戦直後、数十年来の凶作が日本を襲ったため、米国は食料や肥料などを援助した。これは人道的援助とされたが、もうひとつの狙いは、社会不安が発生し占領政策を阻害しないようにするという消極的なものであった。ようやく一九四八年になって、ワシントンが送り込んだ一連の経済調査団が、賠償の中止、工業生産に対する制限の撤廃、財閥解体の中止、労働運動の抑制、公務員の削減、輸出向け生産の奨励を勧告した。一九四八年の夏、米政府の国家安全保障会議は日本の経済再建と輸出向け生産を占領政策の「主要な目的」とした重要文書(NSC13/2)を承認したが、トルーマン大統領がこれに署名したのは一〇月に入ってからであった。[128]

イラクの場合、ドイツや日本で命じられたような徴罰的放置を正当化できる理由はなかった。むしろ、イラクでは早急に手を打つ必要があった。ドイツ人や日本人については、いわば自業自得であるから当面放置しておけばよいと言われたものだが、むしろ、イラクは表向き「解放」されたことになっていた。アメリカは自らの選択によってイラクに先制攻撃をしかけたのであり、イラクをテロとの戦いの中心にし、グローバルな問題の焦点にしたのもアメリカであった。イラクは政治的にも経済的にも、大国アメリカの試金石であったから、急いでイラクを安定化しなければならなかった。しかし現実には、一年また一年と、取り返しのつかない時間が失われていったのである。

＊

戦後初期の日本占領と後のイラク占領では、援助の開始の仕方の違いと並んで、経済政策の立案者の気質の違いも大きい。ヨーロッパでは経済復興に取り組む決定が下されたのは遅かったが、いったんそれが始まると細心の注意が払われた。資金の使途や執行においては、援助を受ける側の役割が重要とみなされた。最終的には、西ヨーロッパの約一七カ国がマーシャル・プランの恩恵を受けた（受け取った総額では、ドイツは英仏伊の次であった）が、使途の決定には援助を受けた国が主導権を持ち、アメリカはそれに拒否権を行使できる仕組みになっていた。ヨーロッパ諸国の参加は、ヨーロッパ経済協力会議（のちヨーロッパ経済協力機構と改称）を通して行われ、これがのちのヨーロッパ統合への礎石のひとつとなった。

このように、政策の決定と執行にあたった多国間の枠組みは実際的で建設的であり、心理的にも賢明なものであった。このように各国の経済的、政治的、文化的な違いに柔軟に対応することは、後の市場原理主義万能論者は毛嫌いしたであろうが、当時の行政官たちにとっては当然のことと思われた。欧州復興のプログラムは、透明性が確保され、説明責任も明確であった。アメリカ連邦議会が設立した経済協力局（ＥＣＡ）という独立機関が、マーシャル・プランの四年間、資金が追加される前に毎年使途を精査した。ＥＣＡの存続期間は短かかったが、官民双方から優れた人材が集められ、政治の介入も腐敗もないと称賛された[129]。

日本の経済復興に当てられた援助は比較的小規模で、一九四六年から一九五二年にかけて日本に向けられた援助のほとんどは、アメリカ政府のガリオア（ＧＡＲＩＯＡ、占領地救済資金）プログラムを通して行われた。これはおもに食糧、農産物、農業機器、医薬品類といった現物の支給であり、総額は当時の額で一二億ドル（二〇〇五年換算では七九億ドル）であった。社会インフラに対する援助は、一九四八年に入ってからのエロア（ＥＲＯＡ、占領地域経済復興援助）が初めてである。こちらは主に機械類、産業用原材料、運輸関連の助成などであり、総額は七億八五〇〇万ドル（二〇〇五年換算で五二億ドル）であった。加えて、援助の総合的な効果を高めるために、日本政府は一九四九年、アメリカからの援助物資を売却した収益を「見返り資金」として積み立てた（ヨーロッパでも同じことが行われた）。この制度によって、日本政府は産業復興にあてるファンドを国内企業に提供できたのである[130]。

ヨーロッパでも日本でも、復興事業はおおむね高い規律と専門性をもって遂行された。そして、測り知れないほど重要であったのは、援助を受ける側が運用に直接関わったことである（汚職を完全に避けることはできなかったが）。イラクの場合、連合国暫定当局の重要な意思決定からイラク人はたいてい排除された。その後は、民営化、縁故主義、政治的傾向のチェック、ずさんな監視、監査、明白な腐敗が、復興資金の運用につきまとった。「卑しくない」（チャーチルの表現。前出）というより、

「卑しい」というほうが、イラクの現実を表す表現として自然になった。イラク人にとっても世界にとっても、合理性、効率性、規律正しさを「アメリカ流」(『ウォール・ストリート・ジャーナル』)と呼ぶことは、失笑の対象にさえなったのである。

＊

以上のように、冷戦の始まりの頃(日本占領)と冷戦後(イラク占領)ではアメリカの改革立案者たちの気質に違いがあった。それは同時に、「官」のもつ能力・責任と「民」のもつ効率性・合理性が果たす政治的な役割の違いとも関連していた。一九四〇年代後半、ドイツと日本を非共産主義地域における主要な「工場(ワークショップ)」として復興させる政策に転換すると、ワシントンの政策立案者は日独の生産力を増強し、経営力を高め、両国を広域的市場システムの一部に統合して、ソ連の(ひいては中国の)共産主義を封じ込める力をつけさせようとした。アジアにおいては、アメリカは一九四九年以後、中国を孤立させ、日本、東南アジア、アメリカを結合した貿易関係を築こうとした。この市場統合の構想を、米政府では小規模な「アジア向けマーシャル・プラン」と呼ぶ者もいた。日本の労働者と農民を解放し、活力ある国内市場をつくるという戦後初期の構想は、資本利益の増進、輸出向け生産力の増大、緊縮財政、労組と左翼政治運動の影響力の削減へと転換した。[131]

旧枢軸国に対するこのような政策転換は、「共産主義を拡張しようとするソ連の攻撃的な政策がつくりだした深刻な国際情勢」(前掲文書 NSC13/2 の冒頭の言葉)のためとされ、それまでの改革を緩和し、「私企業の活動を促進すべき」ことが強調された。だがそれは、とにかく政府の機能を縮小し、民間部門を優遇し、外国との貿易や外国からの投資に対する障壁を除去するといった、イラク戦争で支配的であった考え方とは異なっていた。戦争終結から間もない当時、経済援助に動員された専門家たちは、ケインズ理論やニューディール系の、政府による介入政策の支持者が多かった。彼らは、後の自由市場原理主義者たちなら、計画経済、混合経済と呼んで非難したであろう施策を支持し、推奨した。

NSC13/2が大統領に承認されてから二カ月後の一九四八年一二月、重要な指令が東京に送られた。そこには、「最高司令官は日本政府に対して、財政、金融、物価、賃金の安定、輸出の最大化など、国内経済を安定させるプログラムをすみやかに実施するよう求めるべし」と明記されていた。そのため、占領軍当局と日本政府が協力して、新たな制度、法律、慣行が実施され、これらがその後数十年にわたって日本に繁栄をもたらす産業政策の中核となった。通商産業省という強力な官庁が一九四九年に発足し、一九四九年と一九五〇年には、貿易、外国為替、海外投資に関わる一連の法律が成立し、これらの法律が施行されるなかで中央官庁による超法規的な指導が一般化した。のちに日本的慣行として知られるようになる「行政指導」である[132]。

通産省の創設は、戦争から平和への日本の転換の総仕上げのようなものであった。一九三〇年代から、「総力戦」のために中央政府は公的部門でも民間部門でもコントロールを強め、とくに軍部による統制はますます強化されたが、敗戦と占領によって軍部が解体されると、とりわけ経済にかかわる省庁は以前よりも権限を拡大した。アメリカ占領軍はその存在と行動によって、こうした官庁体制の威光と権威を高めることになった。すなわちマッカーサーの司令部自体、階層的な命令体制の模範であり、日本政府を通じて間接統治を行うことによって、日本の官僚制を強化したのである。公職追放の影響もあって、戦後日本の政治家は経験不足の人材の寄せ集めにすぎなかったのに対して、官僚たちは戦争中に技能を磨き、追放もなく生き残っていた。

通産省が発足したのは、いわゆるドッジ・ラインの時期であった。デトロイトの保守的な銀行家ジョセフ・ドッジは、日本のインフレを終息させるため厳しい財政引き締め政策を指導した。このドッジ・ラインが、民間部門を輸出志向の生産へと誘導した。また、この政策の影響は輸出入の領域を超えて広い分野に及んだ。たとえば、エネルギー政策、特許および技術の移転、融資および補助金、主要産業および指定された部門(石炭、鉄鋼、造船、電力)への重要資源の割り当て、資本の移転、付加価値の高い製品づくりなどである。通産省の実業界の協力関係は密接であったが、いつも良好というわけではなかった。通産省は、示唆と警告をおりまぜた「行政指導」の達人と言われるようになった。

政治学者のチャルマーズ・ジョンソンは、のちに通産省の政策を「計画志向の市場経済」と規定し、戦後日本を「資本主義的発展志向国家」と呼んだ。たしかに戦後日本は自由経済と計画志向が生んだ混合体(ハイブリッド)であったが、イラクで吹き荒れた市場原理主義の熱狂と比較したとき、注目されるのは、アメリカの政策立案者たちが日本の専門官僚やビジネスマンと協力して、経済成長を成し遂げる合理的なモデルをつくったという事実である。それは、必ずしも日本に固有の有利な「文化」や「伝統」があったから実現したのではなかった[133]。

外国資本の暴利を許さない前例

日本では、占領軍当局は通産省誕生の産婆役をつとめ、同省の行政指導を促進し、保護主義的な法律も導入した。イラクでCPAが行ったショック療法は、イラク経済を外国からの投資に制約なく開放しようとしたが、日本ではこれとは正反対の考え方がとられていた。日本の復興を助けたアメリカ人たちは、日本経済が「自立」するためには保護主義が不可欠と考えていた。のちのイラクと同様、占領軍も日本をグローバルな資本主義システムに統合しようとしたが、占領軍は占領された国のニーズや意欲に注意を払ったし、目標が一夜で達成できるとも考えなかった。

日本の保護主義は、二つの法律に基づいていた。ひとつは一九四九年二月の「外国為替及び外国貿易管理法」(外為法)であり、もうひとつは、その翌年成立した「外資法」である。両方とも前身は一九三〇年代初めにさかのぼり、一九七九年に外為法は大幅に改正され、外資法は廃止されたが、外為法のおかげで、占領開始以来初めて民間貿易が再開され、原理的にはかなりの程度の自由貿易を認めたが、現実には政府の強いコントロールが実施された。

日本経済の標準的な解説書は、「皮肉なことに、こうした統制は、その複雑さ、適用範囲の広さ、規制力において、戦前のシステムに似ていた」と述べており、その理由を次のように記している。「復興は緊急を要した。占領軍当局も日本政府も、輸出入と外国為替の量と内容を規制しなければならないと考えた。主要な経済資源は危機的なまでに不足していた。国家再建にあたって、自由市場方式によって資源を最適に配分することは、ほとんど不可能と考えられたのである[134]」。

外国投資についていえば、日本はイラクとはまったく対照的であった。たんに日本は保護主義的で、イラクは外資を無制約に受け入れる「資本家の夢」の場となったというだけでなく、CPAと民間部門の事業者たちが煽った高揚感や投資の「ゴールド・ラッシュ」は、日本にはなかった。人的資源を除けば、イラクの石油のような天然資源も日本にはなかった。占領時代、日本経済の見通しは暗く、アメリカの実業界は日本にほとんど関心を持たなかった。一九四八年に逆コースが始まると、陸軍省のウィリアム・H・ドレイパー次官のように、アメリカ各地の商工会議所を回って日本への関心をかき立てようとした政府高官もいたが、反応は鈍かった。一九五〇年代中頃になっても、ジョン・フォスター・ダレスのように冷戦期の日米関係を設計した人々でさえ、アメリカや西側の市場で競争できる商品を日本が生産できるとは想像していなかった。[135]

資本不足に悩む多くの日本企業が外資の導入を希望したが、GHQは、日本企業が外国資本に経営権を売り渡さないようにする必要があると考えた。アメリカ国務省の日本担当者であったロバート・フィアリーは、一九五〇年に出版した日本占領の「第二局面」に関する小著で、こう説明している。日本に投資するにはGHQの許可が必要であり、しかもGHQは許可の対象を「日本の外国為替勘定を改善させるか、日本の経済再生に貢献するプロジェクト」に限定している、と。

フィアリーは、こう続ける。「日本企業に投資する場合、たんに株式や証券を購入するのではなく、当該事業に資産を追加する条項を含まねばならない。また、戦争以来、日本の証券価格はひどく下落しているので、実際の価値よりもはるかに安い価格で購入できる。この状況を利用してよそ者が暴利をむさぼることがないよう、ひとつひとつの取引をGHQと日本政府が精査する必要がある」。一九五〇年に施行された外資法の狙いは、外資の導入を促進し、外資を保護することにあったが、同時にこの法律によって、政府は外資の借り入れ状況を監視し、外国人が株式のすべてまたは過半を所有することがないよう規制することもできた。他方、日本政府とGHQは海外の技術、とくにアメリカの技術の導入を奨励した[136]。

「忘却の時代[137]」

混合経済体制というものは、日本だけのものでも、二〇世紀半ばに特有のものでも、戦争の破壊のあとにだけ現れるものでもない。この経済体制において国家が果たす役割は、時期と場所によって異なる。国家がどのような理論をもち、どのような実情をかかえているかによっても異なる。富める強者が弱い者、弱い国をほしいままに蹂躙したために破壊がもたらされたという、痛切な歴史感覚が背後にある場合もある。

日本の混合経済体制も、明らかに特定の歴史的・文化的環境の産物である。ヨーロッパの国々だけでなく、かつての同盟国ドイツを抜いて急速に繁栄したことによって、当然日本は注目されたが、日本の混合経済体制は、いわゆる文化的伝統のおかげというより、戦争による破滅への対応と、占領下での経緯という実情の産物であった。政策も一定の役割を果たした。朝鮮戦争のような事件も役立った。日本だけでもアメリカだけでもなく、両国がともに関わって、日本の混合経済ができたのである。

戦争と占領の時代の日本経済の仕組みは、年月がたつにつれて時代遅れになっていったが、戦後復興の神話は生き残った。アメリカの援助が果たした役割も、そういう神話のひとつである。実際には、アメリカの復興援助は始まりが遅かったし、もちろん日本経済に役立ったが、効果はそれほど大きくはなかった。むしろ、日本に駐留するアメリカ占領軍を支えた日本側の財政支出のほうがずっと大きかった。ある推計によれば、占領にともなう日本側の負担は、ガリオアおよびエロアによる援助合計の二・四倍にあたる(占領軍の要請により、日本の米軍向け財政支出は予算項目から隠された)。これはいわば目に見えない「ブラックホール」の数字であり、たいていの歴史書には書かれていない[138]。

占領期の経済政策以上に日本の復興を加速させたのは、一九五〇年六月に朝鮮半島で始まった武力紛争であった。吉田茂首相や、保守政治家たちは、隣国の大変事を歓迎し、「天祐」と呼んだ。朝鮮戦争による好況には、アメリカ軍が日本で物資やサービスを購入した「特需」が含まれている。占領が終わる頃、隣国の戦争も下火になったが、その後も米軍からの注文は続き、こちらは「新特需」と呼ばれた。

一九五〇年六月から一九五三年の終わりにかけて、アメリカの軍需による日本への支払いは、二三億ドルに達した。これは日本が一九四五年から一九五一年までの間に受けた援助総額を上回っており、さらに一九五四年から一九五六年までの「新特需」の一七億三〇〇〇万ドルが加わり、独立を回復した日本にとって主要な「輸出」となった。

経済を刺激するこうした環境のもとで、日本のエンジニアや事業家たちは、様々な新しい手法を導入し、とくに「品質管理」は、一九六〇年代および一九七〇年代の日本経済の離陸を助けた。品質管理といえば日本の伝統的な職人芸が連想されるかもしれないが、実はそれはアメリカ人、とくにW・エドワーズ・デニングから学んだものであった[139]。

占領初期のいくつかの改革は、経済的果実の公平な配分の基盤を提供した。とくに農地改革、労働者の権利の強化、財閥家族の株式を分散した財閥解体が重要である。初期の非軍事化政策も、日本社会に測り知れない影響を与えた。戦争に動員され訓練を受けた多数のエンジニアや熟練労働者たちの技能が、家電産業や交通関係などの民生部門に向けられたからである。アメリカの予想を超えて、日本の労働力は高い付加価値をもった製品を輸出できるほどに熟練していた。

一九五二年に占領が終わってから二〇年間、日本にとって国際市場は厳しく制約されていた。中華人民共和国の封じ込めに参加させようとするアメリカの圧力に日本は抵抗できず、しぶしぶ従ったからである。その埋め合わせとして、日本はアメリカの持つライセンスと特許へのアクセスを優先的に許可され、東南アジアとの貿易拡大のための援助を受け、一九四九年と一九五〇年に導入された保護主義的政策を継続することも許された。国家による経済への介入というとき、これほど外国からの干渉が含まれていたことが指摘されることはほとんどないが、良い意味でも悪い意味でも、経済介入的であったのは日本というより、むしろアメリカであった[140]。

冷戦の時代、いわゆるアメリカの「核の傘」による安全保障の見返りとして、日本はその国土、とくに沖縄に米軍基地を受け入れた。沖縄は歪んだ基地経済の島となった。アメリカがイラクに侵攻したとき、在日米軍基地はすでに六〇年近く続いていた。アメリカの政策立案者にとって、このような基地帝国アメリカのあり方は、アメリカの当然の権利とさえみなされている。米軍基地の存在は、日本とイラクという二つの占領において、最も似通っている点のひとつといえるかもしれない[141]。

＊

一九四〇年代の末から一九五〇年代の前半に吉田茂たちが築いた保守一党支配が二一世紀まで続い

たように、日本の「デモクラシー」も理想的とはいえなかった。この面も日本占領の遺産である。外国の「アジア専門家」たちは、日本には自治は無理だと言った。しかし、吉田のような保守主義者の期待と予測に反して、戦後初期に法制化されたリベラルな理念の多くは日本社会に根付いた。占領下に導入された理念や改革は、現代日本の保守派やネオ・ナショナリストに攻撃され、時間とともに力を失っていくかもしれない。しかし、戦後初期の反軍国主義や民主化の理念は、現代日本政治の主流にも浸み込んでいる。これが、イラク戦争の推進者たちが日本の国内的・歴史的文脈から切り離して「日本占領の遺産」と呼んだものの内実である。

日本の混合経済体制の例を理想化しようとする態度も、根本的な誤りを含んでいる。国家の「見える手」による介入は時とともに日本経済の成長を阻害し、新しい状況への対応を遅らせた。一九八〇年代末、日本経済のバブルは劇的にはじけた。それはちょうどソ連の崩壊とほぼ同時であったため、混合経済であったはずの日本でも民営化と市場原理主義が礼賛される結果になった。アメリカでは、民営化と市場原理主義への礼賛は九・一一事件よりもずっと前にグループ思考になっており、日本もその仲間入りをしたのである。こうして、自分に都合のよいところだけを記憶し、あとはグループ思考のなかで忘却してしまう時代が到来したのである。日本の混合経済体制がもたらした現実的で建設的な成果は、アメリカ自身の経験や欧州での成果とともに、あっさりと帳消しにされた。市場の合理性と自己統制力に全幅の信頼をおくことが新しい真理となり、規制や長期計画はもはやタブーとなった。その結果、もはや過去から学ぶものはほとんどないとされ、市場原理主義もまた、その対極である国家万能主義と同様に一種の幻想であり危険なものであることを示す兆候があったにもかかわらず、それらは無視された。

戦後日本の計画経済と保護主義は、おそらく必要以上に長く存続した。しかし、その全盛期においては、希少資源の配分、長期的思考の推奨、国家の必要と私的利益の調整といった点で合理的な方法であった。脆弱な日本が世界市場で競争するためにも、社会保障体制をつくるためにも、そして国内競争を刺激するためにも、混合経済体制は理にかなっていた。世界はその成果に注目し、「奇跡」と（やや誤って）称賛されたこともあった。日本の実質成長率は、一九六〇年代は年平均およそ一〇パーセント、一九七〇年代と一九八〇年代は四パーセントから六パーセントであった。三十数年前、廃墟の中でやり直そうともがいていた日本国民の大多数が、この繁栄の恩恵にあずかった。

九・一一事件とイラク戦争が起こる以前、こうした占領の教訓のほとんどは、すでに歴史の墓場行きになっていた。「グローバリゼーション」「民営化」「アウトソーシング」「政府機能の縮小」といった市場原理主義的信仰が、日本占領において中核的であった計画や業務にとってかわった。ブッシュ政権のトップレベルは、官僚による計画づくりを侮蔑した。異なる意見に耳を傾けることも、最悪の場合を想定した計画を準備することも考慮の外であったから、彼らが戦術的にも戦略的にも愚行に走るのは、ほとんど不可避であった。

イラク人の専門的能力を信用せず、縁故主義と汚職に染まり、目前の必要事に追い立てられた結果は、日本占領とはまったく逆のものになった。再建と復興が、イラク人自身にではなく外国の利権屋たちの手にゆだねられたのである。その心理的・経済的な悪影響は目に見えていたが、宣伝屋や荒稼ぎをねらう者たちは意に介さなかった。民営化とアメリカ主導の国際資本主義に反する政策は、スターリン主義とかバース党のような全体主義の命令経済だとして、すべて却下された。市場原理主義という万能の決まり文句が、これまでの歴史も文化も人間の心理も常識も、下水口から洗い流してしまった。危険を知らせる兆候や警告に注意をうながした人も、軍民の官僚機構の中堅以下には少なくなかったが、相手にされなかった。

社会工学あるいは国家建設という観点からみて、占領期の日本や、その国家と民間の経済的混合のあり方から「教訓」を機械的に取り出すことはできない。日本占領とイラク占領は、時期も場所も違う別物である。しかし、問題のとらえ方に関するごく一般的な「教訓」なら引き出せる。歴史的思考を活用すること、他人の目にどう見えるかといった他者感覚の大切さ、法的正当性を維持すること、公的必要と私的利害のバランス、長期計画の重要性、搾取や不当利得を規制すること、最大限の透明性と説明責任を表明し、かつ実践すること、などである。

忘れたいから忘れるという文化が支配し、歴史が自分の好みに合うものだけを選ぶスーパーマーケットのようになれば、戦争、占領、解放、和解、復興も、うまく遂行することはできない。

エピローグ

俗世の司祭たち　固定的信条による政治

九・一一事件のあと、ジョージ・W・ブッシュとオサマ・ビン・ラディンは、信仰・文化・文明の世界的対決という聖戦観を体現する存在となった。二人とも聖典を引用し、善か悪かというマニ教的世界観を掲げ、全能の神の名を終始口にし、神の義と怒りの代理人としてふるまった。二人ともみずからの信心のゆえに、疑問や批判をまったく受けつけなかった。

しかし、このような固定的信条にもとづく思考法は、宗教や文化の分野だけにみられるわけではない。現代の戦争自体、〔キリスト教とイスラム教といった違いを超えた〕ひとつの〔固定化した〕文化である。官僚組織や企業の行動様式、あるいは「群れ本能」が〔世界共通の〕文化であるのと同じように、戦争は〔人類共通の〕ひとつの文化である。西側世界では、ハーグ陸戦規則やジュネーヴ条約に明文化された規範が、理論上は戦争行為を規制することになっている。行政、政治、経済における現代的行動も、理論上は西洋由来の「合理性」に基づくことになっている。しかし、実際には、これらのほとんどは「そうであってほしい」という希望的観測にすぎない。現代の大抵の戦争は、あい変わらず無差別殺戮であり、行政の実態は権限どうしの縄張り争いであり、「政治的倫理」という表現自体、たいてい形容矛盾である。そしてブッシュ政権の末期に明らかになったように、「市場合理主義」による資本主義なるものも、ほとんど神話にすぎない。そして、世俗の司祭者とでもいうべき者たちが宣伝し押し付ける、こうした思考や行動が今日の世界を支配している。

この種の司祭者や、宗教めいた独断（ドグマ）、そして彼らの世俗的な行動のことを考えると、われわれは不安になる。たしかに、宗教は戦争において依然として重要な役割を果たしているし、理念をめぐる対立を抜きにしては理解できない戦争もある。たとえば第二次世界大戦には、そうした側面があった。だが、そうした宗教的・理念的な面を離れて、いろいろな戦争を人員、兵器、真因の面で比較しながら分析することもかなり有効である。

たとえば、アジア・太平洋における「聖戦」は、「神聖ニシテ侵スヘカラス」（大日本帝国憲法第三条）とされた天皇と、その天皇が体現する神聖無比の「皇道」の名のもとに行われた。だが、まともな歴史家なら、なぜ日本があの戦争を始め、どのように戦い、なぜ破滅的な敗北に至ったかについて、それは「皇道」があったからだ、などという説明はしない。歴史家が着目するのは、日本の政治状況や地政学的位置であり、経済不況下の帝国主義世界にあって、日本人がどのように対応し、何を教え込まれ、組織と個人がどのような病理に侵されていたか、どのような軍事戦略をもち、どのようにして戦略的痴愚に陥ったか、といった点である。

同じように、イスラムのテロリストたちほど聖句を繰り返し唱えた者はおらず、「ジハード」（聖戦）という言葉は翻訳の必要がないほど有名になった。しかし、ブッシュ政権も末期になると、よほどの頑固者でない限り、テロリストたちがテロや反乱に走るのは、〈聖典の文句ではなく〉そもそも現地の様々な事情や領土紛争に原因があることを認めざるをえなくなった。テロリストは戦術において合理的であるだけでなく、プロパガンダを通してグローバルにアピールする能力において近代的であり、「ポスト・モダン」ですらある。九・一一から六、七年後には、そう考えるのが常識となった。

同時多発テロを予測できず、破滅的な「対テロ戦争」に乗り出したワシントンの高官たちも、ビン・ラディンに似た〈俗世的信仰〉とでもいうべき思考に浸っていた。ビン・ラディンが西洋に戦争を宣言した最初の動機は、自分が生まれたサウジアラビアの聖性が侵されたという感情であった。そしてビン・ラディンは、超大国アメリカは非国家主体による低強度の非対称的戦争（軍事力の格差が大きい相手に対して、ゲリラ戦や経済的・外交的・情報的な手段を駆使して対抗するタイプの戦争）に対してひどく脆弱だという確信を抱いた。これは一九八〇年代のソ連のアフガニスタンでの敗北が残した偉大な教訓だと、ビン・ラディンは九・一一の何年も前から語っていた。

これに対してアメリカの指導者たちは、アフガニスタンでイスラム主義者たちを支援し、ロシアを打ち負かした経験があるにもかかわらず、アフガニスタンでの非正規的な戦争から（そして、それ以前のベトナムの泥沼からも）きちんとした教訓を何ひとつ学んでいなかった。そして、圧倒的な軍事力を保持し展開するという伝統的な「アメリカ流の戦争」の威力を信じ続けた。当時の事情通の一人（デイヴィッド・キルカレン）が後に述べたように、「ハイテク頼みのスーパー電撃作戦という戦闘スタイルが（アメリカの）正統となっていた」。強大な暴力への信仰。これによって、同時多発テロやその後のイラク戦争で露呈した情報活動の失敗や想像力の欠如は相当うまく説明できる。この「正統」を理性的に批判すると、「転覆活動」だとか「敗北主義」とか、あるいは神学風に「異端」として拒絶されたのであった。①

アメリカの「力 force」崇拝は、短いフレーズで要約されることが多い。「軍事における革命」とか「衝撃と畏怖」〔これは兵器が今日ほど洗練されていなかった「ヒロシマ」「ナガサキ」の時代を起源とする言葉〕は、最も魅力的なフレーズのひとつである。「朝飯前（ケーキ・ウォーク）」という表現は、「力」を信じる者の幸福な確信をうまくとらえた言葉であった。アメリカの実力と美徳を格好よく見せつければ、イラクと中東の大半は簡単にアメリカの鷲〔アメリカを象徴する猛禽類〕の翼の下に入ると、彼らは考えたのである。オバマ政権発足からまもなく、ある批評家は、信仰めいた思考にもとづく軍事戦略には、必携の「品種 strain」〔麻薬を暗示する〕が存在する、と指摘した。それは、ほとんど超現実的な「冷戦時代の核兵器神学に特有の合言葉」であり、「核兵器エスタブリッシュメントの高官たち」は、今もその虜（とりこ）になっていると。②

殺人と破壊のテクノロジーは、たえず進化する。しかし、俗世の司祭たちと信じやすい追随者、そして司祭の従者たちが助長する軍事の信条には、なんら新しいものはない。政策が粗野で無効だと判明したあとも、ブッシュ政権はその責任を追及されることはなかった。それは依然としてテロの脅威が存在したからではなく、第二次世界大戦と冷戦に起源をもつ「安全保障国家 security state」の神聖性に根拠がある。九・一一の四〇年前、歴史家・評論家のルイス・マンフォードは、この巨大な怪獣（リヴァイアサン）〔安全保障国家〕は、「僧侶の組織のように、少数の者が秘密を独占し、隠密の機関を増殖させ、オープンな議論を禁じる。軍事と外交が「超党派」で運営されているため、彼らは世論の批判を受けることがなく、誤謬は隠蔽される。その結果、世論は事実上無視され、理に適った異論は、反逆とは呼ばれないまでも、国を愛するがゆえの不満にすぎないとされる」。聖なる使命を戴き、迷路のように複雑な機構をもつ安全保障国家は、俗世の神権政治に等しくなったのである。(3)

＊

宗教めいた信条にもとづく思考は、複雑な現実世界を精査しようとはしない。自分の思考の前提や行動を反省することは考慮の外であり、他者に短い懺悔を許すだけである。戦争と平和という問題において、これが実態であるというのは、にわかには信じがたい。敵を知るとともに自国の欠点と脆弱性を認識することは戦略立案の要である。だが実際には、そうしたことは不完全にしか行われていない。

一九四一年と二〇〇一年の情報活動における失敗には、いずれもひとりよがりの思考が反映していた。一九四一年、日本がアメリカに対して開戦した「戦略的愚行」も、その六〇年後、アメリカがイラクに対して開戦したことも、希望的観測と妄想的思考の表れであった。何度も何度も、宗教めいた独断が偏見なき分析に勝り、トップレベルの政策決定者たちが鋭い批判に耳を傾けたり、みずから反省したりすることを妨げた。「グループ思考 groupthink」が優先したのである。一九四一年の日本の作戦立案者たちも、九・一一後のホワイトハウスとペンタゴンの戦略家たちも、大掛かりな作戦に心を奪われ、むき出しの力以外の手段を軽んじた。戦争をどう終わらせるか、その予測も計画も脇に押しやられた。今思えば赤信号がはっきりと灯っていたのだが、それが無視されたのである。

121 同時多発テロ１周年記念行事．サンフランシスコ市のワシントン広場に．総計 3037 本の小さな旗が置かれた．アメリカ人以外の犠牲者の 57 カ国の国旗も含まれていた．

フセインはアルカイダと共謀している、フセインが所有する大量破壊兵器がテロリストの手に落ちるかもしれない――。こうした主張にまったく実体がないことが明らかになると、批評家たちは「つまみ食い cherry-picking」という比喩をよく使うようになった。これは、なかなか意味深い表現である。得られた機密情報から都合の良い部分だけを選んでいたことは、今になっては明白なのだが、やっかいなのは、「つまみ食い」が故意だったのかどうか、つまり完全に意図的だったのか、それともあるものを探していたためにそう見えてしまったのかという問題である。「つまみ食い」は、情報分析の分野だけでなく、歴史の活用と誤用にも及んでいた。それは赤信号で道路を渡ってしまうようなものである。近代の歴史やごく最近の出来事を軽視し、見て見ぬふりをする。いや、そもそも信号の存在を意識していない場合さえある。

122 イラク侵攻から5周年が近づいた頃，マイアミのある教会では，その日までにアフガニスタンとイラクで殺されたアメリカ軍兵士に敬意を表して，ディスプレーを設けた．2008年3月17日に撮影されたこのディスプレーには，4454本の小さな旗がある．

聖戦の戦士を名乗る者は、みな歴史を物色し、敵の堕落や手前勝手な態度を糾弾し、自分たちの美点を対置する。日本は、自分たちの侵略は長年の西洋帝国主義と植民地主義からアジアを「解放」するものだと主張した。占領地で日本が行った抑圧や搾取は、「共存共栄」という言葉で糊塗した。今日、イスラム原理主義者たちは、とくに第一次世界大戦以来、西洋の中東政策が残した負の遺産に人々の注意を向けようとするが、これは日本のやり方に似ている。実際、西洋が中東に侵入したというのは根拠がないわけではないから、これはプロパガンダとして実効性がある。だがそれは事実の半面にすぎない。彼ら自身、神話を作り、自分たちの失敗、悪行、ダブル・スタンダードを巧みにカムフラージュしているのだが、もちろん、そのことを彼らが認めることはない。

九・一一事件に直面して、アメリカの指導者たちが口にし始めた「歴史は今日始まる」という言葉が表しているように、直近の歴史の大半は、記憶からあっさりと消し去られてしまった。ヨーロッパとアメリカが残した、過去数十年にわたる中東での負の遺産は、なかったかのように記憶から吹き飛んでしまい、イスラム教徒やアラブ人たちの世界イメージには西洋が残した負の遺産が今も埋め込まれているという認識も、すっかり消え失せてしまった。爆弾テロとは、西洋的価値観を共有しない「非国家」が行う残虐行為だとされ、非戦闘員を標的とする空爆が、第二次世界大戦におけるイギリスとアメリカの標準的作戦であったという事実は、きれいさっぱり切り捨てられてしまったのである。

戦闘が終わった後のイラクについて、アメリカが真剣に計画を立てなかった背景には、「占領」とくに「国家建設」に対する深い回避願望があった。フセインなき後のイラク占領と国家建設が困難な事業となることは、過去の経験からみて明らかであったにもかかわらずである。これらすべてのことを制していたのは、アメリカは大国であるという傲慢であり、この傲慢ゆえに、不当な扱いを受けた集団や民族が抱く反発や底力、草の根の反乱が持つ破壊力と回復力、そして非対称的な紛争における弱者の武器の有効性といった、多くの歴史的事例がことごとく忘れ去られたのである。

フセイン後のイラクがどんな形で落ち着くにせよ、ブッシュ政権の行ったアフガニスタンとイラクでの「対テロ戦争」と、その後何年にもわたる狂暴な力への依存は、思い込みに基づく「愚者の無駄骨 fools' errands」〔失敗確実な徒労〕として歴史に記されるだろう。

愚者の無駄骨

ブッシュ政権の末期に連邦機関の監察官たちが出した報告書によると、アメリカ政府の深刻な機能不全は、同時多発テロ事件後もたいして改善しなかった。ひとつは、二〇〇八年一一月の大統領選から数日後、国家情報長官室（ODNI）の監察官が出した、端的で率直な報告書である。ODNIは、九・一一事件を調査した超党派委員会の勧告にもとづいて設立された機関であるが、この報告書は次のように指摘している。現在、連邦の情報機関は一七の個別組織とODNIで構成されているが、情報機関全体を建て直すために作られたODNIの存在自体が、内部の職員たちからは、「単なる「官僚制の重ね着の新たな一枚」」とみなされている、と。

この二〇〇八年一一月の報告が注意を喚起した病理は、本質的に、第二次世界大戦後に開かれた真珠湾攻撃に関する公聴会の調査結果とほとんど違いがなかった。「権限関係の混乱」が蔓延し「互いの情報交換が不足しており、透明性が欠落している」し、ODNIそのものが「「縄張り争い」の場となり、その結果、情報も活動もタコツボ化したまま」である。こうして、報告書の結論は陰鬱なものとなった。「「縄張り」を守ろうとする文化は依然として問題であり、互いの失敗を補いあうことはほとんどない」。法律家たちは、この問題の解決に協力するというより、解決を阻害することのほうが多い（報告書の言葉を引けば、「法律家たちが「法的障害」と呼ぶものは、実は用心深い法律専門家たちが正体を隠すための単なる作り話であるか、もしくは、包帯で巻いて法的に正当とみせかけた、自分自身の見解であることがよくあった」）。情報収集を外部の契約業者に頼ることもあるが、その場合の情報収集のプロセスは「信頼性、情報交換、説明責任に欠けるとみなされ、邪魔物扱いされた」。(4)

その翌月の二〇〇八年一二月、イラク復興に関する特別監査室が、もうひとつの長文の報告書を発表して、同様の欠陥を指摘した。イラク侵攻から五年九カ月がたった頃である。『厳しい教訓 *Hard Lessons*』と題され、イラク救援と復興に焦点を当てたこの報告は、知的怠惰と組織的無能の診断書と言ってもよいものであった。戦争そのものや政策決定をめぐる政治過程は対象にしておらず、無能な個人を名指ししているわけでもなかったが、その結論は明らかに、ホワイトハウス、国防総省（ペンタゴン）、連邦議会、連邦政府、そして多くのイラク関連の仕事を受注した民間セクターすべてに当てはまるものであった。「イラク侵攻前につくられた、偏狭で不統一な復興計画」への批判に始まるこの報告は、五〇〇ページにわたる分析の最後に、こう結論している。イラクが混沌に陥ってから五年が経つが、「アメリカ政府は全体として、正当な立法手続きを経た、外交、経済、軍事におけるすべての実際行動の指針となる、緊急事態のための計画、準備、対応を定めた原則や枠組みを提示したことがまったくない⑤」。

九・一一事件で明らかになり、広く議論されていながら、情報収集、構想、計画作成、政策遂行の欠陥のほとんどが是正されなかったのはなぜか。この報告は、前記のODNI報告よりもこの点を詳しく記述している。思いつきに基づく計画づくり、縄張り争い、「官僚制の惰性」によって悪化した「命令系統の衝突」。イラクでは、復興資金の運用だけでも、少なくとも六二の省庁が絡んでいた。官僚的秘密主義に加えて、慢性的に人材と資金が不足しているため、首尾一貫した政策は作れなかった。計画立案者たちは「最善のケース」ばかりを想定してシナリオを描いた。この希望的観測症は、どれほど無能であろうと上官が決めたことには従うという「良き兵隊」病によっていっそう悪化した。非西洋世界の人々の感性や能力への蔑視。それは、いわゆる解放されたイラク人に、おざなりの結論を

「既成事実」として押し付けるふるまいとなって現れた[6]。

この『厳しい教訓』という監察官の報告には、香辛料のように、「場あたり的にad hoc」という言葉があちこちにふりかけてある。要旨の部分で監察官たちは、イラク復興を運営する官民の団体の集合体を「場あたり制adhocracy」とさえ呼んでいる。これは、今も続く戦略的痴愚に監察官たちがつけた、やや控え目ながらも冷ややかな命名である。同じ頃、ネオコンのお気に入りだったイラク人、アフマド・チャラビは、もっと率直な評価を下した。チャラビは、九・一一の前からフセイン打倒のためのロビー活動をしていた人物であるが、アメリカによる五年余りのイラク占領を苦々しく回顧して、こう述べている。「まったく腐敗した復興計画によって、歴史上最大の経済犯罪のひとつが展開した。これによって一般のイラク人は、水も電気も衣料も教育も、食料さえほとんどないままにとり残された[7]」。

『厳しい教訓』には、こうした病状に対する処方箋を書いた部分があるが、それは自称改革責任者が使う、ありふれた祈禱書のようなものである。官僚制的合理性、命令系統の統一、統制の効いたシステム、「タコツボ化」や「停滞」をなくすための省庁間調整、厳しい監視、自己規律、アウトソーシングにおける透明性確保、ハードパワーとソフトパワー(あるいは軍事と非軍事)のバランスなど、お決まりの理想像である。この〈お願い事リスト〉には、新しいものはひとつもなかった。こうした改革は、九・一一事件のあと緊急性を増したが、実現したとしてもうわべだけであった。政府組織の機能不全が二〇〇三年の欺瞞的なイラク侵攻を促進し、戦争をどう収拾するかについて何の計画もなかったことが侵攻後にわかると、政府の機能不全ぶりはさらに進んだ。二〇〇四年半ば、混乱続きの一年間のあと、連合国暫定当局がようやく船出したときには、縄張り争い、規律のゆるみ、透明性の欠如はいっそう悪化していた。報告書『厳しい教訓』は、ブッシュ政権の運営・組織上の病理に対する起訴状に等しい。その後、二〇〇五年と二〇〇六年に反政府組織によるイラク分裂の危機があり、二〇〇七年、「サージ」と呼ばれたアメリカ軍の追加派遣と、イスラム（おもにスンニ派）の反抗派に対する買収工作によって、暴力紛争の発生率はやや下がった。

*

皮肉なことに、以上の批判が向けられたのは、経営の実務経験と専門的知識を誇るブッシュ政権のトップ層であった。彼らは次の政権と全世界に、失敗と怠慢と混乱を遺産として残した。だがもちろん、政権を去った彼らは自分たちをそのようには見ていなかった。二〇〇九年一月一五日、ブッシュ大統領は短い「告別演説」をテレビで行ったが、おなじみの主張以上のものはほとんどなかった。自分の大統領職を規定したのは「アメリカに対する真珠湾以来最悪の攻撃」たる九・一一事件であり、世界を善と悪に二分する自分の論法を「心地よく思わなかった人もいた」が、「善と悪は実際にこの世に存在すること、両者の間に妥協はありえないこと」は認めなければならない。アフガニスタンは、アルカイダをかくまっていた残虐なタリバン体制から「若々しいデモクラシー」へと変貌し、イラクは残虐な独裁国家から「中東の真ん中に位置するアラブ人の民主国家」へと移行した――ブッシュはそう断言した。(8)

大統領のこの演説にも、他の政府高官の退任のあいさつの中にも、自省らしきものは見あたらなかった。傲慢で、軽率で、非情な政策決定が膨大な苦しみを引き起こしたこと、そして何十万人が死んだことについて、いっさい言及はなかった。自分たちの思い上がりを認めることもなく、狂暴な力を過度に信頼したのは過ちであったと認める発言もなかった。一年また一年、「場あたり制」によって躓き続けたことを後悔する声もなかった。「対テロ戦争」を進めたことで、本来必要なテロ対策が「愚者の無駄骨 fools' errands」になってしまったことにも、もちろん触れなかった。こうしてオバマ新政権は、引き続きイラクとアフガニスタンの不穏と紛争に直面することになった。その頃、イスラムのテロリズムは新世代の戦士を補充しており、中東、中央アジア、南アジアは国際緊張に苦しみ、殺傷兵器にあふれていた。九・一一事件によって世界から寄せられた大きな善意を、こうしてアメリカは空費してしまったのである。

愚者の黄金

破綻したブッシュ政権が終わりを迎える頃、次期大統領バラク・オバマは、「イラクの自由作戦」の大失敗や航空母艦上で「ミッション達成」を宣言した愚かなパフォーマンス以来、次第に高まっていたホワイトハウスへの批判について短くコメントした。そのなかで、オバマが「グループ思考 groupthink」という言葉を使った場面がある。「私が歴史から学んだところでは、ホワイトハウスで起こりやすい危険のひとつは、グループ思考の虜になることです。そうなると、すべてのことにみんなが同じ意見を持ち、議論もなくなるし、異論も消えてしまいます(9)」。だが、「グループ思考」という言葉は、その頃すでにホワイトハウスのような意思決定の最高レベルにとどまらないニュアンスをもつようになっていた。二〇〇七年に始まったサブプライム・ローンの崩壊をきっかけに、民間セクターでの途方もない危機、すなわち金融秩序のメルトダウンが起きたのである。イラクでの戦争と占領は、市場は万能であるという信条が大きな要因のひとつとなって、将来に備える計画なしに、あるいはずさんな計画のもとに、進められた。そして「国家建設」という考えは不要とされ、極端な民有化政策が採用されたのだが、まさにそうした市場原理主義の信条が、金融秩序のメルトダウンによって内部から崩壊した。ホワイトハウスやペンタゴンと同様、ウォール街の現実主義者たち、そして世界中の銀行・投資業界も、みな市場原理主義なるものに便乗していただけであり、誰も破滅の危険を予知できなかったのである。

この事態を予測できた影響力のある人物は、ほぼ皆無であった。金融システムが危ないと予測した者はごく少数いたが、彼らは無視され、ひどい場合は馬鹿にされた。その様子は、九・一一事件の前にアメリカにテロ攻撃があると警告した人たちや、「イラクの自由作戦」が始まる前にイラクがこのままでは混乱に陥ると警告した人たちに似ていた。そして事態が暗転し、専門家たちが面目を失うと、彼らはまたまた声を揃えて、金融とはいかに一時しのぎのシステムであり、なぜ崩壊は不可避だったかを解説し始めた。財産価値が急上昇するとか、最新型コンピュータのような、取引リスクをほとんどゼロにするという秘儀めいた「道具」と「手段」、自由市場の原理主義者たちがアメリカと世界の繁栄のカギと呼んだ複雑な取引――。これらはいったい何だったのか。なんと、ほとんどすべてが愚者の黄金 fools' gold〔黄銅のように、金に似た金属を手にしてぬか喜びすること〕だったのである。[10]

ブッシュの戦争が愚者の無駄骨となり、金融市場が愚者の黄金となったのは、どちらも同じ心性の産物である。細部を省いて説明するなら、戦争は政治的動機と権益欲の産物であり、金融市場の崩壊は強欲に駆られ、短期の利益を追いかけ、恐怖におびえた産物である。金融市場が崩壊すると、昨日まで金融の巨人と言われた者たちが、あっという間に「無能で強欲な奴ら」とみなされ、昨日まで極端な民有化を主張していた者たちは、政府による大規模な市場介入と救済の嘆願者となった。

注目すべきは、軍事と金融の両方で同時に破綻が起きたことである。このことは、破綻が個人的な失敗の域を超えて、政府だけでなく民間部門も、信条的な思い込みの虜になっていたことを明るみに出した。理性的で合理的のように見える飾り物で迷彩をほどこした幻覚は、複雑な現象である。たとえば、大量破壊兵器の空想を細部にわたって説明し、イラクに対する先制攻撃の口実にしたことがそれである。ワシントンの指導者たちが、本当に大量破壊兵器が存在すると信じていたとしたら、彼らは幻惑されていたのであり、無能だったことになる。もし、エネルギー資源を手に入れるなど、実は他の理由で戦争をしかけるために情報を加工したのだとしたら、それは犯罪的である。

しかし、軍事力に過大な妄想を抱いたこと、そして前例のないほど巨額の赤字財政に支えられているにもかかわらず、事実上野放しの資本主義が自律的な強靭さを持ち、社会に善をもたらすと考えたこと。これらが戦争に突入した理由であるとすれば、われわれの考察は別のレベルへと移行する。権力の幻想と利得の幻影は、手を取り合って進行した。金融システムの崩壊によって、戦争の文化とマネーの文化の間にあった境界線が溶けてなくなり、あらゆるレベルで病理が発生していることが、われわれの目に入ってくる。

グループ思考と群れ行動が蔓延しているという不気味な診断は、多くのマスメディアが伝える情報からも補強できる。巨額の金融操作、あるいは資本主義経済全体が、経済の聖職者たちと結びついていた。市場は万能であるとか、市場の仕組みに精通していると彼らは言い、市場万能の教義に疑問をさしはさむ異端者を追放し、破門した。「影の銀行システム」(金融監督が及びにくい業者を通した金融取引)、「ブラックボックス」による電子取引、「闇市場」、「貸借対照表に載せない取引」、秘密主義といったものが、すべてを支配した。敬虔な会衆は、いわゆる金融数学の言葉で書かれた讃美歌を、ほとんど意味もわからず歌う。いわく、確率論的手順、アルファとベータ、ベル曲線、ガウス接合モデル、ランダムウォーク仮説。「債務担保証券」はとりわけ崇拝され、会衆を陶酔させたが、その実、有毒であった。略語や専門用語が、中世のミサで歌われたラテン語のように登場した。VaR、SPV、SIV、そして「ABSアセットのスーパーシニア向けCDO」。

情報も専門知識も細切れにされていた。誰もがリスク管理、注意義務、モラルハザードなどと口にしたが、決定権を持つ者で、こういう注意点を本気で受け取っていた例は皆無であった。非合理の無視は非合理だと発言することはタブーであり、最悪のケースを検討したり、冷静に長期予測をしたり、過去から厳しい教訓を得ることも、常識的に吟味したり判断することも、議題にのぼることはなかった。神をも恐れぬ不遜——経済学風には「多幸症」——が猛威をふるった[11]。

ブッシュのホワイトハウスとその情報活動の失敗に対する批判は、こうした経済運営に対する批判の声とぴったり共鳴するところがあった。『ニューヨーク・タイムズ』のコメンテーターは、二〇〇八年の恐慌は「高額収入の専門家たちの自己欺瞞の年代記」だと述べた。この書評記事が取り上げた本のテーマは、「現代金融の狂気」。これはまさに戦争の文化における「戦略的愚行」に相当する。

『ワシントン・ポスト』は、バブル経済を「金融錬金術の一形態」と呼び、ウォール街は「精巧な予測モデルを使って貸倒発生率は低いとみなしていたが、常識から考えれば、これはありえないことだった」という、あるポートフォリオ・マネジャーの声を紹介している。『ニューヨーカー』誌の長文記事も、「常識に反しているにもかかわらず、数理モデルは、ほぼリスクなしと予想していた」と指摘している。「常識」は、まさに九・一一の前と後におけるブッシュ政権のテロリズム対策に欠落していたものである。[12]

二〇〇八年一一月、ロンドン・スクール・オブ・エコノミクス(LSE)を訪問し、なぜ金融・経済畑の人たちは市場の危機を予測し回避できなかったのですか、と質問した人がいた。それはほかならぬイギリス女王であった。約七カ月後の二〇〇九年六月中旬、女王は英国学士院から回答を受け取った。「実業界、シティー〔ロンドンの金融地区〕、シティーの監視係官、学界と政府の代表」たち三八人が連署した三ページの書簡であった。「実際、勤勉と警告に事欠くことはなかったのです」と書簡は述べていた。ある大銀行などは、「リスク・マネジャーが四〇〇〇人いるという評判でした」。ところが、「金融の魔術師たち」や「国内外の最高の数学的頭脳たち」は、金融の「断片」に関心を集中しており、結局は「より大きな状況を見失うこともしばしばでした」と。

このエリザベス女王宛ての書簡は、「〔現実を現実として認めない〕否認の心理学」のもう一通の診断書となっている。「傲慢と一体となった希望的観測の、これ以上の前例を見出すことは困難です」。三八人の専門家たちのこの大仰な断言は、広く引用された。「数十年にもわたって銀行家・投資家が自己を欺いてきた」のは、経験と権限が共有されず互いに分断されていたからであり、「そこに群れ心理と、金融政策の教祖たちが唱える呪文が加わったのです」。「要すれば陛下」、と書簡は結論する。金融システムを全体として見る能力がなかったということは、「国内外に多くの優秀な頭脳はいたのですが、想像力において一体性を欠いていたということです[13]」。

群れの心理学。一九九〇年代、借入金を利用する「スワップ取引」創設に関与したある人物は、「群れ本能はすさまじかった。みんなが収益を追い求めた。やりたいことはほとんど何でもできたし、みんながそれを真似た」。一〇年余り後、取引のリスクが過小評価されていると主張したスコットランド王立銀行のデリバティブ専門家が辞任させられた。「問題は」とその専門家は言う。「銀行の世界では、この種のメンタリティー、つまりグループ思考があって、同じことをひたすら続けているだけということだ。自分に都合の悪いニュースは聞こうとしない」。ロンドンの『エコノミスト』誌は、「金融バブルを生んだのは「群れ」のメンタリティーである」とし、「人類が合理性を失っている」程度は驚くべきレベルに達していると述べた。これはおそらく、人類進化学的な説明が必要だという意味であろう[14]。

二〇〇九年、『フィナンシャル・タイムズ』の世界市場担当者であったジリアン・テットは、金融崩壊に関する優れたケース・スタディを刊行した。彼女の本は、リスクを分散できると評判だった複雑な金融派生商品（デリバティブ）の仕組みが、ついには「致命的なフィードバック・ループ」を生み出し、それがリスクを破滅的なまでに高めた経緯を描き出している。ベナジル・ブット〔パキスタン元首相〕が、アメリカとヨーロッパの中東政策が怪物フランケンシュタインを生んだと述べたことを思い出す（第四章）。「致命的なフィードバック・ループ」をより一般的な言葉でいえば、軍事地政学者のいう「ブローバック blowback」〔しっぺ返し〕である。

教祖ぶること、グループ思考、傲慢あるいは多幸症、組織内外の分断、全体観の欠落、命取りとなるフィードバック・ループ。真珠湾からイラクに至る情報活動や軍事作戦の失敗の歴史においても、こういったものすべてが踏み越えてはならない限界線(レッド・ライン)であったことは、言うまでもない。[15]

＊

二〇世紀の最後の数十年間、サイバースペースにおける技術の進展は、データの収集・分析のあり方を革命的に変えた。今日の政策決定者たちは、コンピュータとコンピュータ・モデルのおかげで、以前の世代が予想もできなかったスピードと洗練を手に入れた。「合理性」は前代未聞のレベルにまで高められた。だが、これも一種の信仰であった。愚者の黄金という視点から見れば、それは「サイバー・ファイナンス」への思い込みの虜になった姿であった。

連邦準備銀行(ＦＲＢ)のアラン・グリーンスパン元議長は、バブル経済にかなりの責任を負う人物である。注目を集めた議会公聴会での証言で、彼は合理的で効率的であるはずの金融システムがメルトダウンしたことに、「信じられないほどのショック」を受けたと述べた。彼によれば、「観念の殿堂が、……昨年(二〇〇七年)夏に全壊しました。リスク管理のモデルにインプットされたデータが、過去二〇年の多幸症の時代しかカバーしていなかったからです。もっと過去の、危機の時代のデータも取り込んだモデルであったら、資本需要はもっと高く設定され、金融界はもっと良い状態であったでしょう」。雑誌『ワイヤード』の批評家はもっと辛辣に、〔グリーンスパンのような〕金融界の教祖たちは「巧妙なやり方で、歴史上の既定値を参照せずに初期値モデルを作り上げた」のだと指摘した。グリーンスパン元議長の後知恵は、イラク政府が崩壊した後になって、イラクには分厚い反乱の歴史があり、ゲリラ戦の体験を蓄積していたのにそれを無視してしまったことに気づいて、「信じられないほどのショック」を受けた米軍に似ている。グリーンスパンはこの悔悛の証言の中で、この欠陥モデルには、ノーベル経済学賞を受賞した業績も含まれていると述べている[16]。

合理性の教義を説く高位の司祭職についていたのは、「クウォンツ quants」と呼ばれる数量分析の専門家たちであった。彼らが伝える福音は、複雑で難解な数式で補強されていた。「リスク」は、まさに彼らの分析の焦点であり、過去の歴史的データも計算に含まれてはいた。だが結局大破綻のリスクは軽視され、第二次世界大戦以前の悪徳資本家、大恐慌、莫大な負債、そして戦後も続いたスキャンダルや金融破綻といった歴史的事例も視野に入っていなかった。たとえば、一九三〇年代における住宅価格の全国的下落に関するデータは、サブプライム・ローンなどの取引のためにつくった基本モデルには含まれていなかった。もっと最近の例でいえば、グリーンスパンのいう「多幸症の時代」にも、世界全体で一〇〇回以上の金融危機が起こっており、そのうち四〇回余りは所得水準の高い国で起きていた。

戦略的愚行に似て、経済的愚行においても日本は先例となっていた。一九九〇年代から二〇〇〇年代始めまで続いた日本の経済危機は、〔後のアメリカのサブプライム・ローンに似た〕不動産バブルに関連する不良債権が引き金だったからである。一九四一年一二月の日本の真珠湾攻撃は、戦術的には華麗で戦略的には近視眼的であった。そして、ウォール街の投資モデルを作り上げ、それを支持した当時の合理主義者たちは、そういうことをするのは日本だけだと高を括っていたのである。[17]

表面的には合理的な上にも合理的に見えた売買の中に、今思えば明らかに欠陥のある事例がまだまだあったと、後知恵的に指摘する評論家もいる。たとえば、『ニューヨーク・タイムズ・マガジン』に載った「リスク・ミスマネジメント」と題するトップ記事は、投資家の大半が信頼していた投資モデルは「悪用しえた」と記している。アメリカン・エンタープライズ研究所（AEI）の定期刊行物も、「数値悪用」や「データいじり」を指摘している。だがしかし、こうしたありふれた操作が今さら驚きをもって受け止められたのはなぜだろうか。こうした操作は、影の金融システムや、貸借対照表に記載しない取引によって促進されていた。金融商品の格付け操作は、ほとんど無料であげますといわんばかりの巧みなセールス――「裁定取引」（同じ証券を複数の市場で同時に売買し、市場間価格差によって儲ける方法）――によってカムフラージュされていた。

ブッシュ政権の計画立案者たちが生の情報と歴史をつまみ食いしてイラクに戦争をしかけたやり方が、これと同類であることは容易にわかる。ブッシュからオバマへの政権移行期に『エコノミスト』誌が出した特別号は、非常に高いリスクがあるのにこれを無視することは、「最終的には自己都合の検閲を招く」と指摘していた。教養ある雑誌らしく、『エコノミスト』誌がここで引用したのは一九世紀の銀行家の次の言葉であった。「この仕組みは、思慮深い者を締め出し、代わりに忠誠だけを誓う者を招き入れる」。[18]

ブッシュ政権が終わった直後、著名な経済学者ジョージ・アカロフとロバート・シラーが一冊の本を共同刊行した。その中で二人は、新しい学問である行動経済学を使って、固定的信条にとらわれた経済学の思考法を批判した。当時の環境では、良識を使えという二人の主張は型破りであった。経済の機構を説明できる高度なモデルと言われてきたものは、数量化できない人間の行動つまり「アニマル・スピリッツ」の領域を完全に無視しているが、かつての経済学者たちは、人間心理のそうした不合理な領域が経済行動と切っても切り離せないものであることを認識していたというのである(「アニマル・スピリッツ」という言葉は、ジョン・メイナード・ケインズの『雇用、利子、および貨幣の一般理論』(一九三六年)から取ったもの)。量だけでなく質の要素も、経済的な動機だけでなく非経済的な動機も、合理的行動だけでなく非合理的な行動も認識し、それらの影響を考慮すること、つまり人間の心理を考慮して全体像をつくる必要があるのに、経済の理論化にあたってこうしたものを除外したことが、「疑念の停止」を蔓延させ、現在の危機を招いたのだと。[19]

こういうことをわざわざ指摘しなければならないということ自体、驚くべきことである。このような、他人も自分も騙(だま)すかのような思考法は経済分野に特有なものではなく、もっと深い心理学的、制度的な病理の反映であり、その病理の中に、けっして消えてなくならない戦争の文化が含まれていることは疑いない。人類がいつの日か、この欺きの思考様式を真に制御し、乗り越える力を身につけられるかどうか。その見通しは、最良の場合でも「おおいに不確実」というべきである。これを実現するには、これまでとは根本的に異なる信条と理性が必要とされる。建設的な変革と、しっかりと根を張った平和の文化は、もし到来するとしても、ごくゆっくりとであろう。だが、その歩みのなかにこそ、希望がある。

注

第Ⅱ部

第一〇章

(88) 朝鮮戦争における大韓民国側の死者はおそらく一〇〇万人以上で、その約八五パーセントが民間人であった。朝鮮民主主義人民共和国側の死者もほぼ同数とされる(これは当時の北側全人口の一〇パーセント余り)。ベトナム戦争での一九五四年から一九七五年までの死者は三〇〇万人以上、そのうち民間人の死者は南北ベトナム全体で約二〇〇万人と推定されている。

(89) Tom Engelhardt, *The End of Victory Culture: Cold War America and the Disillusioning of a Generation* (Basic Books, 1995)は、この間の文化的状況を想像力豊かに論じている。エンゲルハートはその後、九・一一事件五周年にあたって洞察に富んだ論考("9-11 in a Movie-Made World," *Nation*, September 25, 2006)を発表している。

(90) トルーマンは、ここで引用した言葉の前に、「ヒトラーやスターリンといった連中が原子爆弾を発明しなかったのは、世界のために間違いなく良いことである」と書いている。Farrell, *Off the Record*, 56. リーヒの有名な言葉は、Leahy, *I Was There: The Personal Story of the Chief of Staff to Presidents Roosevelt and Truman, Based on His Notes and Diaries Made at the Time* (Whittlesey House, 1950), 441; ラビの言葉は、Alice Kimball Smith, *A Peril and a Hope: The Scientists' Movement in America, 1945-47* (University of Chicago Press, 1965), ii〔アリス・キンボール・スミス/広重徹訳『危険と希望――アメリカの科学者運動 一九四五―一九四七』みすず書房、一九六八年〕。第二次世界大戦後、数十年間の不安定と不安に関する精緻な研究として、Paul Boyer, *By the Bomb's Early Light: American Thought and Culture at the Dawn of the Atomic Age* (Pantheon, 1985).

(91) しばしば引用される、オッペンハイマーの一九四七年一一月のマサチューセッツ工科大学での講演の言葉は以下の通り。「乱暴な言葉、ユーモア、誇張した言い方で誤魔化そうとしてもなかなか消し去ることができない、ある種生々しい意味で、物理学者は罪を知ってしまったのです。彼らはそのことを自分の心から消すことはできません」。

(92) マッカーサーの発言は、*FRUS: Conference of Berlin*, vol. I: 906. 連合軍が日本本土に侵攻した場合、沖縄戦以上に凄惨な状況が生まれたかもしれない。たとえば、アメリカの戦争計画者たちは毒ガスの使用を一時検討したし、日本の稲作と日本沿岸の漁場を破壊するために、生物化学兵器の使用を真剣に考慮していた形跡がある。Crane, *Bombs, Cities, and Civilians*, 137-38.

(93) Sherwin, *A World Destroyed*, 207-8. 暫定委員会でついでのようにこの話が出たことは、アーネスト・O・ローレンスの回顧による。

(94) 無条件降伏問題についてのグルーの働きかけは、五月二八日付のトルーマン大統領宛て覚書に始まった。Grew, *Turbulent Era: A Diplomatic Record of Forty Years, 1904-1945* (Houghton Mifflin, 1952), ch. 36 ("The Emperor of Japan and Japan's Surrender"), 1406-42. に、グルーが作成した主な覚書が収録されている。Waldo H. Heinrichs Jr., *American Ambassador, Joseph C. Grew and the Development of the United States Diplomatic Tradition* (Little, Brown, 1966), 372-80[ウォルド・H・ハインリックス／麻田貞雄訳『日米外交とグルー』原書房、一九六九年]は、グルーの覚書について検討を加えている。他に、Alperovitz, et al. *The Decision to Use the Atomic Bomb*, esp. 45-49, 58-61.「ソ連を介した和平工作」の傍受電報は、*FRUS: Conference of Berlin*, vol. 1: 873-883 および vol. 2: 1248-64, 1291-98. 東郷茂徳外務大臣発・駐ソ連日本大使宛電報のなかでも、本文で引用した七月一二日付のもの[電報第八九三号、外務省編『終戦史録Ⅲ』北洋社、一九七七年、一六七頁]が最も重要な情報を含んでおり、これをアメリカは七月一三日に解読し、トルーマンを含む米高官は内容を知っていた。ポツダム宣言の草案は、*FRUS: Conference of Berlin*, vol. 1: 889-99 および vol. 2: 1265-90, とりわけ vol. 1: 894, 899, vol. 2: 1269. ポツダム宣言最終案については多くの文献に言及があるが、なかでも、Robert J. C. Butow, *Japan's Decision to Surrender* (Stanford University Pres, 1954), 243-44[ロバート・J・ビュートー／大井篤訳『終戦外史——無条件降伏までの経緯』時事通信社、一九五八年]には、付録として日本降伏関連の諸史料が収録されている[大井訳書ではこの諸資料は割愛されている]。Gar Alperovitz, et al. *The Decision to Use the Atomic Bomb* は、無条件降伏とポツダム宣言に関する諸説の多くを引用し、批判的に考察を行っている。とくに 31-79(無条件降伏)、81-184(ソ連)、221-317(ポツダム会談。傍受された日本の外交電報を含む)。

　一部が削除された第一二項の前には、交渉の余地のない厳格な降伏条項が列挙されている。その内容は「日本国国民を欺瞞し、その道を誤らせ、あえて世界征服の挙に引き入れた徒輩の権力および勢力は永久にこれを」除去する(第六項)。勝者により期限を設けずに占領を行う(第七項)、日本国の主権は四つの島ならびに「諸小島」に制限される(第八項)。日本国軍隊は「完全に」武装解除される(第九項)。「すべての戦争犯罪人に対して厳重なる処罰」を加える一方、基本的人権の尊重のみならず、言論信教および思想の自由を確立し「日本国国民の間における民主主義的傾向」を支持・強化する(第一〇項)。

戦争関連産業に制限を加えたうえで経済を維持し、賠償を支払うために不可欠な平和的な産業と通商は許容される(第一一項)。七月一八日の時点で統合参謀本部の手にあった草案第一二項には、こう記されていた。「われわれの目的が達成され、明らかに平和的傾向を有し、また疑いもなく日本国民を代表する責任ある政府が樹立され次第、連合国の占領軍は日本から撤退する。これは、そのような政府が再び侵略を企てることはけっしてないと世界の人びとが完全に納得するようになることを条件とし、現在の皇室の下での立憲君主制を含むこととする」。この末尾の部分が削除されたわけであるが、それは新国務長官ジェームズ・バーンズ(七月三日就任)と統合参謀本部の主張によるところが大きい。七月二六日、実際にポツダムから発出された宣言の第一二項の全文は、以下の通りであった。「前項の諸目的が達成され、かつ自由に表明される日本国国民の意思にもとづいて、平和的志向を有し、かつ責任ある政府が樹立されるときは、連合国の占領軍はただちに日本国から撤退するものとする」。

(95) USSBS, *Summary Report* (*Pacific War*), 26. 同じくUSSBS, *Japan's Struggle to End the War*, 12-13. J. Robert Oppenheimer, "The International Control of Atomic Energy," *Bulletin of the Atomic Scientists*, vol. I, no. 12 (June 1, 1946); Bird and Sherwin, *American Prometheus*, 324, 348 も参照。日本の壊滅は差し迫っていたというアメリカ戦略爆撃調査団の結論については、Barton Bernstein, "Compelling Japan's Surrender without the A-bomb, Soviet Entry, or Invasion: Reconsidering the U.S. Bombing Survey's Early-Surrender Conclusion," *Journal of Strategic Studies*, vol. 18, no. 2 (June 1995), 101-48.

(96) 一九四五年九月二〇日、ルメイは記者会見で「原爆は戦争の終結とはまったく関係がなかった」、ソ連の参戦や原爆がなくとも戦争は二週間以内に終わっていただろうと明言した。ルメイは原爆の開発・使用には関与しておらず、こうはっきり言うことで自身が指揮したB29の空爆が日本降伏に決定的な役割を果たしたと強調したのである。ハルゼー海軍大将の言葉は、米海軍が日本の資源補給の遮断に決定的な役割を果たしたと主張したものであろう。ルメイとハルゼーについては、Alperovitz, et al., *The Decision to Use the Atomic Bomb*, 336(ルメイ), 331, 720(ハルゼー), 319-71(原爆使用に関する軍指導者たちの批判の概観)。ルメイは戦争終結から何年か経ってからのインタビューで、一九四五年六月、自分はワシントンの統合参謀本部で戦況説明を行い、部下の作戦計画担当者が九月までには日本を降伏させると見込んでいると話したと語っている。このときの戦況説明にはなにも反応がなかった(ルメイの回想では、「マーシャル将軍〔陸軍参謀総長〕は説明の間、ほとんど眠っていた。私は彼を責めるつもりはない。たぶん芯まで疲れ切っていたのだろう」)。同じインタビューで、ルメイはこう繰り返している。「原爆投下の前に戦争は終わっていた」。だがすべてを勘案すると「原爆使用は賢明な決断だった」。Richard H. Kohn and Joseph P. Harahan, eds., *Strategic Air Warfare: An Interview with General Cur-*

tis E. LeMay, Leon W. Johnson, David A. Burchinal, and Jack J. Catton (Office of Air Force History, United States Air Force, 1988), 63-65, 69-70. ハルゼーの悪名高い人種差別的態度と「ジャップを殺せ」発言については、Dower, *War Without Mercy*, 36, 79, 85 で分析した。しばしば引用されるアイゼンハワーの原爆使用反対論は、彼の回顧録 *Mandate for Change, 1953-1956: The White House Years* (Doubleday, 1963), 312-13［アイゼンハワー／仲晃・佐々木謙一訳『アイゼンハワー回顧録1』みすず書房、一九六五年］。リーヒについては、*FRUS: Conference of Berlin*, vol.1:909; Leahy, *I Was There*, ch. 23, esp. 441.

(97) ジェフリーズ報告——冶金学者として知られたジェネラル・エレクトリック社のゼイ・ジェフリーズが委員長を務めたことからこう呼ばれる——は、Sherwin, *A World Destroyed*, 315-22 に付録Rとして抜粋が収録されている。本書第一二章注176も参照。広島への原爆投下の後だけでなくその前にも、科学者が原爆使用を憂慮していたことを示す文献は多い。とくに戦争中に関しては、Smith, *A Peril and a Hope*, ch. 1 (3-72). 科学者の主要な関心は、核軍備競争を防止する国際管理機構を早期に創設することにあった。とりわけニールス・ボーア［デンマーク生まれの物理学者で、彼の原子核分裂の予想が原子爆弾の理論的基礎となった］は、ルーズベルトとチャーチルに個人的に働きかけた。ボーアの努力は実らなかったが、その経緯自体、ひとつの研究対象となっている。たとえば、Rhodes, *The Making of the Atomic Bomb*, 523-38, 620-21, 644-45, 782-88; Sherwin, *A World Destroyed*, ch. 4.

(98) 一九四五年六月一一日付のフランク報告全文は、Smith, *A Peril and a Hope*, 371-83 の付録に収録。また、Sherwin, *A World Destroyed*, 323-33 にも、ごく一部が削除され「付録S」として収録されている。フランク報告は一九四六年に陸軍省によって機密解除され、*The Bulletin of Atomic Scientists* の一九四六年五月号に公表された。「ロケット弾」とは、一九四四年一一月から数カ月間ドイツが使った「V2」ミサイルのことで、これによりおもにイギリスおよびベルギーで三〇〇〇人以上の市民が殺害された。

(99) Smith, *A Peril and a Hope*, 53-59. Alperovitz, et al., *The Decision to Use the Atomic Bomb*, 185-91. 一九四五年七月一二日のアンケート調査は、*Bulletin of the Atomic Scientists* の一九四八年二月号で初めて公表された。スミスの叙述は、自ら行動し憂慮を表明した科学者たちの横顔を知る上で特に有益である。スミス以外の論者も指摘するように、シカゴの科学者は原爆の理論的問題に集中し、トリニティ実験のかなり前に自分たちの仕事を基本的には完了させた。それに対してロスアラモスでオッペンハイマーが責任者を務めていた作業チームは、最後まで原爆の完成に取り組んでいた。このことは、新兵器の政治的含意についての鋭い指摘が、なぜロスアラモスではなくシカゴの科学者から発せられたか、その理由を説明するのに役立つ。シカゴの科学者たちのほうが、そのようなことを考える時間的余裕があったのである。シカゴには、フランクやレオ・シラードのように道徳や政治に関心をもち、尊敬を集め、オッペンハイマーほどワシントンの「大物政治家たち」に信頼をおいていない科学者がいたことも、この違いを生む要因であった。

(100) Sherwin, *A World Destroyed*, 301 (appendix L), 307-8 (appendix O); Herbert Feis, *The Atomic Bomb and the End of World War II* (Princeton University Press, 1966), 201[ハーバート・ファイス/佐藤栄一・山本武彦・黒柳米司・広瀬順皓・伊藤一彦訳『原爆と第二次世界大戦の終結』南窓社、一九七四年]。原爆使用に批判的であった米軍人の発言の集成として、Alperovitz, et al., *The Decision to Use the Atomic Bomb*, 319-71.

(101) Truman, *Memoirs*, 462; Churchill, *The Second World War*, 638-39. ニールス・ボーアはチャーチルと個人的に面会して激しい言い争いをしており、チャーチルは科学者たちが戦後の軍備管理という政治問題にただちに取り組むべきだと考えていることを、十分承知していた(前記注97参照)。イギリスの公式の歴史書は、こうした事情をもっと慎重かつ正確に、こう記述している。「イギリス人にどのような疑念があったにせよ、それが政治の最上層部に反映することはなかった」。Margaret Gowing, *Britain and Atomic Energy, 1939-1945* (Macmillan, 1964), 370-71. ゴーウィングは、イギリス政府の文書を「何千」も調査したが、「原爆を使用すべきか疑問を述べたものは二通だけ」であったといい、アメリカでは政府内でかなりの議論があったことと対比している。

(102) 一九四五年六月一六日の「科学顧問団」議事録は、Sherwin, *A World Destroyed*, 304-5 (appendix M). 新兵器の事前「デモンストレーション」を否定した多くの議論は、以下の文献に列挙されている。Feis, *The Atomic Bomb and the End of World War II*, 196-99; Gowing, *Britain and Atomic Energy*, 373; Rhodes, *The Making of the Atomic Bomb*, 647-48; Sherwin, *A World Destroyed*, 207-8; Bird and Sherwin, American Prometheus, 298-99; Alperovitz, et al., *The Decision to Use the Atomic Bomb*, 163-64. トリニティ実験自体、無人の場所でデモンストレーションすることの効果についての疑問を強めた面があった。新兵器が恐ろしい力を見せつけたとして、そのあとに残るのは、ガラスになった砂漠の砂くらいのものだからである。オッペンハイマーは後にこう語っている。「砂漠で爆竹みたいに原爆をひとつ爆発させても、それほど印象的とは思えなかった。……砂漠では何も破壊できない」。United States Atomic Energy Commission, *In the Matter of J. Robert Oppenheimer: Transcript of Hearing before Personal Security Board, Washington, D. C. April 12, 1954 through May 6, 1954* (Government Printing Office, 1954: reprinted by MIT Press, 1971), 34.

(103) Alperovitz, et al., *The Decision to Use the Atomic Bomb*, 243-47, 300-1. この点が、アルペロビッツ、マーティン・シャーウィン、カイ・バードなど原爆投下決定過程に関する有力な研究者が批判した主要な論点であった。

(104) 注94の文献のほか、一九四七年二月一二日付のグルーからスティムソン宛の手紙を参照。Barton J. Bernstein, ed. *The Atomic Bomb: The Critical Issues* (Little, Brown, 1976), 29-32.

(105) *FRUS: Conference of Berlin*, vol. I: 909.

(106) *FRUS: Conference of Berlin*, vol. I: 895-97. グルーの短い返答は、900-1.

(107) 日本人には西洋的民主主義の能力がないとするグルーらの議論については、本書第一五章の「ジェネラリスト」対「地域専門家」に関する部分を参照されたい。グルーは一〇年間日本に滞在したが、その間に個人的に知り合った「日本人」は、熱烈な天皇の忠臣であった牧野伸顕伯爵(内大臣経験者)のような上層階級の人物(天皇の側近を含む)がほとんどであった。Dower, *Empire and Aftermath*, 108-12. 国務省内外の「日本派」についての政治面・イデオロギー面からの批判的分析は、Howard B. Schonberger, *Aftermath of War: Americans and the Remaking of Japan, 1945-1952* (Kent University Press, 1989)〔ハワード・B・ショーンバーガー／宮崎章訳『占領 一九四五〜一九五二――戦後日本をつくりあげた八人のアメリカ人』時事通信社、一九九四年〕。とくに第一章(グルー)、第三章(T・A・ビッソン)。天皇および戦後日本全般に対してソフト路線を取ろうとする「日本派」に対する批判は、*Amerasia* や *Far Eastern Survey* のようなリベラルあるいは左翼の雑誌によって一般の目に触れていた。アジア問題の専門家として著名なオーエン・ラティモアはとくに辛辣で、「ちゃちな日本専門家というバラモンたちの聖なる牛〔批判すべからざる存在〕」、そういう「聖なる牛のナンバーワン、牛どもの行列の先頭の牛。それが日本の天皇である」とこき下した(聖なる牛のナンバーツーは、和平の推進力とみなされた穏健派あるいは「リベラル派」であった)。Owen Lattimore, *Solution in Asia* (Little, Brown, 1945), 29, 46, 187-91.「中国派」を強く支持したアンドリュー・ロスは、日本に対して批判的な見方をまとめて日本敗戦の直後に出版し、これが日本占領初期のリベラルな改革担当者たちの「バイブル」と呼ばれた。Andrew Roth, *Dilemma in Japan* (Little, Brown, 1945). とくに「国務省と日本の旧体制派」「われわれは裕仁と仕事ができるか?」の章を参照。国務省の有力な「中国派」には、本文にあげたマクレイシュ、アチソンのほか、ホーンベックやジョン・カーター・ヴィンセントがいた。

ルーズベルトの国務長官であったコーデル・ハルは、大部な回顧録の一章を「無条件降伏」に充てている。バーンズ新国務長官がポツダム会談の直前に問い合わせたところ、ハルは天皇の権能の一部を残すことには好意的であったが、宣言第一二項の文言は「日本に対して宥和的過ぎるように見える」ので反対であると答えた。*FRUS: Conference of Berlin*, vol. 2: 1267-69; Cordell Hull, *The Memoirs of Cordell Hull* (Macmillan, 1948), vol. 2, ch. 113, esp. 1591-94. 通常、バーンズ国務長官は第一二項草案から「現在の皇室の下での立憲君主制を含むこととする」という箇所を削除するのに決定的役割を果たした人物とされるが、原爆に直接関与しないでハルのように第一二項草案に批判的な見解をもっていた人々がバーンズにどのような影響を与えたかは、はっきりしない。ただ、戦後の回顧録のなかでバーンズは「日本降伏にあたり、天皇制の廃止にどこまで固執すべきかについては、国務省のなかに意見の違いがある」ことは承知していたと書いており、実際上、バーンズも第一二項草案には反対で、ハルらとその点では一致していた。James F. Byrnes, *Speaking Frankly* (Harper & Brothers, 1947), 204.

(108) 佐藤尚武駐ソ連大使は、ソ連政府に伝えるよう指示された〔七月一一日付〕訓電は、美辞麗句が連ねてあるが「内容空虚もしくは事実に遠ざかりたる」ものとけなしながらも、ソ連や連合国がこれを真剣に受け止める可能性は「皆無ならざるべし〔ゼロとは言えない〕」と東郷外務大臣に直ちに返電した。*FRUS: Conference of Berlin*, vol. 1: 877–83[外務省編『終戦史録Ⅲ』一九五頁]。日本外務省は、ポツダム宣言が出された七月二六日以降もソ連への和平工作を継続するよう佐藤大使に訓令したが、佐藤は「如何に我方より戦争の惨禍を避けんとする御仁慈の程を説くも将又「ス〔スターリン〕」を世界の平和提唱者に祭上げんとするも」、こうした工作は「別段の効果なかるべく……」と、再び嫌悪感を表し、「貴方御観察と当方面の実際とは甚しく喰違ひ居るやに見受けらる」と、上司である外務大臣に大胆に直言した。ibid., vol. 2: 1296–97[七月三〇日電報第一四八〇号、外務省編『終戦史録Ⅳ』三一一—三一二頁]。この重大な時にも天皇は自ら行動できず、ただ逡巡していたことは、Herbert Bix, "Japan's Delayed Surrender: A Reinterpretation," *Diplomatic History*, vol. 19, no. 2 (Spring, 1995), 197–225. 若干修正された叙述として、ビックスの著書 *Hirohito and the Making of Modern Japan*, ch. 13 (487–530). また、Tsuyoshi Hasegawa, *Racing the Enemy: Stalin, Truman, and the Surrender of Japan* (Harvard University Press, 2005), esp. 106–10. ここで長谷川は、ソ連への働きかけは「拙劣な外交政策を推し進めることによって貴重な時間を浪費し」、「日本政府が夢想にふけっていたこと」を示しており、「惨めな破綻」「現実性がない」ものであったと述べている。

(109) 私は、第二次世界大戦では日本とドイツの「完全で恒久的な」武装解除が一貫して追求されたことについて、「占領下の日本とアジアにおける冷戦」(Dower, *Japan in War and Peace*, 164–65 (esp. n. 10) で指摘したことがある。早くも一九四三年一二月一日のカイロ宣言において、アメリカ、イギリス、中国国民政府の首脳は、日本は植民地を剝奪されるとともに、「暴力および貪欲により日本国が略取した他の一切の地域から駆逐」され、本土の四つの主要な島に主権が限定されると宣言した。*FRUS: Conference of Berlin*, vol. I: 926.

(110) Truman, *Memoirs*, 472–76, 481, 484, 503–4; *Public Papers of the Presidents of the United States: Harry S. Truman, 1945*, 216–18; Butow, *Japan's Decision to Surrender*, 241–50 に、日本降伏に関する諸史料が収録されている。バーンズ回答については、本書第一三章も参照。

(111) 日本占領期の「天皇制民主主義」については、Dower, *Embracing Defeat* の第九章—第一一章 (277–

345)で分析している。新憲法については、同、第一二章および第一三章(346-404)で論じている。マッカーサーが推進した、ポツダム宣言さえかなり超えた初期の改革に関しては、同、第二章(65-84)を参照。日本占領に関しては本書第Ⅲ部で考察しており、二〇〇三年のイラク侵攻後におけるアメリカのイラク占領と対比している。

(112) *FRUS: Conference of Berlin*, vol. I: 905, 930(ソ連の参戦に関する一九四五年六月時点での評価); Truman, *Memoirs*, vol. I: 458(新兵器をスターリンに「ついでのように」知らせたことについて)。一九四一年四月一三日、日本とソ連は相互不可侵を約した五年間有効の中立条約に調印した。ソ連は一九四四年四月五日、期限終了時にはこの条約を更新しない旨、表明した。これはこのあと何が起こるかを予示するものであったが、それでも一九四五年八月八日のソ連の対日参戦は中立条約違反であった。

(113) 反共反ソを目的とする対敵諜報活動の広範さと厳重さは、一九五四年にアメリカ原子力委員会がオッペンハイマーの忠誠心と信頼性を審査し、機密文書に触れる地位から彼を追放したことで、一般によく知られるようになった。審査の名目は、熱核(水素)爆弾の開発など核問題に関するオッペンハイマーの戦後の見解を詳らかにすることとされたが、実際の聴聞の大半の時間は、一九三〇年代半ば以降に始まった、いわゆる〔ソ連や共産党〕「シンパ」としての彼の行動、政治的関心、交友関係の調査に費やされた。*In the Matter of J. Robert Oppenheimer*; Groves, *Now It Can Be Told*, esp. ch. 10. この件は、カイ・バードとマーティン・シャーウィンのピューリッツァー賞受賞作 *American Prometheus* に詳しい。

(114) 米内の発言は、Bix, "Japan's Delayed Surrender," 217-18; Bix, *Hirohito and the Making of Modern Japan* (Harper Collins, 2000), 509-10. 近衛の発言は、Hasegawa, *Racing the Enemy*, 198.

(115) Alperovitz, et al. *The Decision to Use the Atomic Bomb*, 418(八月一一日付の解読電報); Hasegawa, *Racing the Enemy*, 3, 5, 198-99, 295-98. 逆に、原爆の影響を重視する日本人研究者の考察は、Sadao Asada, "The Shocks of the Atomic Bomb and Japan's Decision to Surrender: A Reconsideration," *Pacific Historical Review*, vol. 67, no. 4 (1998)〔麻田貞雄「原爆投下の衝撃と降伏の決定——原爆論争の新たな視座」『世界』一九九五年一二月号〕。長谷川毅は麻田貞雄に反論し、麻田と手紙を交わしている。"Tsuyoshi Hasegawa vs. Sadao Asada: Debating Hiroshima," *Journal of Strategic Studies*, vol. 29, no. 3 (June 2006), 565-69.

(116) 原子爆弾よりも、むしろソ連の対日参戦のほうが日本の降伏を決定的に促進したという見解は、実際、アメリカ国内ですぐに上がっていた。たとえば一九四五年八月一五日付の『ニューヨーク・タイムズ』は、「空飛ぶ虎(フライングタイガーズ)」と呼ばれた中国駐在の米航空隊〔義勇軍として創設、日米戦争中にアメリカ陸軍航空軍に編入〕隊長として半ば伝説となっていたクレア・シェンノート将軍の記事を掲載した。二段組の見出しには、「ソ連が戦争を終らせた」とシェンノート空軍将軍/原爆よりロシアの参戦が対日戦を決定づけた」とあり、リード文にはこう書かれていた。「ロシアの対日参戦が戦争終結を早めた決定的要因であり、原爆投下がなくても戦争は終結していた、というのがクレア・シェンノート少将の見解である。シェンノート将軍は、ドイツ経由で帰国の途上、今日(ローマに)到着した」(この記事には、天皇に関するシェンノートの次のような短い意見も含まれている(ジョセフ・グルーが読んだら面白くなかっただろう)。「シェンノート将軍は皇室に同情は持っておらず、民衆が立ち上がって皇室を廃止していればもっと良かったと感じている」)。

(117) P. M. S. Blackett, *Fear, War, and the Bomb: Military and Political Consequences of Atomic Energy* (Whittlesey House, McGraw-Hill, 1948), 139-40[P・M・S・ブラケット/田中慎次郎訳『恐怖・戦争・爆弾——原子力の軍事的・政治的意義』法政大学出版局、一九五三年]。この本は、イギリスでは *Military and Political Consequences of Nuclear Energy* という書名で刊行された。ブラケットはアメリカ戦略爆撃調査団の報告書の情報と結論に依拠して、この見解を導いている。

(118) Atomic Energy Commission, *In the Matter of J. Robert Oppenheimer*, 561. オッペンハイマーによる戦争と戦後に関する考え方については、34も参照。

(119) Truman, *Memoirs*, vol. I: 87. スティムソンの報告書は、Sherwin, *A World Destroyed*, 291-92 (appendix I). いわゆる修正主義的研究は、Gar Alperovitz, *Atomic Diplomacy: Hiroshima and Potsdam* (Penguin, 1985, 初版一九六五年)によって史料的裏付けが新たなレベルに高められ、一般の関心を引きつけるようになった。マーティン・シャーウィン、カイ・バード、リチャード・ローズ、バートン・バーンスタイン、長谷川毅なども、原爆と対ソ政策の関係を裏づける詳細で説得的な実証研究を行ってきた。原爆投下から五〇周年の一九九五年には、アルペロビッツと数人の協力者が、利用可能な諸史料を再編集・再評価し、ほとんど百科事典のような *The Decision to Use the Atomic Bomb* を刊行した。

(120) 一九八九年、マーティン・シャーウィンとのインタビューでのロートブラットの回想。Bird and Sherwin, *American Prometheus*, 284-85. ロートブラットは、新兵器の目的が自分の理解と違っていたことに幻滅して、一九四四年一二月、マンハッタン計画から離れた。当時、このようにきっぱりとした行動をとった科学者は非常に少なかった。彼は戦後、「科学と世界の諸問題に関するパグウォッシュ会議」事務局長として核軍縮の実現に努力したことにより、一九九五年、ノーベル平和賞を受賞した。グローヴス将軍の証言は、Atomic Energy Commission, *In the Matter of J. Robert Oppenheimer*, 173. これはマンハッタン計画における科学者に対する反共諜報監視活動の内容を説明したなかでのグローヴスの発言。Groves, *Now It Can Be Told*, 132, 141.

(121) Spencer R. Weart and General Weiss Szilard, eds., *Leonard Szilard: His Vision of the Facts* (MIT Press, 1978), 184[S・R・ウィアート、G・W・シラード編

／伏見康治・伏見諭訳『シラードの証言』みすず書房、一九八二年]; James F. Byrnes, *All in Our Lifetime* (Harper, 1958), 284; Rhodes, *The Making of the Atomic Bomb*, 636–38; Smith, *A Peril and a Hope*, 29–30. ソビエト連邦に親近感を抱いていると疑われた科学者たちは、マンハッタン計画の当初から尾行され、盗聴され、その他あらゆる方法で諜報部員に精査され、その結果はグローヴスに報告された。一九五四年、米原子力委員会でのオッペンハイマー聴聞の件を含め、Bird and Sherwin, *American Prometheus* を参照。本文で述べたシラードと彼の仲間によるバーンズ訪問の際、諜報部員がシラードたちを尾行したのは典型的な例である。

(122) スティムソン日記、一九四五年五月一四日、一五日、一六日、六月六日。"Hiroshima: Henry Stimson's Diary and Papers," at doug-long.com/stimson. ハーバード大学学長で暫定委員会のメンバーであったジェームズ・コナントは、すでに一九四四年に、アメリカの新兵器保有を将来ソ連との軍備管理交渉の際の「切り札」にするという考えを述べている。Sherwin, *A World Destroyed*, xxiii.

(123) Truman, *Memoirs*, vol. I: 295, 454–55, 469, 475–76, 501.

(124) ウォルター・ブラウンの七月二四日の日記は、Byrnes, *Speaking Frankly*, 208; Gregg Herken, *The Winning Weapon: The Atomic Bomb in the Cold War, 1945–1950* (Vintage, 1982), 44.

(125) Morrison, *Turmoil and Tradition*, 615–16; Groves, *Now It Can be Told*, 135; Sherwin, *A World Destroyed*, 138, 199–200; Thomas and Witts, *Enola Gay*, 90–92. 一九四五年三月一五日、スティムソン陸軍長官は、ルーズベルト大統領に会った(これがスティムソンがルーズベルトと話した最後の機会であった)。先にルーズベルトは「マンハッタン計画で浪費が行われているという噂に不安をいだき」、計画が「欠陥品」になるのではと心配した「政府の高官」からのメモをスティムソンに送っており、二人はこれについて話し合った。スティムソンは、マンハッタン計画は順調に進んでいるものの、「最初の投射物〔原爆〕が使われる前に」解決しておくべき「戦後における管理」の問題が存在するとルーズベルトに語った。Stimson and Bundy, *On Active Service in Peace and War*, 615–16.

(126) Weart and Szilard, *Leonard Szilard*, 184. Sherwin, *A World Destroyed*, 138, 330 (appendix S フランク報告)。ハーバート・ファイスによると、オークリッジ〔テネシー州の都市。原子力研究関係の諸機関が所在〕を訪問した陸軍次官に、ある軍事顧問がさらりとこう言った。「まったく心配はいりません。計画が成功すれば、何が行われたのか誰も調べようとしないでしょう。たとえ成功しなくても、あなたが生きている間、何が行われたか誰も調べることなく、そのまま終わるでしょう」。Herbert Fies, *The Atomic Bomb and the End of World War II*, 198. 一九四五年の二〇億ドルは、二〇〇八年なら二〇〇億ドル超に相当する。

(127) Blackett, *Fear, War, and the Bomb*, 138.

(128) バーンズの側近であったウォルター・ブラウンの日記は、サウスカロライナ大学が所蔵するジェームズ・J・バーンズ文書にある。この記述の前後は、Wilson D. Miscamble, *From Roosevelt to Truman: Potsdam, Hiroshima, and the Cold War* (Cambridge University Press, 2007). 六月二九日の『ワシントン・ポスト』掲載の天皇に関する調査では、回答者の残り二三パーセントは「その他。わからない」に分類されている。George H. Gallup, *The Gallup Public Opinion, 1935–1971* (Random House, 1972), vol. I: 488–89.

第一一章

(129) Rhodes, *The Making of the Atomic Bomb*, 734.

(130) Joseph Rotblat, "Leaving the Bomb Project," *Bulletin of the Atomic Scientists*, vol. 41, no. 7 (August 1985), 18.

(131) Kenneth D. Campbell, "Sweetness, Shame of the A-Bomb," *MIT Tech Talk*, October 2, 1991 (MITでのワイスコップの講義)。長崎への原爆投下は必要ではなかったとするワイスコップの見解は、多くの科学者たちが共有していた。Smith, *A Peril and a Hope*, 78. 当時、日本の科学者にも同様の考えを持つ者がいたことは、Taro Takemi, "Remembrances of the War and the Bomb," *Journal of the American Medical Association*, vol. 250, no. 5 (August 5, 1983), 618–19. ロスアラモスで理論物理学部門の責任者であったハンス・ベーテも、ワイスコップに似た表現で後悔の念を述べている。戦後、ベーテはロスアラモスで原爆開発が進行する中、これまで「多くの人たちが疑問を抱いてきた道徳的もしくは人道的問題」について、科学者たちはどう考えていたのかと尋ねられて、こう答えている。「少なくとも戦争中はその問題にあまり関心を払っていなかったことが、私自身残念です。私たちは仕事を抱えていました。それも非常に骨の折れる仕事だったのです。とにかく、その仕事をやり遂げることが第一でした。最も重要と思われたのは、自分たちに出来るやり方で勝利に貢献することでした。私たちの努力がついに完結し、原爆が日本に投下されて初めて、あるいはもう少し前だったかもしれませんが、私たちは、あなたのおっしゃる道徳的な含意について考え始めたのです」。Atomic Energy Commission, *In the Matter of J. Robert Oppenheimer*, 326.

(132) テラーとタックの言葉は、Nuel Pharr Davis, *Lawrence and Oppenheimer* (Simon & Schuster, 1968), 177, 185–87. オッペンハイマーの言葉は、Atomic Energy Commission, *In the Matter of J. Robert Oppenheimer*, 14. オッペンハイマーの忠誠に関する一九五四年の聴聞会の開催理由は、「恐るべき」水爆の開発計画に彼が反対したからであった。同時にオッペンハイマーは、「その計画は甘美(スウィート)かつ素敵で、素晴らしい仕事」「技術的には議論の余地なく魅惑的」とも思っており、結局水爆開発にも参画した。ibid., 229, 251. グローヴス将軍が一九五四年の聴聞会の質問者たちに返した答えは、飾り気のない、ほとんどおどけたような内容であった。戦争が終わったとき、アカデミックな科学者たちは「みんな

〔マンハッタン計画の〕外に出たがっていました。しかし〔戦争が終わって〕約六カ月間、まったく暇になると、みんなムズムズしてきて、ご存知のように、ほぼ全員が政府の研究に戻ってきました。政府の研究は非常に刺激的だったからですし、今も刺激的だと、私は思います」。ibid. 178.

(133) Atomic Energy Commission, *In the Matter of J. Robert Oppenheimer*, 13, 81.

(134) Alice Kimball Smith and Charles Weiner, eds., *Robert Oppenheimer: Letters and Recollections* (Harvard University Press, 1980), 315–25, esp. 317.

(135) 『ハイ・ヌーン *High Noon*』のたとえは、ジョン・エルスのドキュメンタリー映画 *The Day After Trinity*(一九八〇年制作)に出てくる。また、Rhodes, *The Making of the Atomic Bomb*, 676 にも引用されている。フェルミの言葉は、Robert Junck, *Brighter than a Thousand Suns*, 202. フェルミはよく同僚を愚弄し、それで自分自身の価値を下げる場合があった。一九四三年、ロスアラモスでの科学者たちとの初期の会合のひとつで、フェルミは(オッペンハイマーによると「驚いたように」)大きな声でこう言った。「おや、あなた〔オッペンハイマー〕のチームは、本気で爆弾を造りたいようですね」。Davis, *Laurence and Oppenheimer*, 182.

(136) Stimson Diary, April 6-11, 1945; June 6, 1945. グローヴス(マンハッタン計画最高責任者)とスティムソン陸軍長官の意見が合わなかった問題のひとつは、一九四五年四月に選定された投下目標計画の最初のリストに京都を含めるかどうかであった。グローヴスが京都をリストに入れるよう強く主張した理由は、リストにあがった都市のなかで、京都はきわだって人口が密集しており、「原子爆弾による効果の完全な知識を手に入れるのに、十分な広さがある」からであり、「この点、広島はそれほど理想的とは言えなかった」からであった。戦前に京都を訪問したことがあり、その文化的・歴史的意義に感銘を受けていたスティムソンは、京都を破壊すれば日本人の反発を引き起こすと考えていた。Groves, *Now It Can Be Told*, 273-76.

(137) Truman, *Memoirs*, vol. I: 460.; Gowing, *Britain and Atomic Energy*, 367-68. ドイツの核兵器開発計画がどの程度進行しているかを調査したアルソス作戦に関しては、二次的文献が膨大にある。グローヴスは、ドイツの原爆開発計画に自分の回顧本の数章を割いている。

(138) Richard G. Hewlett and Oscar E. Anderson Jr., *A History of the United States Atomic Energy Commission*, vol. I: *The New World, 1939/1946* (Pennsylvania State University Press, 1962), 252-54; 一九四三年九月一八日のハイドパーク覚書については、Sherwin, *A World Destroyed*, 209-10, 284 (appendix C). Arjun Makhijani, "'Always' the 'Target?'" *Bulletin of the Atomic Scientists*, vol. 51, no. 3 (May/June 1995), 23-27; Makhijani, "Nuclear Targeting: The First 60 Years," *Bulletin of the Atomic Scientists*, vol. 59, no. 3 (May/June 2003), 60-65. 前記のシャーウィンの著書によると、本文で述べた一九四三年五月のマンハッタン計画の軍事

政策委員会から一カ月後に、バネバー・ブッシュはルーズベルトと「日本ないし日本の艦隊に対して」爆弾を「使用することについて少し話し合った」と言っており、これはドイツから日本へと対象がシフトしたことの反映であったと、ブッシュは(曖昧な表現で)述べている。シャーウィンは、一九四四年春までに原爆投下目標が明らかに日本に移った要因として、本文であげたもののほか、次の点をあげている。(一)ヨーロッパ戦線が先に終結すると予想されたこと、(二)原爆の組み立てはイギリスで行うより太平洋上の島で行うほうが安全であること、(三)アメリカの戦場内の目標にアメリカの航空機(B29)から投下するほうが、原爆の英米共同開発におけるアメリカの優越を示せること。

(139) グローヴスは、日本ではウランが産出せず、核兵器を製造できる産業基盤がないので、日本が原爆を製造する可能性についてはまったく心配していなかったと述べている。Groves, *Now It Can Be Told*, 187. 日本が戦時中に散発的に試みた核兵器開発に関しては、“'NT' and 'F': Japan's Wartime Atomic Bomb Research,” in Dower, *Japan in War and Peace*, 55-100. 他に、Walter F. Gruden, *Secret Weapons and World War II: Japan in the Shadow of Big Science* (University Press of Kansas, 2005), ch. 2(48-82).

(140) Agee, *Agee on Film*, 43-44. 本書上巻の第八章注25も参照。

(141) Morrison, *Hellbirds*, 146.

(142) スティムソンの引用は、Stimson and Bundy, *On Active Service in War and Peace*, 613. Groves, *Now It Can Be Told*, 253, 265-66, 140(「われわれの任務は、戦争を出来るだけ早く終わらせる威力をもつ原爆を開発することであった」)。米原子力委員会におけるグローヴスの証言は、Atomic Energy Commission, *In the Matter of J. Robert Oppenheimer*, 163. 戦後初期、影響力のある「現実主義者(リアリスト)」として知られたジョージ・ケナンは、一九五四年のオッペンハイマー聴聞会で、一般人にもわかりやすい洞察を述べている(ただし、ここでケナンが語っているのは、原爆ではなく水爆についてである)。「結局、ここでわれわれは兵器の話をしている訳です。兵器の話をするということは、人間を殺す道具の話ということです。ならば、道徳をうんぬんするのは無意味ではないかと私は思います」。Atomic Energy Commission, *In the Matter of J. Robert Oppenheimer*, 368.

(143) Atomic Energy Commission, *In the Matter of J. Robert Oppenheimer*, 11, 31-33.

(144) Arthur H. Compton, *Atomic Quest: A Personal Narrative* (Oxford University Press, 1956), 238[アーサー・H・コンプトン/仲晃他訳『原子の探求』法政大学出版局、一九五九年]; Groves, *Now It Can Be Told*, 253, 260, 279, 283.

(145) Smith, *A Peril and a Hope*, 49. Gowing, *Britain and Atomic Energy*, 368-73. W・G・ゼーバルトは、ドイツ空爆に関する評価の高い論文で、英軍による空爆はイギリスの軍需物資の三分の一を「呑み込んだ」という推定を引用し、「これだけのスケールの物理的・組織的な機構が作り上げられると……機構自体が独自の勢いで作動する。すでに三年にわたって工場や生産施設が急速に拡大され、爆撃作戦が頂点に――つまり最大の破壊力に――達していたので、途中で修正したり制限することは、たいてい拒否されるようになった」。ゼーバルトによると、ここには、次のような多くの要因が働いていた。経済的必要、国内の士気の昂揚、報復願望、そして「どの戦争にもある最深部の原理すなわち敵の住居、歴史、自然環境まで、可能なかぎり丸ごと破壊するという目的への共感」。*On the Natural History of Destruction*, 18–19. 爆弾は「高価なもの」なので無駄にすべきでないと考えられことについては、65.

(146) Sherry, *The Rise of American Air Power*, とくに第六章(「戦争拡大のダイナミズム」)、第七章(「空からの戦争の社会学」)、第八章(「技術崇拝主義の源泉」)、第九章(「技術崇拝主義の勝利」)。航空部隊の雇用者数については、190.「破壊の実験室」については、234-35.

(147) グローヴスは、原爆の開発と使用の過程では組織を「細分化するという原則」を最も重視したと何度も述べている。たとえば、Groves, *Now It Can Be Told*, 140. また、米原子力委員会における彼の証言。Atomic Energy Commission, *In the Matter of J. Robert Oppenheimer*, 164, 175.

(148) テラーの回想は、Smith, *A Peril and a Hope*, 56 に引用されている。その元は、一九六二年に刊行されたテラーの著書 [Edward Teller and Allen Brown, *The Legacy of Hiroshima*] から。本文で引用したオッペンハイマーの言葉は、Atomic Energy Commission, *In the Matter of J. Robert Oppenheimer*, 236. 一九五四年の米原子力委員会の聴聞会は、冷戦以前の、いわゆるマッカーシズムが始まる前から存在した愛国と忠誠の原理と前提を鮮明に照らし出している。たとえば、科学者が「政治、外交、軍事に関する方針」や「兵器の戦略的、戦術的使用」について批判したり意見を表明したりすることは不適切であり、怪しい言動とみなされた。同上、455, 958-60. また証言者たちは、「友人への忠誠」以上に「国家への忠誠」が重要と思っているかと尋ねられた。同上、624-25, 654.

(149) Groves, *Now It Can Be Told*, 265, 271.

(150) Morrison, *Turmoil and Tradition*, 620–21. モリソンは、原爆を使用した理由は「日本との戦争を終わらせることそのもの」にあったと結論づけている(622)。モリソンの本は多くの公文書が解禁される前のものであるが、スティムソンの日記の内容とこの問題をよく知る個人との様々な会話から考えると、スティムソンは迷ってはいたものの、原爆の投下を本気で疑問視していた証拠は見当たらないと述べている(635)。

(151) このリンカンの演説は、一八四八年一月一二日の米下院におけるもの。

(152) 「トリニティ」という暗号名の起源については、Davis, *Lawrence and Oppenheimer*, 224-25.

(153) ボールズの言葉は、Sherry, *The Rise of American Air Power*, 195–96.

(154) Morrison, *Hellbirds*, 126, 141.

(155) Robert Guillain, *I Saw Tokyo Burning: An Eyewitness Narrative from Pearl Harbor to Hiroshima* (Doubleday, 1981. 原著はフランス語), 181-82; Paul Abrahams, "Breathing Fire," *Financial Times*, March 4, 2000; 東松と武満については、私の次の論文を参照。Dower, "Contested Ground: Shōmei Tōmatsu and the Search for Identity in Postwar Japan," in Rubinfein and Phillips, *Shomei Tomatsu*, 72-85. 視野を大きくとれば、一九三〇年代および一九四〇年代前半の時期において、日本人ほど戦争を美化した国民はなかったとも言える。それはグラフィック・アート、映画、大衆音楽などの文化面においても、「皇道」の教義に含まれる「死の社会化」という思想面においても言えることである。一例として、展示会カタログに収録された私の次の論考を参照。Dower, "Japan's Beautiful Modern War," in *Wearing Propaganda: Textiles on the Home Front in Japan, Britain, and the United States—1931-1945*, ed. by Jacqueline Atkins (Bard Graduate School and Yale University Press, 2005), 93-113[ダワー「日本の美しい近代戦」外岡秀俊訳『忘却のしかた、記憶のしかた——日本・アメリカ・戦争』(*Ways of Forgetting, Ways of Remembering: Japan in the Modern World*)岩波書店、二〇一三年]。

(156) ティルピッツについては、Williamson Murray, *War in the Air, 1914-1945* (Smithsonian Books/HarperCollins, 2005), 73. この本ははじめ一九九九年にイギリスで刊行された。

(157) Sherwin, *A World Destroyed*, 312 (appendix P[アラモゴルド(ママ)における原爆実験報告])。トリニティ実験の光景について、より抑制のきいた描写として、イギリス人の実験参加者O・R・フリッシュ(一九三八年から一九三九年の核分裂の発見に関わった研究者の一人)によるものがある。Gowing, *Britain and Atomic Energy*, appendix 5, 441-42.

(158) 八月九日のローレンスの報告は、一九四五年九月九日付『ニューヨーク・タイムズ』等に掲載された。

(159) 本文に引用した、超兵器による未来戦争を描いた黙示録的な作品に見られる表現は、次からとった。Franklin, *War Stars*, 19, 32, 41, 76, 84. サイエンスフィクションが描く空想と、科学が生み出すリアリティは、いまも融合し続けている。戦後六〇年以上たって、広島と長崎の両方の原爆投下に参加した元乗組員が死亡したときの記事には、本人がこう語っていたと書かれている(広島の場合について)。「きのこ雲の頂点はとても恐ろしかったが、人間が一生で見るもののうち最も美しいものでもあった。きのこ雲から虹のあらゆる色が出ていると思った」。"Charles Albury, 88, Co-Pilot of Nagasaki Bomber," *New York Times*, June 5, 2009.

(160) 『ニューヨーク・タイムズ』は一九四五年九月二六日、「原子爆弾のドラマ、七月一六日の実験でクライマックスに」と題して、トリニティ実験に関するローレンスの報告を掲載した。トリニティ実験にも立ち会った唯一のジャーナリストであったローレンスのこの記事は、前例のない人工的破壊の光景を見た科学者やそこに立ち会った人たちの、原始的あるいは部族的ともいえるような、一種異様な反応を描いている。

「大閃光（グレート・フラッシュ）から約一〇〇秒後、大きな音響がやってきた。新世界誕生の産声だ。それは沈黙し静止した〔周囲の山々の〕影に命を与え、声がとどろいた。

大きな叫び声が大気を満たした。それまで砂漠の植物のように立っていた人々が、いくつかの小さな集団になって踊り始めた。原始人が春を祝う火祭りのようなリズムだ。

彼らは跳ね上がって手をたたいた。地上の人間が手に入れた自由、人間を引きずり下ろす地球の引力から自由になる手段を、人間に与える新たな力の誕生。

原始人のダンスはほんの数秒間であった。だが、それは約一万年の進化を望遠鏡で見たようであり、数秒後、原始人は現代人へと変態した。人々は握手し、背中をたたき合い、子どものように笑った」。

核問題についてのローレンスの記事や核問題全般をめぐる『ニューヨーク・タイムズ』の報道を批判的に分析したものとして、Beverly Ann Deepe Keever, *News Zero: The 'New York Times' and the Bomb* (Common Courage Press, 2004). ジャーナリストのエイミイ・グッドマンとデイヴィッド・グッドマンは二〇〇四年、「ヒロシマ隠蔽——陸軍省お抱えの『ニューヨーク・タイムズ』記者がピューリッツァー賞を受賞した背景」と題してオンライン上で批判し、ピューリッツァー賞委員会がローレンスに与えた賞を遡って取り消すよう要求した。この論評は、commondreams.org の二〇〇四年八月一〇日のサイトに掲載されている。

(161) 一九四一年一二月一〇日の世論調査に関しては Hadley Cantril and Mildred Strunk, *Public Opinion, 1935–1946* (Princeton University Press, 1951), 1067. ドイツと日本に対するアメリカ人の態度の違いなどについて詳しくは、Dower, *War Without Mercy*. その他の世論調査は、53. 映画『目標はビルマだ！ *Objective Burma!*』に関する論争は、Clayton R. Koppes and Gregory D. Black, *Hollywood Goes to War: How Politics, Profits and Propaganda Shaped World War II Movies* (University of California Press, 1988), 261-64. アルバ・ベッシーからジェリー・ウォルド宛の内部文書の全文は、I. C. Jarvie, "Fanning the Flames: Anti-American Reaction to *Objective Burma* (1945)," *Historical Journal of Film, Radio, and Television*, vol. I, no. 2 (1981), 117-37 に再録。

(162) 日本軍の虐殺行為に関する検閲の撤廃については、Dower, *War Without Mercy*, esp. 41-57.

(163) Groves, *Now It Can Be Told*, 324; *Public Papers of the Presidents of the United States: Harry S. Truman, 1945*, 212.

(164) 連邦教会協議会事務局長とトルーマンのやりとりの全文は、全米教会評議会のウェブサイト (nccusa.org) に、"A moment in ecumenical history-August 1945: the churches and the bomb" と題して再録されている。連邦教会協議会のその後の声明（一九四六年）は、Bird and Lifschultz, *Hiroshima's Shadow*, 488-99. 世論は原爆の使用を支持したが、他方でアメリカの多様な分野の著名人(アメリカ人以外ではアルベール・カミュのような人たち)による原爆批判は、一般に記憶されているより広い範囲で見られた。そうした事例は、"The First Critics," section in ibid., 237-311.

(165) Craven and Cate, *The Army Air Forces in World War II*. これは半公式の文献で、「アーノルド将軍はできるだけ大きなフィナーレを望んだ」、カール・スパーツ将軍は三発目の原爆を期待していた、と記している。vol. 5: 732-33. 長崎の原爆投下後、さらに日本人一万五〇〇〇人が空爆によって死亡したことについては、DeGroot, *The Bomb*, 102.〔米国時間で〕八月八日の長崎への原爆投下から「フィナーレ」までの間に、アメリカの爆撃は一五回行われ、爆撃機の損失は一機もなかった。Kohn and Harahan, *Strategic Air Warfare*, 70.

(166) "The Tokyo Express: A Life Photographer Takes a Ride to Hiroshima on Japan's Best Train," *Life*, October 8, 1945, 27-36.『ライフ』誌の同じ号には、火傷を負った女性が男性を介抱する写真が掲載されている。そのキャプションには、こう書かれている。「広島の原爆犠牲者。火傷を負い、骨折しており、蝿が飛んでいる銀行の不潔な、建物で介抱されている。医師ではない若い日本人女性が傷口の手当てをしている」。この写真にも記事にも、医師と看護師が大半死亡し、病院も医薬品も破壊されていたことは述べられていない。原爆の使用に関して、しばしば引用される世論調査は、"The Fortune Survey," *Fortune*, December 1945, 305である。そこでは回答者の五三・五パーセントが「われわれが行ったように、都市に二発の原爆を使用すべきであった」という項目に賛成し、「一発の原爆も使用すべきではなかった」という項目に賛成したのはわずか四・五パーセントであった。そして一三・八パーセントが「日本の権力者に見せるため、まず一発目を人があまり住んでいない地域に投下し、それでも日本が降伏しない場合にのみ、二発目を都市に投下すべきであった」という項目を支持した。日本が降伏する前に、もっと多くの原爆を投下してもよかったとする人は二二・七パーセントとなっている。このように、皆殺し(ジェノサイド)に近い報復を望む感情は、アメリカ人が日本人だけに抱く特別な感情ではなかった。フリーマン・ダイソンの回想によると、ドレスデン爆撃の後、「教育程度が高く、知的な」イギリス軍将校の妻と話したとき、「戦争も終盤に近いのにドイツ人の女性と赤ん坊を大量に殺すことは正しいのでしょうか」と尋ねると、「そうですよ。とくに赤ん坊を殺すことは良いことです。私は、この戦争のことではなくて、二〇年後の次の戦争のことを考えているんです。ドイツ人がまた戦争を始めて、われわれが戦わざるを得ない時には、赤ん坊は兵士になっているでしょう」。Freeman Dyson, "A Failure of Intelligence," 71.

(167) Henry A. Wallace, *The Price of Vision: The Diary of Henry A. Wallace, 1942-1946*, ed. by John M. Blum (Houghton Mifflin, 1973), 473-74. 平静で後悔もしなかった大統領というトルーマン自身が演じ、トルーマンを崇める人たちが好む、イメージとは違って、トルーマン

が原爆投下について複雑な心境にあったことについては、ガー・アルペロビッツの興味深い考察を参照。Gar Alperovitz, "The Truman Show," *Los Angeles Times Book Review*, August 9, 1998.

(168) Rhodes, *The Making of the Atomic Bomb*, 697; Sherwin, *A World Destroyed*, 217-18. 科学顧問団については、304-5(appendix M).

(169) Compton, *Atomic Quest*, 236; Sherwin, *A World Destroyed*, 200(コナントに関するスティムソンの言葉); Smith, *A Peril and a Hope*, 46も参照。

(170) Blackett, *Fear, War, and the Bomb*, 139.

(171) 当人たちはけっして認めないだろうが、『ニューヨーク・タイムズ』のウィリアム・ローレンスのような、理想のために爆弾を落とすという考え方は、二〇世紀初頭の大衆小説に由来するところがある。そうした小説では、終末論的な「空の戦争」が「平和のための戦争」とされ、世界軍縮への序曲として登場する。たとえば、一九一四年のH・G・ウェルズの小説『解放された世界』には、「次々に爆発し」、「反抗期の少年でも簡単に使える」原子爆弾が出てくる。ウェルズによれば、こうして戦争は「不可能となっていく」。すなわち指導者は「原子爆弾による破壊の新たな発生から」全世界を守り、「……恒久的で普遍的な平和を確保する」以外に選択肢はなくなるのであった。第一次世界大戦後の一九二一年には、発明家のトマス・エジソンが「戦争を不可能にする方法」("How to Make War Impossible")と題するエッセイを書いて、未来を予測した。そこでは、軍が「原子力」を含めた科学の進歩を大々的に利用し、どの政府も「恐ろしい死の道具を生産することで、戦争は文明の終わりであることをすべての人間すべての国家が知るように」なれば良いと述べている。このエジソンのエッセイについての興味深い考察として、Franklin, *War Stars*, esp. 32-33, 41-44, 75-76. フランクリンはこの本の一章をエジソンについての考察に充てている。

古い詩もまた、この種のユートピア的な未来イメージを補強した。一八四二年にテニスンが書いた有名な"Locksley Hall"という詩(批判的に読めば、人種主義的であり、女性蔑視的でもある)の一節が、トルーマンもチャーチルも好きであった。「天空で格闘する諸国家の空の海軍から」雨のように落ちてくる「死の露」は、「戦いの太鼓がもう鳴らず、戦いの旗がたたまれる序曲となる。人類の議会、世界の連邦において」。トルーマンは二〇代中頃から財布にこの一節を入れて持ち歩き、一九四五年の国連創設に向けた会議でしばしば引用した。またトルーマンは、きれいに折り目のついた紙を財布から取り出し、ポツダムに向かう船上でホワイトハウス担当記者にこの詩の一部を読んで聞かせた。A. Merriman Smith, *Thank You, Mr. President: A White House Notebook* (Harper and Brothers, 1946), 286. チャーチルは、テニスンの詩の一節が「現代の預言のなかで最も素晴らしい」ものだと語った。Arthur Schlesinger Jr., "Bye, Bye, Woodrow," *Wall Street Journal*, October 27, 1993. テニスンを意識したかどうかはわからないが、オッペンハイマーも一九四五年一一月二日、ロスアラモス科学者協会の設立にあたっての「告別演説」で、核兵器が存在する新しい世界には「大きな危険、しかし大きな希望」があると述べて、恐るべきものこそ有用なものだと述べた。Smith and Weiner, *Robert Oppenheimer*, 315-25, esp. 319. このように、過去にSF作家が空想したことと、一九四五年にエリートたちが考えたことは、たがいに共鳴するものがある。これは、一九世紀末のフィリピン制圧の流血について語られた言葉〔たとえばマッキンレー大統領がフィリピン制圧をアメリカによる「自由と法、平和と進歩」の拡大と正当化したこと。本書上巻第四章〕と、イラク戦争という選択を正当化するためにホワイトハウスのスピーチライターが使った言葉〔たとえば二〇〇三年一月、ブッシュ大統領が一般教書演説で「アメリカ人の善良、理想、信仰には力が、奇しき力があります」と表現したこと。本書九四頁〕の間の共鳴にも似ている。〔理想のための殲滅という〕立派で独創的にみえる考え方も、元は大衆受けをねらった古くからの発想であるともいえる。

(172) *Bulletin of the Atomic Scientists of Chicago*, vol. 1, no. 1 (December 10, 1945), 1 (この雑誌のタイトルは、その後 "*of Chicago*" が削除される)。この資料では「真珠湾攻撃」という言葉が核時代への警告として使用されているが、この用法は、一九四五年六月のフランク報告にもみられたものである〔フランク報告の前書きに、「原子力工学の現状を知るわれわれ全員は、わが国自身に突然破壊が降りかかり、わが国の主要都市ひとつひとつにおいてパールハーバーの何千倍という大災厄が繰り返される光景を目の前に想像しながら暮らしている」と書かれていることを指す。第一〇章に既述〕。

第13章

(173) Averill A. Liebow, "Encounter with Disaster: A Medical Diary of Hiroshima, 1945," *Yale Journal of Biology and Medicine*, vol. 38 (October 1965), 61-239. 〔リーボウ(訳者不詳)「災害との遭遇——広島の医学日記」『広島医学』第二〇巻二・三号、一九六七年〕。本文で引用した部分は、64. 同号全体がリーボウの日記にあてられている。

(174) Bird and Sherwin, *American Prometheus*, 290, 323 には、オッペンハイマーが戦後、原爆を「邪悪なもの an evil thing」と呼んだと書かれている。なお、*Public Papers of the Presidents of the United States: Harry S. Truman, 1945*, 223, 255.

(175) Leibow, "Encounter With Disaster," 237-39. リーボウ博士は最後に次のように述べている。以下、全文を紹介しておく。

「この兵器を使用した事実を私たち〔広島に入ったアメリカの医療調査団〕が深く考え、その結果を目撃し、それを言葉で描写したとき、私たちは嫌な気持ちでいっぱいになった。一種の同情も感じた。この同情は、この兵器から遠いところにいてプロメテウス〔天上の火を盗み、人間に与えて罰を受けたギリシャ神話の神〕になったような気分になり、「わが過ち」と叫ぶけれども実は自分が威張りたいだけの人たちに対してではない。それは原子爆弾の開発に直接の責任を負い、純粋に良心の呵責に悩まされた物理学者たちに対する同情である。もう〔原爆の製造と使用という〕現実は生まれてしまったが、われわれも人類に対する悪の共犯者だったのだろうか。

罪なき人を殺傷することは、決して許されない悪である。戦闘中に相手を素手で殺すことさえ、それが「騎士道」だといってみても、やはり殺人には変わりがなく、罪としては同種のものだ。「騎士道」は、とうの昔、最初の石が飛んだときに砕け落ち、最初の松明が投げられたときに焼けてなくなってしまった。広島より何世紀も前に騎士道は死んでしまったのだ。

私たちは、二度と使われることのないマリアナ諸島の一万五〇〇〇の〔米兵のための〕病床や、もし日本本土への襲撃と征服を実行していたら犠牲になったであろう日米双方の何十万人の命のことも考えた。〔原爆のおかげで〕広島・長崎で失われた人命よりも多くの命が救われたといえるのだろうか? 〔原爆を〕人の住む都市の上ではなく、その近くに落とすだけでも、同じくらいの〔日本の降伏を促す〕効果があったのではないだろうか? ひとつの都市を破壊する「必要」があったとしても、もうひとつの都市を破壊したことは、どう正当化できるのだろうか? 私たちはただ、戦略的理由によってだけでなく、道徳的目的によっても原爆使用の決定が下されたことを願う他ない。

傷害を受け、手や足を失った被害者に接したとき、われわれ〔アメリカの〕医師団は申し訳なさと後ろめたさを感じた。しかし、日本人の側にアメリカへの憤りがみられなかったのは、勇敢で規律正しい国民の自制心ゆえなのか、それとも彼ら自身、罪の意識を持っていたことの反映だったのだろうか。おそらく両方だったのだろう……。

一九四六年九月六日、約一三〇〇頁の報告書を六巻にまとめてアッシュ大佐に提出したとき、いまだに生々しく感じられるこの話も終わりを迎えた。しかしわれわれには、報告はまだ終わっていないという落ち着かない気持ちが残った。この不安な気持ちは、忘れられない記憶となって今も続いている。願わくば、この記憶が語る罪悪が決して再び帰ってきませんように!」

(176) Sherwin, *A World Destroyed*, appendix R(ジェフリーズ報告), 316. この報告に関しては、本書第一〇章の注97。

(177) Vera Brittain, *Seed of Chaos: What Mass Bombing Really Means*(一九四四年四月、ロンドンで New Vision Publishing という出版社から爆撃制限委員会 The Bombing Restriction Committee の依頼で刊行されたもの)。この小冊子は、アメリカ向けには *Massacres by Bombing: The Facts behind the British and American Attack on Germany* と題して、「友和会 Fellowship of Reconciliation」という平和団体によって刊行された。ブリテンは序章で「彼らは忌むべきことをして恥をさらした」(「エレミヤ書」六:一五)のだろうかという聖書の言葉も引用して、読者に問いかけている。この本に対しては、イギリスのジョージ・オーウェルが批判し、ルーズベルト大統領の爆撃政策を擁護した。また、ブリテンの本を取り上げた『ニューヨーク・タイムズ』にも、批判的な意見が多く寄せられた。Sherry, *The Rise of American Air Power*, 138-43; Crane, *Bombs, Cities, and the Civilians*, 28-31.

(178) Merle Miller, *Plain Speaking: An Oral Biography of Harry S. Truman* (Berkeley, 1973), 248. ミラーによると、「トルーマン大統領図書館に所蔵されているトルーマンの個人蔵書」には、「原爆に関して出版されたあらゆる本」が含まれており、本文で引用したホレイショーのセリフの最後の行に、トルーマンは二重のアンダーラインを引いている(本書では、Clarendon Press 版シェイクスピア全集の『ハムレット』を利用した。ミラーが引用しているセリフは、ほんの少し違っている)。

(179) Peter Baker, "Bush Tells Group He Sees a 'Third Awakening'," *Washington Post*, September 13, 2006. アメリカ史では、「第一の大覚醒」とは一七三〇年あたりから一七六〇年までのイギリス植民地に起こったキリスト教信仰運動の盛り上がりをいう。「第二の大覚醒」は、一九世紀初期の数十年間にあったとされる。「九・一一」から五周年にあたり、ブッシュ政権の善悪二元論を論じたジャーナリスティックな記事の例は、"In the World of Good and Evil," *Economist*, September 16, 2006.

(180) 一般教書演説に「奇しき力」という讃美歌の一節を目立ちにくい形で挿入したことは、CBSの記者、レスリー・スタールとホワイトハウスのスピーチライターであったデイヴィッド・クオとの会話を載せたオンライン上の記事にある。クオは福音派のキリスト教徒で、「思いやりのある保守」という共和党のスローガンが単なるレトリックにすぎないと感じたために辞職した。"A Loss of Faith," CBSNews.com, October 15, 2006. この讃美歌の歌詞全文は、オンラインで読むことができる。

(181) "The World Islamic Front," February 23, 1998, in bin Laden, *Messages to the World*, 58-62; "To Our Brothers in Pakistan," September 24, 2001, in ibid., 100-2; "The Winds of Faith," October 7, 2001 (あるいはこの日以前), in ibid., 103-5, "Terror for Terror," October 21, 2001, 106-29, "Crusader Wars," November 3, 2001 (133-38).

(182) "Terror for Terror," October 21, 2001, in bin Laden, *Messages to the World*, 121.

(183) 当時の日本人は、死者の墓や慰霊碑に花、米、たばこ、日本酒などを供え、お盆に帰ってくる死者の霊魂を供養して死者を敬った。真珠湾を攻撃した日本の軍人たちが神に祈った例は、Donald M. Goldstein and Katherine V. Dillon, eds. *The Pearl Harbor Papers: Inside Japanese Plans* (Brassey's, 2000), 195, 207, 215, 256-57; Gorden W. Plange, *At Dawn We Slept: The Untold Story of Pearl Harbor* (McGraw Hill, 1981), 325, 345. 出来るだけ早くアメリカと開戦しなければならないと考えていた日本軍部の強硬派は、一九四一年一一月末の「ハル・ノート」を受け入れがたい最後通牒とみなし、同時にこれを天祐と考えた。Yomiuri Shimbun, *Who Was Responsible?: From Marco Polo Bridge to Pearl Harbor*, ed. James E. Auer (Yomiuri Shimbun, 2006), 119.

(184) 反西欧思想の知的・イデオロギー的基盤については、Cemil Aydin, *Politics of Anti-Westernism in Asia: Visions of World Order in Pan-Islamic and Pan-Asian Thought* (Columbia University Press, 2007); Ian Buruma and Avishi Margalit, *Orientalism: The West in the Eyes of Its Enemies* (Penguin, 2004); Tetsuo Najita and H. D. Harootunian, "Japanese Revolt against the West: Political and Cultural Criticism in the Twentieth Century," in Peter Duus, ed., *The Cambridge History of Japan*, vol. 6: *The Twentieth Century* (Cambridge University Press, 1988), 711-74. イスラム主義者に関する主な資料として、ビン・ラディンの発言をまとめた *Messages to the World* 及びサイイド・クトゥブ(Sayyid Qutb)の著書 *Milestones* がある。クトゥブの本は一九六四年に初版が刊行され、大きな影響力をもった(本章の注193に引用)。ジハードとテロの関係については、オンライン上に膨大な文献がある。

日本のナショナリズムに関する一次史料の多くは英訳されており、以下の文献で読むことができる。Wm. Theodore de Bary, Carol Gluck, and Arthur Tiedeman, eds., *Sources of Japanese Tradition*, vol. 2: *1600-2000* (Columbia University Press, 2005), とくに "Nationalism and Pan-Asianism" (789-820), "The Rise of Revolutionary Nationalism" (948-79), and "Empire and War" (980-1017). John Owen Gauntlett, transl., and Robert King Hall, ed., *Kokutai no Hongi: Gardinal Principles of the National Entity of Japan* (Harvard University Press, 1949); Robert King Hall, *Shūshin: The Ethics of a Defeated Nation* (Columbia University Press, 1949); Otto Tolischus, *Tokyo Record* (Reynal & Hitchcock, 1943), 405-27に "Way of the Subject"(「臣民の道」)が付録として掲載。Joyce C. Lebra, ed., *Japan's Greater East Asia Co-Prosperity Sphere in World War II: Selected Readings and Documents* (Oxford University Press, 1975); 日本のイデオローグと軍国主義者による神道と仏教の利用に関しては、D. C. Holtom, *Modern Japan and Shinto Nationalism* (University of Chicago Press, 1943); James W. Heisig and John C. Maraldo, eds., *Rude Awakenings: Zen, the Kyoto School and the Question of Nationalism* (University of Hawaii Press, 1994); Brian Victoria, *Zen at War* (Weatherhill, 1997). 日本における反ユダヤ主義の基本文献は、David Goodman and Masanori Miyazawa, *Jews in the Japanese Mind: The History and Uses of a Cultural Stereotype* (Free Press, 1994)[デイビッド・グッドマン、宮澤正典/藤本和子訳『ユダヤ人陰謀説——日本の中の反ユダヤと親ユダヤ』講談社、一九九九年]。ドナルド・キーンは、以下の論文のなかで多くの例を引用して日本の作家と戦争の関係を論じている。"Japanese Writers and the Greater East Asia War," *Journal of Asian Studies*, vol. 23, no. 2 (1964), 209-25; "Japanese Literature and Politics in the 1930s," *Journal of Japanese Studies*, vol. 2, no. 2 (1976), 225-48; "The Barren Years: Japanese War Literature," *Monumenta Nipponica*, vol. 33, no. 1 (1978),

67–112; “War Literature” (906–61), in Donald Keen, *Dawn in the West: Japanese Literature of the Modern Era* (Holt, Reinhart and Winston, 1984)〔「戦争文学」ドナルド・キーン／角地幸男訳『日本文学の歴史(近代・現代篇5)』中央公論社、一九九六年〕。著者〔ダワー〕は、“Global Policy with the Yamato Race as Nucleus” in *War Without Mercy*, ch. 10 (262–90)において、日本の戦時資料を引用・分析している。

(185) 帝国日本における死の社会化についての最も詳細な考察は、Kazuko Tsurumi, *Social Change and the Individual: Japan before and after Defeat in World War II* (Princeton University Press, 1970). とくに第二章(“The Army: The Emperor System in Microcosm”)および第三章(“Socialization for Death: Moral Education at School and in the Army”). 特攻隊員や戦争で亡くなった日本の若者の日記や私的な文章の英訳として、以下のものがある。Nihon Senbotsu Gakusei Kinenkai, comp. *Listen to the Voices of the Sea*, transl. by Midori Yamanouchi and Joseph L. Quinn (University of Scranton Press, 2000)〔日本戦没学生記念会編『新版 きけ わだつみのこえ——日本戦没学生の手記』岩波文庫、一九九五年〕; Hagoromo Society of Kamikaze Divine Thunderbolt Corps Survivors, ed., *Born to Die: The Cherry Blossom Squadrons* (Ohara, 1973); Emiko Ohnuki-Tierney, transl., *How Lonely Is the Sound of the Clock: Diaries of Japanese Soldiers in the Special Attack Force* (University of Chicago Press, 2006)〔大貫恵美子『学徒兵の精神誌——「与えられた死」と「生」の探求』岩波書店、二〇〇六年〕。生き残った特攻隊員と特攻隊員を身近に知る人たちの回想は、Yasuko Kuwahara and Gordon T. Allred, *Kamikaze* (Ballantine, 1957); Ryuji Nagatsuka, *I Was a Kamikaze* (MacMillan, 1974); Rikihei Inoguchi, Tadashi Nakajima, and Roger Pineau, *The Divine Wind: Japan’s Kamikaze Forces in World War II* (Ballantine, 1958); essays by Rikihei Inoguchi and Tadashi Nakajima, Kennosuke Torisu and Masataka Chihara, Toshiyuki Yokoi, and Mitsuru Yoshida in David C. Evans, ed., *The Japanese Navy in World War II: In the Words of Former Japanese Naval Officers* (Naval Institute Press, 1969; second edition, 1986); Hatuo Naito, *Thunder Gods* (Kodansha International, 1989); Yutaka Yokota with Joseph D. Harrington, *Kamikaze Submarine* (Leisure Books, 1962); Haruko Taya Cook and Theodore F. Cook, eds., *Japan at War: An Oral History* (New Press, 1992)(第一五章にインタビューあり)。

二次的文献として、Ivan Morris, *The Nobility of Failure: Tragic Heroes in the History of Japan* (New American Library, 1975)所収の優れた論文 “If Only We Might Fall,” 276–334, 438–62; Denis Warner and Peggy Warner, with Commander Sadao Seno, *The Sacred Warriors: Japan’s Suicide Legions* (Avon, 1984); Peter Hill, “Kamikaze, 1943–5,” in Diego Gambetta, ed., *Making Sense of Suicide Missions* (Oxford University Press,

2005), 1-41; Richard O'Neill, *Suicide Squads: Axis and Allied Special Attack Weapons of World War II—Their Development and Their Missions* (Ballantine, 1981); Morrison, *History of United States Naval Operations in World War II*, vol. 14; Frank, *Downfall* の第一二章。大貫恵美子教授は、*Kamikaze, Cherry Blossoms, and Nationalisms: The Militarization of Aesthetics in Japanese History* (University of Chicago Press, 2002) において、象徴人類学の視点から特攻について詳しく考察している。とくに第五章。彼女は、*pro patria mori*(「祖国のために死するとは」ホメロス)と *pro rege et patria mori*(「王と祖国のために死するとは」)という二つのイデオロギーをとりあげ、彼女が調査した高学歴の神風特攻隊員の多くを引きつけたのは「祖国のために死するとは」のほうであり、「王と祖国のために死するとは」のほうは、より大まかな政治的ナショナリズムであったと論じている。

(186) 映画『一番美しく』は黒澤監督の初期の映画で、政治プロパガンダ的であったがゆえにほとんど知られておらず、外国人がビデオで見るのが難しい数少ない黒澤作品のひとつである。ドナルド・リチー Donald Ritchie が以下のガイドブックで、『一番美しく』について論じている。*The Films of Akira Kurosawa* (University of California Press, 1984), 26-29[ドナルド・リチー/三木宮彦訳『黒澤明の映画(増補版)』社会思想社、一九九三年]。黒澤自身はこの映画がお気に入りで、「小品ではあるが、私の一番可愛いい作品」と語っている。*Akira Kurosawa: Something Like an Autobiography* (Vintage, 1983), 132-35[黒澤明『蝦蟇の油——自伝のようなもの』岩波書店、一九八四年]。

(187) イスラム主義者のテロリズムと死の社会化について、日本の経験と比較して類似点と相違点を論じた文献として、Louise Richardson, *What Terrorists Want: Understanding the Enemy, Containing the Threat* (Random House, 2006), and Jessica Stern, *Terror in the Name of God: Why Religious Militants Kill* (HarperCollins, 2003). 自爆テロの動機が宗教的目的というより故郷の土地を守ることにあったことに関しては、Robert A. Pape, *Dying to Win: The Strategic Logic of Suicide Terrorism* (Random House, 2005). この本は二〇〇一年の事例研究に依拠した次の論文が元になっている。"The Strategic Logic of Suicide Terrorism," *American Political Science Review*, vol. 97, n. 3 (August 2002). また、Gambetta, *Making Sense of Suicide Missions* (とくに Gambetta と Luca Ricolfi の論考)も参照。日本人とイスラム主義者の比較から出てくる刺激的な論点のひとつは、自爆行為や「殉教」の数は——それにともなう直接的な死傷者数でさえ——、標的となった敵がパニック的反撃によってつくりだす犠牲者の数よりも、驚くほど少ないという事実である。

(188) ルイーズ・リチャードソンは、テロ terror とは「国家ではなく、国家よりも小さい集団によって行われる行為」であると定義しているが、第二次世界大戦中の連合国による爆撃や広島・長崎への原爆投下のような作戦が「道徳的にはテロリズムに匹敵する」ことも認めている。Louise Richardson, *What Terrorists Want*, 5. リチャードソンが、国家よりも小さい集団に注目したことは理解できる。だが、人間の心理とか、テロを正当化する言葉とか、国家によるものであれ国家以外の集団による行為とか、どれであれ道徳性(あるいは非道徳性)においてテロであることに変わりはないという点については、さらに比較研究が必要である。とはいえ、リチャードソンが行った、国家ではない集団によるテロリズムの俯瞰は、帝国日本の聖戦と連合国のドイツ・日本への空爆の理解を助けてくれる。たとえばリチャードソンは、個々のテロの動機を考察して、「名声 renown」「反感 reaction」とともに「報復 revenge」が「三つのR」であると述べている。ibid, 41-45, 88-94, 100. テロがもつこのような特性は近代に特有のものではない。アメリカの対テロ戦争の偽善性や自己正当化が明らかになると、アウグスティヌス(古代キリスト教最大の教父。三五四—四三〇)が五世紀初めに書いた『神の国』に出てくる、ある海賊の言葉をもじった表現がオンラインや反戦派の間で広く引用された。「私は小さな船でそれを行うからテロリストと呼ばれる。貴殿は艦隊でそれを行うから皇帝と呼ばれる」。

(189) 特攻が米軍に対して心理的に効果があったことについては、多くの回想がある。たとえば、一九八〇年代の座談会で、米空軍の元高官がこう語っている。「ある提督は、「あと二四時間こんなことが続くなら、私は辞めさせてもらう」と言っていました。提督は、カミカゼ攻撃があるので沖縄作戦から身を引きたいと言ったわけです。ですから、[特攻の発進基地であった]飛行場をわれわれは毎日のように攻撃せざるを得なかったのです」。Kohn and Harahan, *Strategic Air Warfare*, 49-50.

(190) 「九・一一」から五日後のテレビインタビューで、ブッシュ政権のチェイニー副大統領は、今後の作戦には「暗い側面 the dark side」が不可避になると視聴者に語った。この言葉が意味したことは、何かの秘密作戦といった、多くの視聴者が想像したもの以上であった。それには組織的な拷問などの捕虜に対する虐待がふくまれており、その計画と実態はブッシュ政権の終了前に明らかにされ、次の政権下で秘密文書が公表されたことにより、詳細が判明した。こうした逸脱行為に関しては、マーク・ダナーやジェーン・メイヤーなど多くの批判的な論者が鋭い分析を行った。Danner, *Torture and Truth: America, Abu Ghraib, and the War on Terror* (New York Review of Books, 2004). ダナーとのインタビューは、次に収録。Tom Engelhardt, *Mission Unaccomplished: TomDispatch Interviews with American Iconoclasts and Dissenters* (Nation Books, 2006). メイヤーの著作は、Jane Mayer, *The Dark Side: The Inside Story of How the War on Terror Turned into a War on American Ideals* (Doubleday, 2008). その後のルポルタージュとして、Steven Strasser, ed. *The Abu Ghraib Investigations: The Official Reports of the Independent Panel and the Pentagon on the Shocking Prisoner Abuse in Iraq* (Public Affairs, 2004); and Richard Falk, Irene

Gendzier and Robert Jay Lofton, eds., *Crimes of War: Iraq* (Nation Books, 2006).

(191) レミントンのデッカ・アトケンヘッドとのインタビューは、*Guardian*, October 18, 2008. マクドナルドの演説は、英公訴局のサイト(cps.gov.uk)に掲載の "CPS Lecture-Coming Out of the Shadows," October 20, 2008.

(192) Abu Baker Naji, *The Management of Savagery: The Most Critical Stage through Which the Umma Will Pass*, translated by William McCants for the John M. Olin Institute for Strategic Studies at Harvard University, May 2006. この論説はもともとは二〇〇四年にオンライン上で発表されたもので、英語版はマキャンツ(McCants)が所属する米陸軍士官学校テロリズム対処センター(the Combating Terrorism Center)のサイト(ctc.usma.edu)で閲覧可能である。この論説の論評として、Stephan Ulph, "New Online Book Lays Out Al-Qaeda's Military Strategy," *Terrorism Focus*, vol. 2, no. 6 (March 17, 2005); Jarret M. Brachman and William F. McCants, "Stealing Al-Qaeda's Playbook," *CTC (Combating Terrorism Center) Report*, February 2006; William F. McCants, "Terror's Playbook," *New York Daily News*, July 29, 2006.「アブ・バクル・ナジ "Abu Baker Naji"」という人物はアルカイダのオンライン・ジャーナルにも寄稿しているが、マキャンツは、これは複数の筆者の匿名ではないかと述べている。「九・一一」以後のジハード戦略全般における『野蛮の管理』(本文で言及)の意味を論じたものとして、Lawrence Wright, "The Master Pan," *New Yorker*, September 11, 2006.

(193) Sayyd Qutb, *Milestones* (Cedar Rapids, Iowa: The Mother Mosque Foundation, n. d.)〔サイイド・クトゥブ／岡島稔・座喜純訳『イスラーム原理主義の「道しるべ」』第三書館、二〇〇八年〕。「悪」の概念は、この本の第一〇章でとくに強調されている。本文で引用した箇所は、9-11, 73, 129, 138-39. また、Paul Berman, "The Philosopher of Islamic Terror," *New York Times*, March 23, 2003. バーマンはイラク攻撃に賛成しているが、この一文はイラク戦争の開戦とほぼ同時に発表されたクトゥブに関する明晰なエッセイである。バーマンは、クトゥブの著作は結局は病的で全体主義的であるとしつつも、とくに『道しるべ』以前の著作の真摯な姿勢と力強い文体は称賛すべきだとしている。そしてこれは思想の戦争そのものであり、ブッシュ大統領も彼の側近もリベラル派も、この思想の戦争に正面から取り組んでいないと論じている。バーマンはクトゥブを「アルカイダのカール・マルクス」と呼んでいるが、『道しるべ』をイスラムの聖戦における『わが闘争』〔ヒトラーの著作〕と呼ぶ論者もいる。Jonathan Raban, "Truly, Madly, Deeply Devout," *Guardian*, March 2, 2002.

(194) Nasir bin Hamid al-Fahd, *Treatise on the Legal Status of Using Weapons of Mass Destruction Against Infidels* (二〇〇三年五月、jihandspin.com に掲載)。Michael Scheuer, *Imperial Hubris: Why the West is Losing the War on Terror* (Potomac Books, 2004), 154-56. ここにアル＝ファハドが引用しているコーランの

章・節の番号は版によって少しずつ異なるが、原文のまとした。アル＝ファハドは、このあとすぐサウジ当局に逮捕された。「祝福された火曜日」という表現は、九・一一事件の計画者の一人、ラムジ・ビン・アル＝シブが書いた、「新十字軍の真実」と題する文章のなかの「不信心な女と子どもを殺すことについての裁定」という部分に記されている。なお、アル＝ファハドのこの文章は、米軍がアフガニスタンを侵略した際、アルカイダの幹部がカブールから敗走したとき残していったコンピュータのハード・ドライブから発見されたものである。Alan Cullison, "Inside Al Qaeda's Hard Drive," *Atlantic Monthly*, September 2004. カリソンの論説は、本文に引用したアル＝ファハドの主張を詳しく分析している。

(195) "Terror for Terror," Oct. 21, 2001, in bin Laden, *Message to The World*, 106–29, esp. 124–25.

(196) 私自身、言葉が持つこうした力について、敗戦後の日本に関する研究で詳細に検討したことがある。chapter 5 (168–200), titled "Bridges of Language," in *Embracing Defeat*.

第Ⅲ部

第一三章

(1) 吉田茂の生涯は、*Empire and Aftermath: Yoshida Shigeru and the Japanese Experience, 1876–1954* (Council on East Asian Studies, Harvard, 1988)［ジョン・ダワー／大窪愿二訳『吉田茂とその時代（上下）』中公文庫、一九九一年］; "Yoshida in the Scales of History," in John W. Dower, *Japan in War and Peace: Selected Essays* (w Press, 1993), ch. 6 (208–41). "Yoshida Shigeru" in *Kodansha Encyclopedia of Japan* (Kodansha, 1983), vol. 8: 343–45.「戦争で負けて外交で勝った例はある」という吉田の言葉は、*Empire and Aftermath*, 312.

(2) Ali Allawi, *The Occupation of Iraq: Winning the War, Losing the Peace* (Yale University Press, 2007). アラウィの講演はカーネギー財団の後援で行われた（二〇〇七年四月一一日）。

(3) 二〇〇二年一二月、陸軍大学校で行われたワークショップに基づいたある研究は、「アメリカが戦争に勝ち平和で敗北する可能性は現実的で深刻である」と警告している。Crane and W. Andrew Terrill, *Reconstructing Iraq: Insights, Challenges, and Missions for Military Forces in a Post-Conflict Scenario* (Strategic Studies Institute, United States Army War College, February 2003), 42. ほぼ同じ頃米外交評議会が援助した研究も、冒頭で同様のことを指摘している。「端的に言って、合衆国はこの戦争に勝ったとしても、平和を失うかもしれない」。Edward P. Djerejian and Frank G. Wisner, co-chairs, *Guiding Principles for U. S. Post-Conflict Policy in Iraq: Report of an Independent Working Group Co-sponsored by the Council on Foreign Relations and*

the James A. Baker III Institute for Public Policy of Rice University(January 2003), 1. 二〇〇三年二月初め、国防総省からアメリカ中央軍(CENTCOM)に送られた「イラクの戦闘作戦中における秩序の維持」と題するアクションメモも、戦闘終了後の混乱の危険が大きいため、アメリカは「戦争に勝っても平和を失うかもしれない」と述べている。Douglas J. Feith, *War and Decision: Inside the Pentagon at the Dawn of the War on Terrorism*(Harper, 2008), 364. 明確には述べられていないが、あるシンクタンク〔ランド研究所〕がイラク侵攻の少し前に開始し、開始から数カ月後にまとめた研究も、同様の見方で作成されている。James Dobbins, et al., *America's Role in Nation-Building: From Germany to Iraq*(RAND, 2003). この研究はドイツ、日本、ソマリア、ハイチ、ボスニア、コソボ、アフガニスタンの事例を取り上げている。

(4) CIAは二〇〇二年八月、「ドイツと日本の戦後占領——イラクにとっての意味」という表題のレポートをまとめている。the brief summary on pages 102-3 in appendix C of the Senate's *Report of the Select Committee on Intelligence on Prewar Intelligence Assessments about Postwar Iraq*, May 25, 2007(オンラインでのアクセスは、intelligence.senate.gov/prewar). 日本とドイツがイラク占領のモデルになるかもしれないと最初にホワイトハウスが述べたのは、二〇〇二年一〇月一〇日であった。David E. Sanger and Eric Schmitt, "U.S. Has a Plan to Occupy Iraq, Officials Report," *New York Times*, October 11, 2002. これに続く一連の報道は、政府のスポークスマンや高官たちはイラクとの戦争を望んではいないが、万が一の場合は「参照すべき多くの歴史上のモデルがある」と伝えた。そのモデルの中には(パウエル国務長官が一〇月一一日、ナショナル・パブリック・ラジオ放送で言ったように)日本とドイツが含まれていた。かなり後のことであるが、ブッシュ大統領は二〇〇七年八月、海外戦争復員兵協会の大会で演説したとき、イラクでも民主主義が可能だと言うために、名前を言わずに、日本占領を研究しているある学者の説を引き合いに出した。その学者とは私のことだったので、メディアの取材に応じて、それは情報のねじ曲げであると私は反論した。"Historian: Bush Use of Quote 'Perverse,'" politico.com, August 23, 2007.

(5) 日本占領とイラク占領のある種の収斂については、本書の第一四章と第一五章で扱う。

(6) 日本政府は自衛隊の部隊をイラク支援に派遣したが、その任務は抑制されたものであった。

(7) この点で特に影響力があったのは、一九九九年に自殺した、文芸評論家で社会評論家の故江藤淳である。江藤は、戦後日本の左翼の学者が日本の「十五年戦争」(一九三一—四五)を「暗い谷間」とみなし、それが一般に定着していたことに対し、近代日本にとって真の暗黒時代は、主権が失われた戦後一九四五年から一九五二年までであると反論した。

(8) 日本国内の議論に精通した、長年の鋭い観察者による分析として、Gavan McCormack, *Client State: Japan*

in the American Embrace (Verso, 2007).

(9) この点については、私自身もイラク侵攻前に小さな論考を二つ書いている。"Lessons from Japan about War's Aftermath," *New York Times*, October 27, 2002; "A Warning from History: Why Iraq Is Not Japan," *Boston Review*, February 2003, 6-8. 後者は当初、質疑応答の形で発表された。*JPRI Occasional Paper No. 30* (Japan Policy Research Institute, April 2003). なお、"The Other Japanese Occupation," *Nation*, July 7, 2003 (11-14)［三浦陽一訳「忘れられた日本の占領」『世界』二〇〇三年九月号］において私が示唆したのは、日本の満洲占領とその背後にあった急進的な右翼思想がアメリカのイラク占領と良い比較になるということであった。しかしいま考えてみれば、こういう比較は日本に関係の薄い人にはわかりにくいし、すぐに忘れられてしまう。満洲占領との比較よりも興味深いのは、以後、本書で指摘するように、アメリカ政府の軍部も、一般官庁で情報活動に携わった多くの人々も、イラク占領には大きな困難があると内部文書で具体的に指摘していたという事実である。そして私の小さな論考と同様、これらの報告書は何の役にも立たなかった。

(10) 戦争の最終局面の詳細は、主に日本の復員庁の記録をまとめた次の報告を見よ。*Reports of General MacArthur, vol. 2, part 2: Japanese Operations in the Southwest Pacific Area* (Government Printing Office, 1966), とりわけ第二〇章 "Decision to Surrender" および第二一章 "The Return to Peace." 引用部分は、728, 743.

(11) *Reports of General Macarthur*, vol. 2: 2; 引用部分は 754, 755.

(12) 侵攻前にアメリカ政府が言っていたことと、侵攻後に情報当局が認めた現実との食い違いは、アメリカ上院の情報特別委員会の長文報告書が詳細に指摘している。U.S. Senate, *Report on Whether Public Statements Regarding Iraq by U. S. Government Officials Were Substantiated by Intelligence Information, Together with Additional and Minority Views*, June 2008. この特別委員会の多数派は、「政府の公式説明が情報機関によって裏づけられなかった点」として、次のような事実を挙げている。イラクとアルカイダにあったとされる緊密な関係、フセインがテロリストに大量破壊兵器を提供する用意があったこと、イラクの戦後の状況に関してアメリカの大統領と副大統領が出した声明の正確性、イラクの化学兵器生産に関する情報の確実性など。

(13) 私は、こうした「戦争貫通的」な遺産について、次の論考でまとめて考察した。"The Useful War," in Dower, *Japan in War and Peace*, ch. 1 (9-32).

(14) イラク侵攻後に設立された暫定連立政府において、新憲法の制定作業に携わった法律家のノア・フェルドマンは、イラクには市民社会といえるものが存在していないと指摘している。*What We Owe Iraq: War and the Ethics of Nation Building* (Princeton University Press, 2004), 71-82.

(15) 吉田の嘆きは、Dower, *Empire and Aftermath*, 313.

(16) ヨーロッパにおける連合国の勝利に伴った残虐行為

については、Giles MacDonogh, *After the Reich: The Brutal History of the Allied Occupation* (Basic Books, 2007).

(17) 占領政策とその実際に関して詳しくは、Eiji Takemae, *Inside GHQ: The Allied Occupation of Japan and Its Legacy* (Althone Press, 2002). 私自身も、このテーマをいろいろな角度から扱ってきた。*Empire and Aftermath; Embracing Defeat: Japan in the Wake of World War II* (Norton and New Press, 1999). 以上の三冊には詳細な書誌情報があり、英語文献のほか日本語文献にも依拠している。マッカーサー司令部は一九四九年、日本占領についての解説と資料からなる大部な二巻本を出しており、これは今日にいたるまで占領研究の基本文献である。*Political Reorientation of Japan: September 1945 to September 1948: Report of Government Section, Supreme Commander for the Allied Powers* (Government Printing Office, 1949).

(18) Takemae, *Inside GHQ*; とくに第五章が降伏前の準備について詳しい。養成所、ハンドブック、ガイドについては、206-9.

(19) バーンズ回答については、本書第一〇章を参照。占領政策に関する米側文書について調べる際、最も便利なのが、注17の *Political Reorientation of Japan*. vol. 2 である。八月二九日付の「降伏後における初期の対日方針」における天皇の処遇は、423-24. 九月六日、日本が無条件降伏したこと、および連合国軍最高司令官としてマッカーサーの権限に制約がないことが再確認されている。これについては、427.

(20) この基本文書の作成は、一九四四年にさかのぼる。一九四五年八月三一日、ＳＷＮＣＣは最終的な改訂版を了承した（SWNCC 150/4）。トルーマン大統領による正式の承認は九月六日である。マッカーサーは、これをさらに詳しくした、一一月三日付の統合参謀本部作成の基本政策に基づいて、具体的な占領統治を進めた（JCS 1380/15）。なお、この統合参謀本部の文書は一九四八年一一月まで秘密解除されなかった。Edwin M. Martin, *The Allied Occupation of Japan* (American Institute of Pacific Relations, 1948)（この本の付録に、前述の統合参謀本部の基本政策文書類が含まれている）。

(21) T. A. Bisson, *Prospects for Democracy in Japan* (Macmillan, 1949); Robert B. Textor, *Failure in Japan: With Keystones for a Positive Policy* (John Day, 1951).

(22) 敗北した日本と日本人について、アメリカで一般に流布されたイメージについては、Naoko Shibusawa in *America's Geisha Ally: Reimagining the Japanese Enemy* (Harvard University Press, 2006). ホーブライトについては、"Japanese Best-Seller: A U.S. War Correspondent Tickles the Oriental Fancy with a Tale of Interracial Romance," *Life*, April 7, 1947 (107–11); "Nipponese Best-Seller," *Time*, October 28, 1946; "Earnest Hoberecht, Popular Novelist in Occupied Japan, Is Dead at 81," *New York Times*, September 26, 1999. マッカーサー宛ての日本人からの手紙については、Rinjiro Sodei, *Dear General MacArthur: Letters from the*

Japanese during the American Occupation (Rowman & Littlefield, 2001)［袖井林二郎『拝啓マッカーサー元帥様――占領下の日本人の手紙』岩波現代文庫、二〇〇二年］。私の著作 *Embracing Defeat* も、日本側から見た占領、とくに民衆や草の根レベルに焦点を当てている。

(23) 占領下の日本の写真は、Dower, *Embracing Defeat*. アメリカ人の日本占領のイメージに「女性と子ども」が中心的な役割を占めていることについては、Shibusawa, *America's Geisha Ally*, ch. 1. イラク侵攻当時、ランド研究所が出した報告によれば、アメリカが率いた七つの占領の事例のうち、「紛争終了後の戦闘死」がなかったのは日本、ドイツ、ボスニア、コソボである。Dobbins, et al., *America's Role in Nation-Building*, 153.

(24) イラクの安定という期待をことごとく打ち砕いた代表的な武器は、IED (improvised explosive devices) と呼ばれた手製の爆破装置であった。この兵器が最初に使われたのは有志連合軍がバグダッド入りする一週間前の二〇〇三年三月二九日であったという。*Washington Post National Weekly Edition*, October 8-14, 2007.

(25) L. Paul Bremer III, *My Year in Iraq: The Struggle to Build a Future of Hope* (Threshold Editions, 2006), 24-25; Feith, *War and Decision*, 347-50.

(26) Bob Woodward, *State of Denial: Bush at War, Part III* (Simon & Schuster, 2006), 112-13, 124-26 (ORHA and the rock drill); Office of Reconstruction and Humanitarian Assistance, "Inter-Agency Rehearsal and Planning Conference," February 21-22, 2003, on the Douglas Feith website waranddecision.com (for the bullet-point agenda prepared on February 20); Michael R. Gordon and General Bernard E. Trainor, *Cobra II: The Inside Story of the Invasion and Occupation of Iraq* (Pantheon, 2006), 145-46 (the Doha report). ジェイ・ガーナーが後に語ったところでは、彼の率いた復興人道支援局のチームは、復興にはイラクの二〇の省庁を動員する必要があると見積もったが、そのうち一七の省庁の建物は略奪によって破壊されていた。二〇〇六年八月一一日に行われたインタビューのオンライン版を見よ。Edited online transcript of an August 11, 2006, interview on PBS television's *Frontline* (posted as "The Last Year in Iraq" at pbs.org/wgbh on October 17, 2006).

(27) この報告書は、二〇〇二年九月二六日付で、以下に全文が掲載されている(ただし、付録の事例研究は除かれている)。Richard Haass, *War of Necessity, War of Choice: A Memoir of Two Iraq Wars* (Simon & Schuster, 2009), 279-93, 226-28.

(28) 「イラクの未来プロジェクト」は、二〇〇六年九月、以下のサイトに公開された。the National Security Archive at George Washington University (gwu.edu/~nsarchiv/) in September 2006; とくに次の九月一日のポスティングを見よ。"New State Department Releases on the 'Future of Iraq' Project" and the PowerPoint "Overview" summary. このプロジェクトの後援で開かれた「イラク野党勢力会議」による一〇二頁に及ぶ報告書は、"Final Report on the Transition to Democracy in Iraq"

(November 2002) on the Feith website waranddecision.com. また次も見よ。James Fallows, "Blind into Baghdad," *Atlantic Monthly*, January-February 2004; Packer, *The Assassins' Gate: America in Iraq* (Farrar, Straus & Giroux). このプロジェクトの価値を否定したものとして、Feith, *War and Decision*, 375–78; Bremer, *My Year in Iraq*, 25.「イラクの未来プロジェクト」については、国務省の内部にさえ批判者がいた。政策企画局長だったリチャード・ハースは、回想録で次のように述べている。「現実は、この誇大広告のようにはいかない。どれも長くて詳しいが、現場ではほとんど役に立たない。国防総省はこれを真剣に受け取らなかった(それも当然だと私は思う)」。*War of Necessity, War of Choice*, 257.

(29) ファイスはラムズフェルド国防長官の崇拝者であるが、この「毒性の高い」エピソードを自著に記している。*War and Decision*, 385–89. ガーナーの言葉と復興人道支援局の頭文字のジョークは、次にある。Rajiv Chandrasekaran's lively *Imperial Life in the Emerald City: Inside Iraq's Green Zone* (Knopf, 2006), 30, 52.

(30) シンセキについては、Eric Schmitt, "Pentagon Contradicts General on Iraq Occupation Force Size," *New York Times*, February 28, 2003; また、次のテレビ番組のトランスクリプトも見よ。the online transcript of the PBS *Frontline* documentary "Rumsfeld's War" (posted October 26, 2004, at pbs.org/wgbh). ランド研究所の報告書は、Bremer, *My Year in Iraq*, 8–12; Dobbins, et al., *America's Role in Nation-Building*.

(31) この点で私はファイスと見解を異にする。ファイスは回想録や公的な場で「計画はあった」と強く主張している。しかし、ファイスは同時に、意見対立を解決できなかったトップ指導者の失敗、とくにライスの失態を強調している。

(32) Gordon and Trainor, *Cobra II*, 142 (Rice); Feith, *War and Decision*, 142, 149, 393–94 (small footprint and Afghanistan); Office of Reconstruction and Humanitarian Assistance, "Inter-Agency Rehearsal and Planning Conference," February 21–22, 2003, on the Feith website-waranddecision.com.

(33) Gordon and Trainor, *Cobra II*, 152 (Hughes); Thomas F. Ricks, *Fiasco: The American Military Adventure in Iraq* (Penguin, 2006), 109–10 (Kellogg); "Turf Wars and the Future of Iraq," online transcript of a PBS *Frontline* broadcast on October 9, 2003, at pbs.org/wgbh (Walker); Feldman, *What We Owe Iraq*, 32. ジョージ・パッカーは自著 *The Assassins' Gate* で、「プランBはなかった」とはっきり認定している(118)。リックスも同じ結論で、著書 *Fiasco* では、ペンタゴンの政策立案者たちは「戦後のイラクを運営するための実用に堪える青写真を作成できなかった」(80)、「いざというときの代替案の議論はなかった」(162)としている。

(34) ブラフォード・プラマーによるノア・フェルドマンのインタビューは *Mother Jones* online (motherjones.com), posted January 16, 2005.

(35) Robin Wright, "From the Desk of Donald Rums-

feld," *Washington Post National Weekly Edition*, November 5-11, 2007; Feith, *War and Decision*, 57-58, 110-15(ラムズフェルドの執務スタイルについて)。

(36) 「ブッシュ政権はイラクの戦後計画を怠ったという批判がよくあるが、これは事実誤認である」とファイスが執拗に主張する基本的根拠は、「イラク暫定行政機構」の計画があったということである。この点について、ファイスは次の本で詳しく論じている。*War and Decision*, とくに 275, 401-13, 423-24, 435-41, 549-51(さらに索引も参照せよ); 次に掲載されている短いドキュメントも見よ。"IIA" in the book's complementary website, waranddecision.com. ファイスの議論の要約としては、二〇〇八年四月二四日にワシントンの戦略外交問題研究所で行った著書の出版記念行事の記録を見よ。"War and Decision: Inside the Pentagon at the Dawn of the War on Terrorism," (available in video at csis.org and transcript at waranddecision.com). しかしながら、ファイス自身、あまりにも希望的観測に満ちたこうした計画を真に受けることは難しいし、トップの指導者たちもほとんどこれを真剣に取り扱わなかったのは残念だとも述べている。問題の中心は、アメリカが主導する暫定政府における「在外イラク人」の役割に関する、国防・国務両省の激しい対立にあった。国防総省は在外イラク人の登用を強く支持したが、国務省はそういった暫定政府は大半のイラク人にとって「正統性」を持たないと主張した。イラクの戦後計画は、この問題によって頓挫した。

(37) Feith, *War and Decision*, 277-79, 283-86, 605. 本文のCIA報告の一部削減版は、二〇〇三年一月の日付で、"National Intelligence Council: Principal Challenges in Post-Saddam Iraq" というタイトルで次の報告書の付録に再掲されている。appendix B (pages 52-91) in *Report of the Select Committee on Intelligence on Prewar Intelligence Assessments about Postwar Iraq*; 本文で引用した箇所は、10(デジタルテキスト版では61)。

(38) Feith, *War and Decision*, 285 and 278, 409-10, 453. 二月に出された復興人道支援局(ORHA)の報告書はほとんど注目されていないが、治安を回復するだけでもアメリカが一、二年かけて本格的に関与する必要があるという指摘が何カ所かある。"Inter-Agency Rehearsal and Planning Conference."

(39) Leslie H. Gelb, *Power Rules: How Common Sense Can Rescue American Foreign Policy* (HarperCollins, 2009), 237-39; ジョージ・パッカーもこのエピソードを語っている。*Assassins' Gate*, 111-12. のちにアメリカ外交評議会は、侵攻前に作成した二つの報告を刊行した。*Guiding Principles for U. S. Post—Conflict Policy in Iraq* (January 1, 2003); *Iraq: The Day After* (March 12, 2003). 前者は、「基本的人権および自由市場経済」を維持するという最低限の目標をイラクで維持することを推奨している。同時に、多くの常識的な提案も行っているが、ブッシュ政権はそれを実行できなかった。その提案とは、戦闘後は「すみやかに戦闘から平和維持に力点を移してイラクが無秩序に陥らないようにすること」、「イラク人たちに国の運営を任せること、「アメリカはイラクの事実上の支配者になるつもりはないこと」を明確にすること、イラクの統治にあたっては、国際的な枠組みおよび国連が期間を短く区切って役割を果たすようにし、アメリカの影響を「せいぜい舞台裏にとどめる」こと、どのような暫定政府であろうと、亡命イラク人を高い地位につけたいという誘惑に屈しないこと、などである。また、この報告には次の指摘もある。「戦後の日本とドイツの事例に沿ってイラクにおける合衆国の軍政を議論しても、役に立たない」。

(40) ラムズフェルドの演説「国家建設を超えて」は、次の国防総省のサイトにある。defense.gov/speeches. イラク侵攻前、ラムズフェルドは別の機会に同様の宣言をしている。将来のイラク政府については「アメリカが、いや国連でさえも、指図するものではない。まったくイラク人のものだ」。実際に起こったことはまったく逆であったが。ラムズフェルドのこのスピーチは、the Council on Foreign Relations report *Guiding Principles for U.S. Post-Conflict Policy in Iraq*, 4. 国防総省は、アフガニスタンを「軽い足跡」の例として好んでとりあげた。ファイスも国家建設は「お荷物」だと主張する際に繰り返しアフガニスタンの例をあげ、ソ連のアフガニスタン侵攻は良くない例で、九・一一以後のアメリカの軍事的侵入は良い例だとしている。*War and Decision*, 76, 89, 101-2, 134, 139, 145, 149. このような見方は、タリバン政権崩壊後の状況への楽観的な態度を反映したもので、イラク侵攻時にホワイトハウスと国防総省で支配的であった。だが、他の省庁は必ずしも楽観的ではなかった。たとえば国務省が慎重な見方をしていたことについては、Haass, *War of Necessity, War of Choice*, 196-201. 二〇〇八年、ブッシュ政権が終わりに近づいた頃には、アフガニスタンの状況を楽観視するのは幻想だという見方が一般的になっていた。タリバンは再び勢いを増しており、『ワシントン・ポスト』などのメディアは「国家建設を避け、後背地の秩序を保つためにアフガニスタンの軍閥に頼った」ことが間違いであったと論じた。*Washington Post National Weekly Edition*, August 18-24, 2008, in a book review of Ahmed Rashid, *Descent into Chaos: The U.S. and the Failure of Nation Building in Pakistan, Afghanistan, and Central Asia* (Viking, 2008).

(41) the National Security Archive online postings (at gwu.edu/~nsarchive/) of "Future of Iraq Project" documents. とくに次の二〇〇六年九月一日の記事。"New State Department Releases on the 'Future of Iraq' Project." ゴードンとトレイナーは、ブッシュ政権の「五つの深刻な誤謬」のひとつとして、国家建設を敵視したことをあげている。次の本のエピローグを見よ。*Cobra II*, とくに503-4.

(42) ブレマーの言葉は、"The Lost Year in Iraq," at October 17, 2006, *Frontline* broadcast posted at pbs.org/wgbh; またブレマーの著書も参照。Bremer, *My Year in Iraq*, 7-13, 117. ブレマーによると、暴力と反乱がますます激化するなかで、彼の「総督的責任」の年が終わりに近づいたとき、ブッシュが特にこだわっていたのは、「イラクの解放に犠牲を払ったアメリカ国民に進んで感謝する」イラク人の指導者がいてほしいということであった(359).

(43) Bremer, *My Year in Iraq*, 19–20.

(44) Bremer, *My Year in Iraq*, 114–19.

(45) Bremer, *My Year in Iraq*, 13, 36–37.

(46) Bremer, *My Year in Iraq*, 37.

第一四章

(47) Department of Defense, *The National Defense Strategy of the United States of America* (March 2005), 2, 5.

(48) ジャック・ゴールドスミスは、拷問を正当化する法律論に幻滅した体験と、「法による戦争」についての保守派の見解を、以下の回想録で論じている。Jack Goldsmith, *The Terror Presidency: Law and Judgment inside the Bush Administration* (Norton, 2007). See esp. 53–70 (法による戦争), 85–89 (行政府への集権化), 10, 141–51 (尋問に関する見解への法律的観点からの彼の批判)。ゴールドスミスの議論の要約は、Jeffrey Rosen, "Conscience of a Conservative," *New York Times*, September 9, 2007.

(49) Richard A. Clarke, *Against All Enemies: Inside America's War on Terror* (Free Press, 2004), 24. イラク侵攻・占領の法的側面に関する文献は、活字でもオンラインでも膨大である。多くの法学者による賛否両論の評価をまとめたものとして、*Future Implications of the Iraq Conflict: Selections from the "American Journal of International Law"* (American Society of International Law, January 2004). この文献は、イラクでの武力行使と占領政策の合法性に焦点を当てており、関連する国連安全保障理事会の諸決議も付録として収載している。占領の法的問題について特に興味深い研究として、次のものがある。David J. Scheffer, "Beyond Occupation Law," 130–48; 次の書物も参考になる。Eyal Benvenisti, "Water Conflicts during the Occupation of Iraq," 148–52. 重要な国連安保理決議1483を含むイギリスによる半公式の分析は、Paul Bowers, "Iraq: Law of Occupation" (International Affairs and Defense Section, House of Commons Library, Research Paper 03/51, June 2, 2003). 次の書も見よ。Center for Economic and Social Rights, *Beyond Torture: U. S. Violation of Occupation Law in Iraq*. Initially posted online at cesr.org around July 2004, 連合国暫定当局の廃止後に出たこの研究は、ブッシュ政権が違反したと批判されている国際法上の様々なカテゴリーを列挙し、クロスリンクも多数張ってある。カテゴリーごとに違反事実を列挙した簡約版が、二〇〇六年五月一九日に国連安全保障理事会に次のタイトルで提出されている。"NGO Letter to the Security Council on Iraq."

(50) Pitman B. Potter, "Legal Basis and Character of Military Occupation in Germany and Japan," *American Journal of International Law*, vol. 43, no. 2 (April 1949), 323–25; Eyal Benvenisti, *The International Law of Occupation* (Princeton University Press, 1993), 59–63,

91–96(本文で引用した箇所は91にある)。

(51) 日本占領の法的側面に関する最も詳しい研究は、安藤仁介による次の本である。Nisuke Ando, *Surrender, Occupation, and Private Property in International Law: An Evaluation of US Practice in Japan* (Clarendon Press, 1991). 安藤は、ポツダム宣言と降伏文書に規定された無条件降伏が特殊な条件を作り出したため、財閥解体と農地解放によって生じた経済的損失は違法とは言えないが、年金の支給を停止したのは占領国の権力乱用にあたるとしている(111–15)。安藤は、ドイツ占領と日本占領の違いを重視し(ドイツが降伏したとき、ドイツ政府は解体していた)、日本の降伏には、曖昧ながら契約的側面があったと示唆している。完全な形で保たれていた日本政府は、(ポツダム宣言の表現を再言した)降伏文書に署名することで、この契約に同意した、と安藤は考える。ゆえに日本政府の統治権は継続したとみなせるが、同時に、この契約のゆえにアメリカはハーグ陸戦規則に反する占領政策を取ることができ、実際には日本政府にはほとんど統治権はなかったとする。この本は解説が難しいが、趣旨の概略がわかる記述は、次の頁を参照。81, 101–2, 108, 123–24.

(52) *Political Reorientation of Japan*, vol. 1: 88–89.

(53) Ando, *Surrender, Occupation, and Private Property in International Law*, 31 (the December public-relations release); *Political Reorientation of Japan*, vol. 2: 427. 戦争が終わる数週間前に国務省が陸軍長官あてに提出した政策文書には次のようにあり、本文に引用したトルーマンからマッカーサー宛ての命令と同じ主旨が記されている。「無条件降伏により日本の天皇は権力と権能を放棄し、連合国軍最高司令官が立法、行政、司法における最高権力を得る」。U.S. Department of State, *Foreign Relations of the United States, 1945*, vol. 6: *The British Commonwealth, the Far East*, 560. 以下、国務省の基本的な公式文書を集めたこのシリーズは、"*FRUS*"と略記する。

(54) Benvenisti, "Water Conflicts," 149(軍事占領に関する当初の否定)。国連安保理決議一四八三は様々な文献に採録されている。たとえば、*Future Implications of the Iraq-Conflict*.

(55) Benvenisti, "Water Conflicts," 149, 152; Scheffer, "Beyond Occupation Law," イラクに適用可能なハーグ陸戦規則とジュネーヴ条約の条文は、この論文の注13。項目別にした「責任の罠」は142–44. シェファーの批判の簡約版は、"A Legal Minefield for Iraq's Occupiers," *Financial Times*, July 24, 2003.

(56) Bremer, *My Year in Iraq*, 158.

(57) アメリカがリードした東京のA級戦犯裁判で訴追されなかった重大な戦争犯罪のうち、最も悪質なもののひとつは、満洲で約三〇〇〇人を対象に医学実験を行い、多くの人命を奪った「七三一部隊」である。実験結果をアメリカ軍の研究者に提供することと交換に、関与者たちの犯罪は隠蔽され、訴追を免れた。この問題については、私の *Embracing Defeat* の第一五章を見よ。日本の戦争犯罪の裁判において、いわゆる「勝者の裁き」と最も異なる展開をたどった例は、おそらく横浜におけるBC級裁判で問われた岡田資(たすく)陸軍中将のケースである。岡田は、戦争終結も近づいた頃、名古屋空襲の際、落下傘で脱出して捕らえられたアメリカ軍の乗組員三八人を即決で処刑した。岡田は告訴事実自体は争わず、米軍乗組員はジュネーヴ条約で定義された戦争捕虜ではなく、非戦闘員に対して爆撃を行い、国際法に違反した戦争犯罪者であると主張した。岡田はアメリカ人弁護人ジョセフ・フェザーストーンの助力を得て、確実に有罪になると知りながらこの論陣を張り、乗組員の処刑は自分の責任、それも自分だけの責任であると述べた。彼は一貫して、無差別航空戦に対する異議申し立てを行いたかったのである。この横浜の裁判が独特だったのは、検察団も判事団も、岡田がこの主張を展開するのを許したことであった。裁判を通じて、裁く側と裁かれる側の双方に驚くべき尊敬の念が生まれた。死刑判決が下された後、首席検察官と判事席の米軍将校の双方が寛大な処置を求めたが、マッカーサーは却下した。岡田自身はこの裁判の公正さを称えた。著名な作家・大岡昇平はこの裁判をノンフィクション作品に描き、それに基づいた映画『明日への遺言』は二〇〇八年に日本で封切られ、高い評価を得た。映画の冒頭には、ピカソのゲルニカ、日本軍による中国空襲、ドイツ空軍のロンドン空襲、英空軍の欧州における航空戦のイメージ画像が流れる。次の映画評を見よ。Roger Pulvers, "A New Movie about WWII Japanese Asks Where the War-Crimes Buck Stops," *Japan Times*, May 20, 2007; Norio Murio, "Japanese Film a Poetic Look at a WWII War Crime Trial," *Stars and Stripes*, March 9, 2008. 岡田裁判は、いわば〈通則を証明した例外〉であった。米陸軍が刊行した第二次世界大戦後の戦争犯罪裁判の研究は、次のように述べている。自国軍が罪を犯したとしても、「自国民を戦争犯罪裁判にかける国はない。その理由は政治的に明白である」。Major William H. Parks, "Command Responsibility for War Crimes," *Military Law Review*, vol. 62 (Headquarters, Department of the Army: Fall 1973; also issued as Department of the Army Pamphlet 27-100-6), 100.

(58) ニュルンベルク裁判や東京裁判と同じように、違法行為の証拠文書を大量に集め、サダム・フセインとその共謀者たちが長年の支配の間に行った犯罪を徹底的に訴追していれば、弁護団は米国などの大国が過去にフセイン体制を支持していたことを文書で立証できたであろう。米国等はフセインの軍事機構の増強を手助けし、一九八〇年から一九八八年のイランとの戦争ではイラクを援助した。クルド人に化学兵器を使った一九八八年のハラブジャ事件について、米国は沈黙した(これにはラムズフェルドのように、後にブッシュ政権の要人になった人物も関与していた)。

(59) B. V. A. Röling and Antonio Cassese, *The Tokyo Trial and Beyond* (Polity Press, 1993), 80 (MacArthur), 85 (Willoughby). 日本の戦争裁判と戦争犯罪の問題については、*Embacing Defeat*, chap. 15, 16. 連合国による東京裁判批判については、241-45. 極東国際軍事裁判の判決に対するもっとも網羅的な批判は、インドのラダビノ

ド・パル判事の少数意見である。学術的立場からの最も有名な東京裁判批判は、Richard Minear's *Victors' Justice: The Tokyo War Crimes Trial* (Princeton University Press, 1971); この著者による要約として、"War Crimes Trials" in *Kodansha Encyclopedia of Japan*, vol. 8: 223-25. 東京裁判の簡潔かつ批判的な俯瞰として、Stephen Large, "Far East War Crimes Trials" in I. C. B. Dear and M. R. D. Foot, eds., *The Oxford Companion to World War II* (Oxford University Press, 1995), 347-51. 東京裁判におけるA級戦犯訴追でカギとなった「共同謀議」という仮説は、ブッシュ大統領と側近に対してアメリカ人の元検察官が二〇〇六年に行った模擬裁判の仮説でもあった。この場合の「共同謀議」とは、イラクに対する予防戦争の必要性を、虚偽と知りながら主張し、米国民を騙したということであった。Elizabeth de la Vega, *United States v. George W. Bush, et al.* (Seven Stories Press, 2006).

(60) 山下裁判に批判的な光を当てた研究として、Parks, "Command Responsibility for War Crimes," 1-104. その後の検討として、Richard L. Lael, *The Yamashita Precedent: War Crimes and Command Responsibility* (Scholarly Resources, 1982); 短いものでは、Bruce D. Landrum, "The Yamashita War Crimes Trial: Command Responsibility Then and Now," *Military Law Review*, vol. 149 (Summer 1995), 293-301. 山下裁判の詳細については、オンラインでアクセス可能である。ess.uwc.ac.uk as "Case No. 21: Trial of General Tomoyuki Yamashita" from *Law Reports of Trials of War Criminals, Selected and Prepared by the United Nations War Crimes Commission*, vol. 4 (Her Majesty's Stationery Office, 1948). 山下裁判については、連邦最高裁のフランク・マーフィー判事の少数意見が有名である。この少数意見およびマッカーサーによる訴願却下については、Parks, 35-37. アメリカ人で、山下の弁護人であったA・フランク・リールは一九四九年に一般向けの著作 *The Case of General Yamashita* を出し、山下の無実を広く訴えた。この本には誤解を生む内容も含まれており、のちにパークスやラエルらの研究者から批判を浴びたが、相当な影響力を持った。リールの弁護内容は、占領当局によって日本での頒布・翻訳が禁じられた。Parks, 70.

(61) Parks, "Command Responsibility for War Crimes," 22, 70-71, 87-88 (判決理由の用語の稚拙さについて); ibid., 30 (判決理由そのものについて)。

(62) パークスは日独両国での「指揮官責任論」をめぐる裁判についても詳しく論じたが、山下裁判の判決理由の表現の稚拙さについては言及していない。

(63) ハーグ陸戦規則の下での指揮官責任論については、Parks, "Command Responsibility for War Crimes," 10, 14, 23, 34, 43, 49, 56, 83.

(64) 戦争捕虜について様々な方針があったことは、以下が簡潔に要約している。Charlotte Carr-Gregg, *Japanese Prisoners of War in Revolt: The Outbreaks at Featherston and Cowra during World War II* (St. Martin's Press, 1978), esp. ch. 1 ("The Status of Prisoners of

War in Western and Japanese Society"). 日本の軍人には降伏が絶対に認められないという考え方は、連合国との戦争を始める一年弱前の一九四一年一月に告示された「戦陣訓」によく表れている。

(65) 日本軍の戦争犯罪を裁判記録にもとづいて厳しく追及した研究として、Yuki Tanaka, *Hidden Horrors: Japanese War Crimes in World War II* (Westview Press, 1996). Gavin Dawes focuses on abuse of POWs in *Prisoners of the Japanese* (Morrow, 1993). 収容所ごとの状況については、John A. Glusman, *Conduct under Fire: Four American Doctors and Their Fight for Life as Prisoners of the Japanese, 1941–1945* (Viking, 2005). 解放された連合軍捕虜の証言によれば、日本軍の態度は看守によって違いがあり、なるだけ人道的に振る舞おうとした看守もいたことを、ジョン・スウォープが記している。Carolyn Peter, ed. *A Letter from Japan: The Photographs of John Swope* (Hammer Museum at UCLA, 2006). 二〇〇六年頃から、日本軍が行った水責めが米国メディアの論争で取り上げられるようになった。たとえば、Evan Wallach, "Waterboarding Used to Be a Crime," *Washington Post*, November 4, 2007; Kinue Tokudome, "Waterboarding: The Meaning for Japan," *Asia-Pacific Journal*, January 24, 2009 (posted on japan-focus.org); Paul Begala, "Yes, *National Review*, We Did Execute Japanese for Waterboarding," widely posted online on April 24, 2009 (see, for example, huffington-post.com). トルーマンのコメントの文脈については、本書第一一章の注163を見よ。

(66) Röling and Cassese, *The Tokyo Trial and Beyond*, 86, 89.

(67) Parks, "Command Responsibility for War Crimes," 101-4.

(68) *Political Reorientation of Japan*, vol. 2: 737.

(69) 「ニッポンはアジアの指導者、ニッポンはアジアの守護者、ニッポンはアジアの光」という日本のスローガンは、インドネシアで一九四二年三月に始まり、アジアの「A」をとって、3A(あるいはAAA)運動と呼ばれた。たとえば、Benedict R. O'G. Anderson, *Java in a Time of Revolution: Occupation and Resistance, 1944–1945* (Cornell University Press, 1972), 27.

(70) Lieutenant-Colonel A. J. F. Doulton, *The Fighting Cock: Being the History of the 23rd Indian Division, 1942–1947* (Gale and Polden, 1951), 232. ジャワにおける略奪、暴動、テロの描写、インドネシア人政治家を見下した態度、そしてインドネシア人は「現代の政治思想の理解」に欠けているというドルトンによる観察は、二〇〇三年の米国のイラク侵攻直後にバグダッドから発せられた報告に似たところがある。たとえば、233, 241, 277.

(71) John W. Dower, "Occupied Japan and the American Lake, 1945-50," in Edward Friedman and Mark Selden, eds., *America's Asia: Dissenting Essays on Asian-American Relations* (Pantheon, 1971), 145-206; Dower, "Occupied Japan and the Cold War in Asia," in

Michael J. Lacey, ed., *The Truman Presidency* (Woodrow Wilson International Center for Scholars and Cambridge University Press, 1989), reprinted as chapter 5 in Dower, *Japan in War and Peace* (155-207); Major-General S. Woodburn Kirby, et al., *The War against Japan*, vol. 5: *The Surrender of Japan* (Her Majesty's Stationery Office, 1969), 271 ("Rule, Britannia!"). 米国の戦略立案者たちも、軍事および民用の航空基地として日本を使うという観点から、日本を「極東のグラウンド・セントラル補給所 the "Grand Central station" of the Far East」と呼んだ。Wm. Roger Louis, *Imperialism at Bay: The United States and the Decolonization of the British Empire, 1941-1945* (Oxford University Press, 1978), 74, 75 (太平洋が「アメリカの湖」と呼ばれたことについて)。

(72) Cordell Hull, *The Memoirs of Cordell Hull* (Macmillan, 1948), vol. 2, ch. 114, esp. 1599. 一九四五年六月二三日、国務省からスティムソン陸軍長官宛ての長文の文書も、同じ趣旨を次のように記している。「米国政府は、これまでもしばしば表明して来た政治原則を適切に表明し続けることになろう。その原則とは、もし必要なら、従属地域の住民は十分な準備期間を経て自治拡大の機会を与えられるべきであり、同時に合衆国は、連合国の主要メンバーの団結を著しく傷つける行動は避けなければならないということである」。*FRUS, 1945*, vol. 6: 558. これらの議論について、原資料に基づいて詳細に分析したものとして、Louis, *Imperialism at Bay*; Christopher Thorne, *Allies of a Kind: The United States, Britain and the War against Japan, 1941-1945* (Oxford University Press, 1978), esp. ch. 27 and 30. これに関連して、国務省のスタッフが関与した長いやりとりは、FRUS シリーズ所収の降伏前後の文書でたどることができる。事例研究として、Robert J. McMahon, "Toward a Post-colonial Order: Truman Administration Policies toward South and Southeast Asia," in Lacey, *The Truman Presidency*, 339-65; George McT. Kahin, "The United States and the Anticolonial Revolutions in Southeast Asia, 1945-1950," in Yonosuke Nagai and Akira Iriye, eds., *The Origins of the Cold War in Asia* (Columbia University Press, 1977), 338-63; George C. Herring, "The Truman Administration and the Restoration of French Sovereignty in Indochina," *Diplomatic History*, vol. 1 (Spring 1977), 97-117. このテーマを概観した最近の著作は、Ronald H. Spector, *In the Ruins of Empire: The Japanese Surrender and the Battle for Postwar Asia* (Random House, 2007).

(73) 米国の視点から見た日本人の復員・引揚は、*Reports of General MacArthur*, vol. 1, Supplement: *MacArthur in Japan: The Occupation: Military Phase* (Government Printing Office, 1966) (本書は一九四九年頃、マッカーサーの幕僚がまとめたもの), ch. 6 (149-91). 本文で述べた統計数字の多くはこの公式記録に基づくが、(当時よくあったように)データがしばしば不整合で、矛盾さえしている。148の注釈付の地図は、戦争が終わってまもない時点で帰還を待っていた海外日本人の数と場所を集約した唯一のものである。内訳は次の通り。樺太と千島列島に三七万二〇〇〇人、シベリアに七〇万人、満洲に一一万五八〇〇人、大連と旅順に二二万三一〇〇人、北朝鮮に三二万二五五〇人、南朝鮮に五九万四八〇〇人、日本に近い北方の島々に六万二四〇〇人、中国に一五〇万一二〇〇人、台湾に四七万九〇五〇人、沖縄に六万九〇〇〇人、香港に一万九二〇〇人、北部インドシナに三万二〇〇〇人、太平洋地域に一三万九〇〇〇人、東南アジアに七一万六五〇人、オランダ領東インドに一万五五五〇人、オーストラリアの領域に一三万八七〇〇人、ハワイに三六〇〇人、ニュージーランドに八〇〇人。これらの合計は六四九万一三〇〇人になる。

東南アジア全域(フィリピンと北部インドシナを除く)で日本軍の降伏を監督する責任を負ったのは、イギリスが率いた東南アジア連合軍であったが、彼らが直面した問題は、イギリスの公式戦史の最終巻で詳しく触れられている。Kirby, et al., *The War against Japan*, vol. 5, part 3 (223-375) and appendix 27 (504-6). 日本人の帰還の全体像については、将来詳しく研究する必要がある。とくに、軍人と民間人の違いの調査、日本軍に徴兵された数万人にのぼる朝鮮・台湾出身者の苦境と運命、戦犯訴追の可能性があるとして隔離された海外日本軍人の特定、降伏後に逃亡した様々なケースの調査、公的な帰還手続きから漏れてしまった人々の特定(満洲では日本に逃避する途中で民間人が一〇万人死んでいる)、戦勝国によって技術系の作業・労働・戦闘を強制された数十万人の日本軍人の特定、そして最も困難な課題として、数百万人の日本人が帰還を待つあいだに病気になった比率と死亡率を、可能な限り解明することである。

(74) *Reports of General MacArthur*, vol. 1: Supplement: 159-61, 179-91; Dower, *Embracing Defeat*, 42-45. 敗れたドイツと「解放された」欧州におけると同様、ソ連軍は満洲その他で強姦と略奪をほしいままにした。ソ連(および他の連合国)による強姦と略奪については、Giles MacDonogh, *After the Reich: The Brutal History of the Occupation* (Basic Books, 2007) (本書が英国で最初に刊行されたときの副題は『ウィーン解放からベルリン空輸まで』であった)。マクドノーは、一九四五年六月の時点で四〇〇万人から五〇〇万人のドイツ人捕虜がソ連で「都市を再建するため」強制労働に従事したと指摘し、ソ連の手によって亡くなったドイツ人捕虜の総数を、ドイツの資料に基づいて一〇九万四二五〇人としている。この死者のうち半数は、一九四五年春のドイツ降伏以降に発生した。ibid., 394. 他方でドイツは、三〇〇万人のロシア人捕虜を組織的に殺害したとされる。ibid., 394.

(75) ここで依拠した中国に関するデータは、Donald G. Gillin and Charles Etter, "Staying On: Japanese Soldiers and Civilians in China, 1945-1949," *Journal of Asian Studies*, vol. 42, no. 3 (May 1983), 497-518. この論文は、中国からの帰還について *Reports of General MacArthur*, vol. 1: Supplement: 170-76 が述べる、ある意味で無害化された叙述を補正している。日本降伏直後の中国

の政治状況については、ジャーナリストによる次の著作が当時の混乱を生き生きと描いている。Theodore H. White and Annalee Jacoby, *Thunder Out of China* (William Sloane, 1946), ch. 19 (279–97).

(76) Gillen and Etter, "Staying On," 499–503; *Reports of General MacArthur*, vol. 1: Supplement: 173–74 (Japanese in Formosa). その他の推計は、White and Jacoby, *Thunder Out of China*, 284, 289.

(77) Gillen and Etter, "Staying On," 506–8, 511–15; *Reports of General MacArthur*, vol. 1: Supplement: 176. 中国からの日本人の帰還の遅延については、アメリカの外交文書 *FRUS* シリーズにも記されている。たとえば一九四六年一二月、在中国の米軍事当局によれば、日本人七万人の「いわゆる技術者とその家族が満洲からの帰還を留められている」*FRUS 1946*, vol. 10: *The Far East: China*, 909. 翌一九四七年四月、日本政府は少なくとも八万七〇〇〇人の日本人が中国に残っており、大半は技術者とその家族のようだと米国に伝えている。*FRUS 1947*, vol. 7: *The Far East: China*, 993–95. 一九四七年九月、中国政府はまだ帰還していない日本人を七万六〇〇〇人以上とし、その過半数は満洲におり、国民党支配下に一万八〇〇〇人、共産党支配下に五万人と見積もっている。米国側は、満洲にいるとされる日本人の数は必ずしも信頼できないと記している。*FRUS 1947*, vol. 7: 998.

(78) 優先順位は、マウントバッテン宛てに八月一三日付で東南アジア連合軍に命令された。Kirby, et al., *The War against Japan*, vol. 5: 228–30. 次も見よ。Peter Dennis, *Troubled Days of Peace: Mountbatten and South East Asia Command, 1945–46* (St. Martin's Press, 1987). この本はマウントバッテンの司令部が直面した課題を詳述しており、公式戦史である前掲の Kirby, et al., *The War against Japan* を補っている。

(79) *FRUS 1945*, vol. 6: 573, 1158, 1178; Kirby, et al., *The War against Japan*, vol. 5: 311, 316. デニスも次のように述べている。「オランダ領東インドの現実に関する連合国軍の理解には、無知、見て見ぬ振り、怠慢ぶりが顕著であった」。Dennis, *Troubled Days of Peace*, 68, 75–78. 次も見よ、Thorne, *Allies of a Kind*, 613, 625, 681. 日本による占領とその後のインドネシアの全般的状況は、Anderson, *Java in a Time of Revolution* (占領および独立運動の台頭について第二章、第三章 (16–60)、ペムーダ (*pemuda*) と呼ばれた過激なインドネシア青年運動と、日本軍を巻き込んだ戦後直後のジャワでの激戦については第七章)。スマトラについては、Anthony Reid, *The Blood of the People: Revolution and the End of Traditional Rule in Northern Sumatra*, Oxford University Press, 1979. 日本占領については、特に第五章 (104–47)、「降伏日本人員」を巻き込んだ激戦については、165–69. リードは第七章で、インドネシアの独立運動を支持した日本人の事例も扱っている。

(80) *FRUS 1945*, vol. 6: 1186–88; see also, *FRUS 1946*, vol. 8: *The Far East*, 797–98. ハロルド・アイザックスが引用している公式声明によると、英空軍のモスキート戦

闘機と米軍から貸与されたP47戦闘機は、一九四五年一一月だけで一四八回出撃し、とくにチジバダック村を「地図から抹消した」。Harold R. Isaacs, *No Peace for Asia* (Macmillan, 1947), 132. 悪名高い一〇月半ばのスマランでの軍事衝突については、Anderson, *Java in a Time of Revolution*, 146–49.

(81) Andrew Roadnight, "Sleeping with the Enemy: Britain, Japanese Troops and the Netherlands East Indies, 1945–1946," *History*, vol. 87 (April 2002), 245–68. ロードナイトによると、「木戸部隊」を率いてジャワで血みどろの戦闘に参加した日本人少佐を、現地の英軍将校は殊勲従軍勲章に推薦したが、上層部がためらって感謝の言葉を述べるにとどめた。英国の公式戦史によると、一九四六年五月時点で武装した日本部隊はジャワ西部で一万三〇〇〇人、スマトラで二万八一〇〇人であり、ほかに二万五〇〇〇人(うち一万五〇〇〇人が非武装)がジャワ中央および東部で「インドネシア人のもとに」いたと記されている。また、東南アジア連合軍は、約二七〇〇人の武装日本兵に、悪名高いタイの泰緬鉄道をパトロールするよう命じている。Kirby, et al., *The War against Japan*, vol. 5: 296, 504. イギリスからオランダへの日本兵の引き渡しについては、*Reports of General MacArthur*, vol. 1: Supplement: 179, 191; Kirby, et al., *The War against Japan*, vol. 5: 506. 戦後のインドネシアにおける日本人の死傷者数については、後藤乾一が最初の六カ月で合計六二七人としている。Ken'ichi Goto, *Tensions of Empire: Japan and Southeast Asia in the Colonial and Postcolonial World* (Ohio University Press, 2003), 171. アンダーソンは、スマランでの軍事衝突だけでも日本人の死者数は五〇〇人にのぼったが、八五〇人と記した資料もあると述べている。*Java in a Time of Revolution*, 146–49.

(82) *FRUS 1945*, vol. 6: 568.

(83) Isaacs, *No Peace for Asia*, 150–62; Spector, *In the Ruins of Empire*, 128–29 (casualties), 129–30 (deserters), 134, 137. インドシナ共産党が率いるベトミン側に逃亡した日本兵については、Christopher Goscha, "Belated Asian Allies: The Technical and Military Contributions of Japanese Deserters (1945–1946)," in Marilyn Young and Robert Buzzanco, eds., *A Companion to the Vietnam War* (Blackwell, 2002), 37–64, esp. 42–44. この本はそうした日本兵の数を、北部では一〇〇〇人から二〇〇〇人、南部では五〇〇人から一〇〇〇人と推定している。

(84) 日本兵がおかれた状況は、連合軍兵士が同じ目にあえば戦争犯罪とみなされるようなものであった。その例は、Spector, *In the Ruins of Empire*, 86. スペクターによると、日本軍が一九四一—四二年の奇襲攻撃で英国に屈辱を味わわせたマラヤとシンガポールでは、帰還を待つ日本兵五万九〇〇〇人が、ほとんど人の住まないレンパン島に移され、ジャングルの開拓と仮宿舎の建設、野菜その他の食物の生産に従事させられた。始めの二カ月間に東南アジア連合軍が定めた一日の栄養摂取量は一人当たり一一〇〇カロリーであり、一九四六年までに日本兵の二〇パーセントがマラリア、赤痢、脚気などに苦しんだ。最後の日本兵がレンパン島から帰還したとき、日本の降伏から一年以上が経過していた。マラヤとビルマからの帰還が遅れたことについては、*Reports of General MacArthur*, vol. 1: Supplement: 158-59, 178, 191. イギリスの公式戦史によれば、一九四六年一二月以降も「労働のために留め置かれた日本人」は総数で九万八〇〇〇人(オランダに移管された一万三五〇〇人を含む)であった。これらの日本兵は月単位の輸送で帰還したが、それは一九四七年六月から一二月までかかった。Kirby, et al., *The War against Japan*, vol. 5: 506.

(85) *Reports of General MacArthur*, vol. 1: Supplement: 158, 166-70. 一九九四年のドキュメンタリー・フィルム *Music for the Movies: Toru Takemitsu*『光と音の詩 武満徹の映画音楽』に関してピーター・グリリが行ったインタビューの中で、小林正樹は自身の拘留体験に触れている。The translation by Linda Hoaglund in *Positions*, vol. 2, no. 2 (Fall 1994), 382-405.

(86) ドイツ軍の降伏については、MacDonogh, *After the Reich*, ch. 15, esp. 392-96. 降伏したドイツ兵を「労働力」として使うという連合国の決定はヤルタ会談にさかのぼるもので、特に英国が熱心に主張した。米国は大量のドイツ軍捕虜を重労働に従事させることはしなかったが、捕虜を労働力として使う国(とくにフランス)に膨大な数の捕虜を引き渡した。397, 416, 419. 降伏した日本兵に適用した新語(「降伏日本人員」など)については、Roadnight, "Sleeping with the Enemy," 265-68. 英国の公式戦史は、「戦争の捕虜」は日本では不名誉とされるので、捕虜として扱わないでほしいと日本側から要請された結果、そう呼んだのだとしている。Kirby, et al., *The War against Japan*, vol. 5: 218, 252. しかし、これは説得力のない説明である。連合国は、降伏条件についてはいっさい「交渉しない」と一貫して主張していたのだし、先に降伏したドイツ兵をすでにそのような名称で呼んでいたことや、そのような用語が捕虜の酷使を容易にした事実を考慮に入れていないからである。なお、日本軍では「降伏」そのものが大きな不名誉とみなされたので、軍事行動をやめる場合も、降伏という言葉を注意深く避けていた。

(87) Dennis, *Troubled Days of Peace*, 27 (the reinterpreted SEAC acronym); Isaacs, *No Peace for Asia*, 161 (フランスのインドシナ復帰にあたっての米国からの物資援助について); *FRUS 1945*, vol. 6: 1164. (「USA」の標章を取るようにとの米国からオランダへの要請について)。

(88) Isaacs, *No Peace for Asia*, 129.

(89) *FRUS 1946*, vol. 8: 816 (「現地の代表」), 839 (「東インド人」), 801 (アチソン); Issacs, *No Peace for Asia*, 129 (イスラム法学者). クリストファー・ソーンは人種問題に関心の深い書き手で、彼の大部な著書の索引は、この点で大変役立った。Christopher Thorne, *Allies of a Kind*. 索引の "Race: racialism; racism," および "racism of" の下位項目で「ウィンストン・チャーチル」を引くだけで、アジア人に対する侮蔑語の語彙集になる。アイザックスの本は冒頭で、中国や東南アジアの米兵がどういう目でアジア人を見ていたかを、"Wogs(浅黒)," "Niggers(黒人)," "Slopeys(つり目)," といった蔑称を紹介しながら描いている。

(90) Isaacs, *No Peace for Asia*, 39, 187-200, esp. 199. 占領下の日本を米国が「次の軍事作戦のための準備地域」とみなしたことと、ブッシュ政権の高官たちがイラク侵攻と占領を中東における戦略的先制攻撃の最初の作戦と見ていたこととの間には、相通じるものがある。

(91) Isaacs, *No Peace for Asia*, 231-42, esp. 233 and 239.

第一五章

(92) 新憲法の制定については、Dower, *Empire and Aftermath*, 318-29; *Embracing Defeat*, chap. 12, 13.

(93) 二〇〇八年半ば、ブッシュ政権の終わり頃のBBCによる調査は、「アメリカのイラク援助で請負業者に発注したうち二三〇億ドルが消失したか、盗まれたか、使途が適切に説明できない状況にある」と述べている。Michael Massing, "Embedded in Iraq," *New York Review of Books*, July 17, 2008. 復興プロセスの公式評価は、Office of the Special Inspector General for Iraq Reconstruction, *Hard Lessons: The Iraq Reconstruction Experience*, released online in December 2008. この点は、本書のエピローグでも取り上げる。レポート全文は、at sigir.mil.

(94) 『ニューヨーカー』二〇〇三年一一月二四日号は、イラクにおける略奪の経済コストを一二〇億ドルと推計している。戦後日本における「隠匿物資スキャンダル」の経済的コストは見積り不可能であるが、スキャンダルが暴かれた一九四七年当時、盗まれた総額はざっと三〇〇〇億円と推測された。その年度の国家予算は二〇五〇億円であった。Dower, *Embracing Defeat*, 112-20. 政府の復興資金に関連した昭和電工事件については、535.

(95) Dower, *Embracing Defeat*, 97-100. 闇の世界へのアメリカ人の関与を活写したジャーナリストの著作として、Robert Whiting, *Tokyo Underworld: The Fast Times and Hard Life of an American Gangster in Japan* (Pantheon, 1999), esp. ch. 1 and 2.

(96) 占領の最初の一〇日間に神奈川県で報告された強姦は、一三三六件であった。日本政府は中国その他の地域における日本軍の行為を承知していたので、性暴力の発生を予測し、占領軍の到来に備えて、性行為を含む接待を提供する「特殊慰安施設協会」を設立した(警察内部の報告書には、次のように書かれている。「略奪や強姦の話をして人々を不安にさせたのは、多くは前線からの帰還兵であった」)。一九四六年、GHQの命令で同協会が廃止されると、米兵による犯罪は増加したと言われている。Takemae, *Inside GHQ*, 67, 441; Dower, *Embracing Defeat*, 124, 130, 211, 412, and 579 (n. 16); Yuki Tanaka, *Japan's Comfort Women: Sexual Slavery and Prostitution during World War II and the U.S. Occupation* (Routledge, 2002). 広島市を占領したオーストラリア軍による強姦と襲撃に関しては、Allan S. Clifton, *Time of Fallen Blossoms* (Cassell, 1950), ch. 20. 沖縄におけるアメリカ軍兵士による強姦については、George Feifer, *Tennozan: The Battle of Okinawa and the Atomic Bomb* (Ticknor and Fields, 1992), 178, 338, 495–99, 555. ヨーロッパにおける戦勝国軍による暴行事件は、従来ソ連軍に焦点を当てられてきたが、より広い観点から論じたものとして、MacDonogh, *After the Reich*, and William I. Hitchcock, *The Bitter Road to Freedom: A New History of the Liberation of Europe* (Free Press, 2008). ヒッチコックが認めているように、ドイツ占領地域におけるイギリス軍とアメリカ軍は一般的には「寛大な勝者」としてふるまった。同時にヒッチコックは、「解放は、前例のない暴力や残虐行為を伴っていた」と指摘しており、戦闘の最終局面だけでなく、戦闘終了後もドイツ、フランス、ベルギー、オランダ、イタリアで暴行が起こったと記している。このテーマに関しての概観は、前記のヒッチコックの著作の序文を見よ。イラクでは状況がまったく異なり、友好的な市民と命を狙っている敵兵が区別できないため占領軍は完全武装し、異常な緊張のなかで生活していた。日本とイラクの共通点をあげるとすれば、犯罪が隠されたことと、占領した側の犯人を免責したことである。

(97) Dower, *Embracing Defeat*, esp. 107–10 (犯罪), 123–39 (売春), and 97–102, 139–48 (闇市).

(98) Gordon and Trainor, *Cobra II*, 479–85; Ricks, *Fiasco*, 158–66; Packer, *The Assassins' Gate*, 189–96; Bremer, *My Year in Iraq*, 54–58. これら二つの命令はすぐに批判の的になり、そうなると戦争支持者たちはブレマーが独自に出した命令だったと言い、ブッシュ政権から切り離そうとした。イラク陸軍は二〇〇三年四月に解散しており、部隊を集め直すのは馬鹿げているし不可能だというのがブレマーの言い分であった。いずれにせよ、これらの命令はワシントンの行政プロセスを経て認められたものだとブレマーは強調した。この問題は二〇〇七年夏、改めてメディアで取り上げられた。*New York Times*, September 4, 2007 ("Envoy's Letter Counters Bush on Dismantling of Iraq Army."). ブレマーはこの報道から二日後、同紙オピニオン欄に投稿している ("How I Didn't Dismantle Iraq's Army."). ブッシュ大統領による七月二日の「かかってこい」発言は、公式記録では "Bring them on." となっているが、ビデオではもっと口語的に、"Bring 'em on." と言っている。

(99) ブレマーの「サダム主義」うんぬんの発言は、Michael R. Gordon, "The Conflict in Iraq: Winning the Peace; Debate Lingering on Decision to Dissolve the Iraqi Military," *New York Times*, October 21, 2004.

(100) 日本におけるパージについては、*Political Reorientation of Japan*, vol. 1: 8–81 ("Removal of Ultranationalists"); Takemae, *Inside GHQ*, 266–70; Hans H. Baerwald, "Occupation Purge," in *Kodansha Encyclopedia of Japan*, vol. 6: 57–58. 占領軍の担当者であったマーティン・ブロンフェンブレナーによると、占領軍内部では、経営者のパージは経済界の指導力を低下させるのではないかと警戒する声が上がったが、「[パージが]経済復興に影響したかは疑わしい。……パージされた経営者の多くは「顧問」となり、非公式に企業に指示を与えていたし、新しい状況に対応できない高齢の経営者に代わって、活力ある若い人材が登場した場合もあった」。"Occupation-Period Economy (1945-1952)," in *Kodansha Encyclopedia of Japan*, vol. 2: 155. なお、ブロンフェンブレナーは、パージされた「経済エリートのメンバー」を八三〇九人としているが、通常はパージされた「産業界の大物」の数は一五三五人とされる。Takemae, *Inside GHQ*, 269.

(101) "United States Post-Surrender Policy for Japan," in *Political Reorientation of Japan*, vol. 2: 423. 一九四五年一一月三〇日、日本の陸軍省は第一復員省、海軍省は第二復員省と改称された。さらに両省は復員庁に縮小統合され、一九四七年一〇月まで存続した。一九四六年二月、軍人軍属の恩給が廃止された。Takemae, *Inside GHQ*, 107-8.

(102) Alfred Oppler, *Legal Reform in Occupied Japan: A Participant Looks Back* (Princeton University Press, 1976), 12.

(103) Bronfenbrenner, "Occupation-Period Economy," 154. GHQでも影響力の大きかった経済科学局で働いていたブロンフェンブレナーは、戦時中に日本語の訓練を受け、実際に占領期の日本で働いた数少ない人物の一人である。

(104) Joseph C. Grew, *Turbulent Era: A Diplomatic Record of Forty Years, 1904-1945* (Houghton Mifflin, 1952), 1440-41. 次のような一九四五年四月のグルーの手紙が、この本の1420に引用されている。「米国流のデモクラシーを日本に接ぎ木することはできないと私は確信している。なぜなら、日本はデモクラシーに向いておらず、とうていうまくいかないことを、私はよく知っているから」。次も見よ。Dower, *Embracing Defeat*, 217-24 ("The Experts and the Obedient Herd"), また本書の第一〇章の注107も見よ。

(105) サンソムによる日本占領政策への批判は、次を見よ。Jerome B. Cohen, *Japan's Economy in War and Reconstruction* (University of Minnesota Press, 1949), vii-x. 一九四五年五月、国務省の日本占領計画をグルーに見せられたサンソムは、「もし博学の大天使の一団を思いのままに連合国が使えるとしても、日本国民がその教えに応じるかは、大いに疑問だ」と語った。Thorne, *Allies of a Kind*, 655-56. 一九四六年一月現在の日本の状況についてサンソムが秘かに抱いていた印象は、Katharine Sansom, *Sir George Sansom and Japan: A Memoir* (Diplomatic Press, 1972), ch. 12 (144-59). サンソムはマッカーサーには強い印象を受けたが、戦争犯罪と超国家主義を調査している諜報部のアメリカ人スタッフについては「熱意ある善意の若者たちだが、政治の現実がわかっていない」と感じた。また、「デモクラシーの支持者たち」による財閥批判は「空想的で間違って」おり、日本の財閥が「アメリカなど高度に産業化した国家における同様の企業連合体」と違っているというのは誤解だといい、賠償は「報復にすぎない」し、GHQ民間情報教育局のアメリカ人の「陽気なオプティミズム」には驚いたと書いている(「彼らは仕立屋が新しいスーツを作るように、日本に新しい教育制度を提供できると考えているらしい」)。さらに、経済問題に詳しいリベラル派の日本の知り合い二人と話して、日本のインテリが「深い反白人意識」を持っており、「知識人に頼って占領の目的を達成することはできない」と結論した。サンソムが日本に到着して約二週間後の一九四六年一月一五日、サンソムはさっそく保守主義者のおなじみの不安を口にした。「アメリカ人は自由を熱く追求しているようだが、どんなものだろう。アメリカの占領政策が日本をソ連の側に追いやるとしたら、あいにくなことだ」。

(106) マッカーサーの引用は、Oppler in *Legal Reform in Occupied Japan*, viii. ケーディスとGHQ内でのこの問題をめぐる議論は、Dower, *Embracing Defeat*, 370-73 ("Thinking about Idealism and Cultural Imperialism").

(107) ブレア演説のテキストは、オンラインで入手できる。at cnn.com.

(108) カーニーの引用はDavid Rieff, "Blueprint for a Mess," *New York Times Magazine*, November 2, 2003. 以下は、注意深く観察した記者による記述である。「ブレマーはこのポストに応募して、ラムズフェルドの面接を受けた。ラムズフェルドは三〇年以上前のフォード政権の時代にカーニーを知っていた。ブレマーは中東の専門家ではなかったし、外交官時代、中東で勤務したこともなかったが、ラムズフェルドの国防総省ではそこが評価された。ラムズフェルドは、ジェイ・ガーナーが推薦した候補者を何人か却下しようとしていた。彼らは国務省のアラブ専門家で、イラクを作り替えようというブッシュ大統領の大胆な計画にあまり熱心でなかったからである。ブレマーは回想録でこれに幾度も反論して、CPA上層部の何人かはアラブ語に流暢であったし、地域の専門知識も豊富だったと述べている」。Gordon and Trainor, *Cobra II*, 475.

(109) Shane Harris, "Outsourcing Iraq," *Government Executive*, July 1, 2004.

(110) Political Reorientation of Japan, vol. 2: 435(初期の政策), 565(財閥解体), 741(所得の配分と所有の再論), 760(農地改革), 780(財閥).

(111) 広い歴史的文脈でこの点を論じた著作として、Chalmers Johnson in *MITI and the Japanese Miracle: The Growth of Industrial Policy, 1925-1975* (Stanford University Press, 1982).

(112) Harris, "Outsourcing Iraq." 二〇〇三年末、ホアン・コールは次のように書いている。「アメリカがイラクで作ったシステムは社会主義の一種だとイラク人が言ったとしても、それほどおかしくなかった。ブレマーは〔ソ連共産党の〕政治局にあたる。彼が命令を出し、拒否権を持っているからである。しかもブレマーは〔国民による〕選挙で選ばれていない。ハリバートンとベクテルは国家に支援された企業ということになる。これは資本主義的デモクラシーというより、キューバに似ているというべきだろう」。以上、コール教授の次のサイトから。*Informed Comment* website (juancole.com), October 31, 2003.

(113) Neil King Jr., "U.S. Prepares for Rebuilding of Iraq-

Initial Plan Could Spend as Much as $900 Million on Repairs after a War," *Wall Street Journal*, March 10, 2003(当初の建設会社五社は次の通り。Bechtel, Fluor, Kellogg Brown and Root, Louis Berger Group, and Parsons). Patrick Cockburn, "From Triumph Has Sprung Murderous Fiasco," *Independent*, October 9, 2003(「アメリカ・インディアン」)。二〇〇三年八月、バグダッドの女性匿名ブロガー(のち「リバーベンド」の名で知られる)が、こんな記事を掲載した。彼女の従兄弟はエンジニアで、勤務する会社は第一次湾岸戦争で破壊された二〇カ所の橋を修復した実績のある企業であった。二〇〇三年五月、CPAが公募した橋(ニューディヤラ橋)の修復に、このイラク企業は三〇万ドルで入札したが却下された。報道によると、それから一週間後、その仕事は五〇〇〇万ドルの見積りを出したアメリカ企業に落札された。このブロガーによれば、イラクには一三万人を超えるエンジニアがいて、多くは「ドイツ、日本、アメリカ、イギリスなどで」訓練を受けた人材であった。占領の開始時には、イラクにおける民間の請負業者とアメリカ兵の人員比率は一対一〇であったが、二〇〇六年末にはおよそ一対一・四になっていた。その実数は、請負業者が一〇万人、そのうち五万人は民間警備会社であった。それに対してアメリカ正規軍は一四万人であった。Renae Merle, "Hired Boots on the Ground," *Washington Post National Weekly Edition*, December 11-17, 2006; also Naomi Klein, *The Shock Doctrine: The Rise of Disaster Capitalism* (Metropolitan, 2007), 378-80[ナオミ・クライン/幾島幸子・村上由見子訳『ショック・ドクトリン(上下)』岩波書店、二〇一一年]。クラインは、いわゆるシカゴ学派の市場原理主義を批判しているが、民営化というアジェンダは、一九七〇年代あるいはもっと前に起源を持つ「ショック療法」の流れに位置づけられるとしている。同書一六章、一七章。イラクについては、同書一八章。

(114) Neil King Jr., "Bush Officials Draft Broad Plan for Free-Market Economy in Iraq," *Wall Street Journal*, May 1, 2003. イラク侵攻前、保守主義の有力サークルで民営化推進論が活発に議論されていた。その実例は、Ariel Cohen and Gerald P. O'Driscoll Jr., "Privatization and the Oil Industry: A Strategy for Postwar Iraqi Reconstruction," *National Interest*, January 22, 2003.

(115) Noah Feldman, *What We Owe Iraq*, 1; Francis Fukuyama, "Nation-Building 'Lite,'" *Wall Street Journal*, October 1, 2003. ブラックウィルの引用は、"The Lost Year in Iraq," a *Frontline* interview with Bremer and others posted online at pbs.org/wgbh on October 17, 2006.「侵攻後速やかに退去すればよい」というラムズフェルドに代表される伝統的な保守主義者たちと、イラクを民主主義のモデルとして作り直そうとするネオコンの衝突について興味深い分析をしているのは、Marina Ottaway, "Iraq: One Country, Two Plans," *Foreign Policy*, July/August 2003 (also posted by the Carnegie Endowment for International Peace at carnegieendowment.org).

(116) ブレマーの引用は、Voice of America transcript for June 1, 2003, at globalsecurity.org. ブレマーによるバース党経済の特質についての分析は、*My Year in Iraq*, 28, 61-66. しばしば引用される「イラクはビジネスに再び開かれた」という言葉は、五月二七日付。ラムズフェルドの発言は、二〇〇三年五月二七日のアメリカ外交評議会でのプレゼンにて。ホアン・コールによれば、五パーセントの固定関税とは、「まさしくイギリスが一八三八年の条約でオスマン帝国に押しつけ、一八四〇年のロンドン条約で敗戦国エジプトに押しつけた関税率である」。Cole's *Informed Comment* website (juancole.com), September 22, 2003.

(117) 占領期の「シャウプ勧告」のもと、累進課税の最高税率が個人については五五パーセントに、法人については三五パーセントに引き下げられた。the online commentary on Carl Sumner Shoup by David Weinstein at columbia.edu/cu/economics; also Dick K. Nanto, "Shoup Mission," in *Kodansha Encyclopedia of Japan*, vol. 7: 172-73.

(118) Donald Rumsfeld, "Prepared Statement for the Senate Appropriations Committee," September 24, 2003, 引用は Klein, *The Shock Doctrine*, 346. "Let's All Go to the Yard Sale," *Economist*, September 25, 2003; この記事は、CPAの計画を「ショック・プログラム」と特徴づけている。『エコノミスト』は、この計画が「はじめは熱心だったイラクのブルジョア」まで離反させたと指摘している。"Cleaner, but Still Bare: Iraq's Reconstruction" in the October 4, 2003, issue. *Economist*. イラクの民衆の批判的な反応に関する文献は膨大な量に及ぶ。本文で引用したものは、T. Christian Miller, *Blood Money: Wasted Billions, Lost Lives, and Corporate Greed in Iraq* (Little, Brown, 2006); Jonathan Weisman and Anitha Reddy, "Spending on Iraq Sets Off Gold Rush: Lawmakers Fear U.S. Is Losing Control of Funds," *Washington Post*, October 9, 2003; Ibrahim Warde, "Iraq: A License to Loot the Land," *Le Monde diplomatique*, May 2004; David Usborne, Rupert Cornwell, and Phil Reeves, "Iraq Inc: A Joint Venture Built on Broken Promises," *Independent*, May 10, 2003 ("a carpetbaggers' free-for-all"). The September 24, 2003, リバーベンドのブログは、"For Sale: Iraq"; *Baghdad Burning*, 76-81. 勝者の戦利品については、Haass, *War of Choice, War of Necessity*, 251-52.

イラクの経済危機の原因と解決策については、見解が別れている。ブレマーのような自由市場による「ショック療法」論者たちは、バース党の社会主義とサダムの好戦性と腐敗などが致命的な原因であるという。リベラルあるいは左派のコメンテーターたちは、そうした要因を認めつつも、次の三点を指摘する。(1)一九九一年の湾岸戦争でイラクのインフラが大規模に破壊されたこと、(2)アメリカが主導した国連の経済政策が破滅的効果をもたらしたこと、(3)侵攻の後に起こった外部委託ブームが、混乱と機能不全と腐敗を生み出したこと。CPAが解散されたあと、アメリカ政府の高官もイラクの国営企業の一部を再興しなければイラク人が仕事に復帰することはできないことを認めるようになった。

(119) "Rebuilding Iraq Conference," at new-fields.com/iraq/agenda.htm. この種の会議は以後数年にわたって開催された。アメリカ外交評議会の「一〇〇〇億ドル」という試算は、同評議会の次の報告による。January 1, 2003, report *Guiding Principles for U.S. Post-Conflict Policy in Iraq*. この報告によると、「緊急の人道支援をのぞくと、イラク再建には二五〇億ドルから一〇〇〇億ドルかかると専門家はみている」。

(120) "U.S. Prepares for Rebuilding of Iraq," *Wall Street Journal*, March 10, 2003; Ehsan Ahrai, "The Lucrative Business of Rebuilding Iraq," *Asia Times*, March 26, 2003.

(121) "Bush Officials Draft Broad Plan for Free-Market Economy in Iraq," *Wall Street Journal*, May 1, 2003; Klein, *The Shock Doctrine*, 341-43.

(122) ゴールドスミスの覚書の全文は、John Kampfner, "Blair Was Told It Would Be Illegal to Occupy Iraq," *New Statesman*, May 26, 2003(これは週刊紙で、この号が実際にニューススタンドに並んだのは五月二二日)。次も見よ。Clare Dyer, "Occupation of Iraq Illegal, Blair Told," *Guardian*, May 22, 2003; John Innes, "US and UK Action in Post-War Iraq May Be Illegal," *Scotsman*, May 22, 2003.

(123) 占領政策における「法、正義、犯罪」の問題については、本書の第一四章で扱っている。この論争および関連文書の情報など詳細は、*Future Implications of the Iraq Conflict: Selections from the "American Journal of International Law"*(2004). 民営化計画についての要約は、Thomas Catan, "Iraq Business Deals May Be Invalid, Law Experts Warn," *Financial Times*, October 30, 2003; Daphne Eviatar, "Free-Market Iraq? Not So Fast," *New York Times*, January 10, 2004.

(124) Nina Serafino, Curt Tarnoff, and Dick Nanto, *U.S. Occupation Assistance: Iraq, Germany and Japan Compared*(Congressional Research Service, Library of Congress, March 23, 2006). 一九四六―五二年のアメリカからの援助の総額は、現在のドル換算でドイツへ四三億ドル、日本へ二二億ドルである。ただ、その内訳には細かな違いがある。授与か貸与か、食料などの人道支援かインフラなどの経済再建か、被援助国が運用する「見返り」資金の形態をとるかどうか、軍事目的の援助かどうか、などである。

(125) イラク再建とマーシャル・プランの類似性が注目されたとき、マーシャルの文書の編纂者(ラリー・ブランド)は、記者たちにこう指摘した。「マーシャル・プランの主要な狙いは、貿易を再び活性化することでした」David Firestone, "The Struggle for Iraq: The Cost: Debate Rises Where Bush and Marshall Plans Diverge," *New York Times*, September 27, 2003. マーシャル・プランのねらいについては、〔マーシャル国務長官の〕有名なスピーチから六〇年後、二〇〇七年五月二一、二二、二三日に国務省国際情報局が配布したヴィンス・

クローリー編纂の三つのエッセイがある。useu.usmission.gov. このうち三番目のエッセイはこう指摘している。「この援助は寛大な申し出であったが、アメリカの高度な国益にもかなっていた。アメリカの援助を必要としない経済的に強いヨーロッパができれば、アメリカの製品が再び購入されるようになるし、ヨーロッパ大陸が共産主義の手に落ちるのを防げるであろう」。Crawley, "Marshall Plan Seen as Model for Well-Run, Short-lived Program." イラク再建への援助費拠出を求めるブッシュ大統領の要請に対して下院民主党が提出した決議案は、九月二三日の大統領の国連演説について、「勘違いしてはいけない。これはマーシャル・プランではない」と述べている。同時に、大統領の援助要請は「経済発展のためのプロジェクトの長大なリスト」であるが、「戦争による利権あさり」になる危険があると警告し、説明責任と透明性を確保すること、国務省に主導権を与えること、優先順位の決定やプログラムの遂行にあたって、イラク側が積極的に関与することを要求した。この決議案は、ロサ・デラウロ議員ほか六一人の議員が共同提案者となり、二〇〇三年一〇月一六日に提出された。

(126) ドイツに関する基本指令は、*FRUS 1945*, vol. 3: *European Advisory Commission, Austria, Germany*, 484-503; 経済面の目的については、487-88, 493-94. これらの目的の早い時期の表現として、ibid., 378-88 (January 6, 1945), 432-38 (March 10), and 471-73 (March 28); also *FRUS 1944*, vol. 1: *General*, 344-46 (September 29, 1944). ドイツの「産業水準」に関する政策の改訂版は軍事指令(参謀本部指令一七七九号)として一八四七年七月一一日に出された。*Department of State Bulletin*, July 27, 1947 (186-93); see also ibid., September 7, 1947 (468-72).

(127) *Political Reorientation of Japan*, vol. 2: 424. 日本における賠償政策の概略は、William S. Borden, *The Pacific Alliance: United States Foreign Economic Policy and Japanese Trade Recovery, 1947-1955* (University of Wisconsin Press, 1984), 71-83.

(128) *FRUS 1948*, vol. 6: *The Far East and Australasia*, 857-62 (NSC 13/2). 国家安全保障会議のこの文書は、次のように強調している。「アメリカの安全保障上の利益に次ぐ対日政策の主要な目的は、日本の経済復興である」。「日本政府に対して、経済復興は日本人の努力にかかっていることを明確にすべきである。生産力を増大させること、勤勉に労働し、労働の中断を最小限まで減らし、財政を緊縮し、インフレを抑制し、できるだけ早く予算の均衡を達成し、高い輸出率を継続しなければならない」。

(129) マーシャル・プランの概略について、イラク占領と比較しながら簡潔かつ丁寧な注釈つきで論じたものとして、Barry Machado, *In Search of a Usable Past: The Marshall Plan and Postwar Reconstruction Today* (George C. Marshall Foundation, 2007). 著者マカドはマーシャル・プランを高く評価しており、当時アメリカ政府の経済協力局がアメリカ企業によるロビーイング(陳情)を拒否できなかったのは海運業と石油大手だけであったと述べている。ibid., 122-23. この本は、外国援助においては援助する側の態度が大きな役割を果たすと指摘しており、ブッシュ政権のイラク政策に対する間接的な批判になっている。マカドは、ラルフ・ウォルド・エマーソン〔一九世紀、アメリカの思想家〕の「知性よりも人格が高みとなる」という言葉を引いて、「一九四〇年代に比べて、今や人格は著しく低下しているようだ」と結んでいる。

(130) 統計の内訳は資料によって多少異なる。*U.S. Occupation Assistance* report issued by the Congressional Research Service in 2006. 他に、Shinji Takagi, "From Recipient to Donor: Japan's Official Aid Flows, 1945 to 1990 and Beyond," *Essays in International Finance*, no. 196 (March 1995), esp. 1-8; and Robert A. Fearey, *The Occupation of Japan: Second Phase, 1948-1950* (Macmillan, 1950), 218-19.

(131) 日本占領における経済面の逆コースの包括的研究として、Dower, *Empire and Aftermath*, chapters 10, 11, 12; Dower, "Occupied Japan and the Cold War in Asia," in Dower, *Japan in War and Peace*, 155-207; Borden, *Pacific Alliance*; Howard B. Schonberger, *Aftermath of War: Americans and the Remaking of Japan, 1945-1952* (Kent State University Press, 1989), esp. chs. 5, 6, and 7; Michael Schaller, *The American Occupation of Japan: The Origins of the Cold War in Asia* (Oxford University Press, 1987); Schaller, *Altered States: The United States and Japan since the Occupation* (Oxford University Press, 1997), esp. chapter 1; Schaller, "Securing the Great Crescent: Occupied Japan and the Origins of Containment in Southeast Asia," *Journal of American History*, vol. 69, no. 2 (September 1982), 392-414; Yutaka Kosai, "The Postwar Japanese Economy, 1945-1973," in Michael Smitka, ed., *Japan's Economic Ascent: International Trade, Growth, and Postwar Reconstruction* (Garland, 1998), 72-116.

(132) "Economic Stabilization in Japan," December 10, 1948, *FRUS 1948*, vol. 6: 1059-60. 戦後日本における「国家と社会の境界の曖昧化」を概観した研究は、Brian J. McVeigh, *The Nature of the Japanese State: Rationality and Rituality* (Nissan Institute/Routledge, 1998), esp. chapter 4. 行政指導に関する法律解釈を抜粋したものとして、Meryll Dean, ed., *Japanese Legal System*, 2nd edition (Cavendish, 2002), 168-91.

(133) チャルマーズ・ジョンソンは、占領が終わったとき、日本の官僚制は戦時より強固になっていたとしている。Chalmers Johnson, *MITI and the Japanese Miracle*.

(134) Robert S. Ozaki, "Foreign Exchange Control," in *Kodansha Encyclopedia of Japan*, vol. 2: 314-16.

(135) Schonberger, *Aftermath of War*, chapter 6 (ドレーパー), and Dower, *Embracing Defeat*, 537 (ダレス).

(136) Fearey, *The Occupation of Japan*, 149-50. マーティン・ブロンフェンブレナーは、外国為替、貿易、投資に関する主要な法律の狙いは「日本からの資本流失を防止するとともに、「外国の利権屋」が日本の資産を安く買い上げることを防止すること」であったと記している。Martin Bronfenbrenner, "Occupation-Period Economy," 157.

(137) トニー・ジャットは、ヨーロッパ史を論じたエッセイ集の序文で、「忘却の時代 an age of forgetting における現代史の位置」に注目している。Tony Judt, *Reflections on the Forgotten Twentieth Century* (Penguin Press, 2008). ヨーロッパだけでなく、日本とアジアの研究においても、同じ課題がある。〔過去が都合よく忘れられていく時代にあって〕歴史家にとっても政策決定者にとっても、歴史の事例を比較分析することはますます困難になっている。だがそのぶん、歴史の比較分析はより啓発的な意味をもつようにもなっている。

(138) Bronfenbrenner, "Occupation-Period Economy," 158.

(139) Dower, *Embracing Defeat*, 540–46 (for special procurements, the Korean War boom, and Deming).

(140) この点の簡潔な概観として、Gary R. Saxonhouse, "United States, economic relations with, 1945–1973, in *Kodansha Encyclopedia of Japan*, vol. 8: 161–64.

(141) チャルマーズ・ジョンソンは、アメリカの「基地の帝国」に対するもっとも網羅的な批判を、彼の有名な三部作で展開している。Chalmers Johnson, *Blowback: The Costs and Consequences of American Empire*, 2nd edition (Holt Paperbacks, 2004); *The Sorrows of Empire: Militarism, Secrecy, and the End of the Republic* (Metropolitan, 2004); and *Nemesis: The Last Days of the American Republic* (Metropolitan, 2006). ジョンソンが数えたところ、アメリカは国外に七〇〇以上、国内五〇州に九五〇以上の軍事基地を持っている(多くの秘密基地を除く)。沖縄は、三部作の最初の著書 *Blowback* で詳しく扱われている。

エピローグ

(1) David Kilcullen, *The Accidental Guerrilla: Fighting Small Wars in the Midst of a Big One* (Oxford University Press, 2009), 3. キルカレンは現代のテロや反政府活動を多彩な表現で規定しているが、とくによく使ったのは、「ポスト・モダン」「グローバル化」という言葉である。たとえば次を見よ。ibid., xvii, xxviii.

(2) Philip Taubman, "Learning Not to Love the Bomb," *New York Times*, February 19, 2009.

(3) Lewis Mumford, *The City in History* (Harcourt, Brace and World, 1961), 432f. ("Caption 49," accompanying a photograph of the Pentagon). 私がマムフォードに関心を持ったきっかけは、Andrew J. Bacevich, *The Limits of Power: The End of American Exceptionalism* (Metropolitan, 2008), 85–86.

(4) Office of the Inspector General, Office of the Director of National Intelligence, *Critical Intelligence Community Management Challenges*, November 12, 2008. この一六頁の報告書の秘密指定部分が解除されたバージョンは、二〇〇九年四月二日に公表された。at globalsecurity.org; the quotations appear on 2, 6, 10, 12.

(5) Office of the Special Inspector General for Iraq Re-

construction, *Hard Lessons: The Iraq Reconstruction Experience* (508-page "draft" report released on sigir.mil, December 2008), 5, 478(この文書の頁番号は混乱しているので、本書での引用頁はオンライン版の画像順による)。

(6) 縄張り争いはこの種の報告書にはよく記されているが、ここでも一貫して指摘されている。このほか、個々の言及は以下の頁を見よ。*Hard Lessons*, 17("back-of-the-envelope"), 19(working in secret), 28("bureaucratic inertia"), 47, 461("best-case" scenarios), 61("colliding chains of command"), 66("good soldier"), 145("*fait accompli*"), 307-8, 314, 338(disdain for Iraqi sensibilities), 472-73(sixty-two agencies).「厳しい教訓」という表現は、なぜベトナム戦争からアメリカが必要最小限の教訓さえ引き出せなかったかを分析したジョン・ネイグルの著作のキーワードでもある。これは影響力のあった研究で、「厳しい教訓」が無視されたために悲惨な結果を招いたことを二つの章で述べている。John Nagl, *Learning to Eat Soup with a Knife: Counterinsurgency Lessons from Malaya and Vietnam* (University of Chicago Press, 2005; originally published in 2002).

(7) その場しのぎの計画がもたらした悲惨な具体例は、*Hard Lessons*, 59, 121, 124, 170, 187, 238, 336, 460, 466("adhocracy").チャラビのコメントは、an op-ed essay titled "Thanks, But You Can Go Now," *New York Times*, November 23, 2008. アフガニスタン再建プログラムを検討したアメリカ政府の会計検査官も同じ結論に達し、同プログラムは「断片的」なものにとどまっており、「一貫性が欠如」していると指摘している。ブッシュ政権の終わりまでにアフガニスタンで使われた資金は、イラクに使われた額を超えていた(総額六〇〇億ドルのうちアメリカの支出が三二〇億ドル)。Karen DeYoung, "It's Worse Than They Realized," *Washington Post National Weekly Edition*, February 9-15, 2009.

(8) 二〇〇九年一月一五日に行われたブッシュ大統領の告別演説のオンライン版テキストは、次のサイトでアクセスできる。"The Bush Record" at georgewbush-whitehouse.archives.gov.

(9) この発言は大きく報道された。たとえば次を見よ。David Sanger, "Political Anthropologists' Find Surprises during the Transition," *New York Times*, December 2, 2008.

(10) 一九九六年から一九九九年に、破滅を予告した人々が主流から外されたことについて、商品先物取引委員会の委員長が何度か警告していたことが、金融メルトダウンの後の注目を集めた。たとえば次を見よ。Manuel Roig-Franzia, "Credit Crisis Cassandra-Brooksley Born's Unheeded Warning Is a Rueful Echo 10 Years On," *Washington Post*, May 26, 2009. デリバティブのシステムは、もともとリスクを分散して最小にするためのものであったが、それが実務家によって悪用された。この経緯について説得力ある説明は、Gilliam Tett, *Fool's Gold: How the Bold Dream of a Small Tribe at J. P. Morgan Was Corrupted by Wall Street Greed and Un-*

leashed a Catastrophe (Free Press, 2009).

(11) 金融モデルの透明性の低い「疑似科学性」と「疑似客観性」についての早い段階での警告は、Benoit Mandelbrot and Nassim Nicholas Taleb, "How the Finance Gurus Get Risk All Wrong," *Fortune*, July 11, 2005; also Jerry Z. Muller, "Our Epistemological Depression," *American*, January 29, 2009; Felix Salmon, "Recipe for Disaster: The Formula That Killed Wall Street," *Wired*, February 23, 2009. Tett の著作は、意味のわかりにくい専門用語や「アルファベットだらけの略語のごった煮」について説明している。*Fool's Gold*, 32-33 ("VaR") and 215 ("super-senior CDO of ABS assets").

(12) Daniel Gross, "Boom, Bust, Repeat," *New York Times Book Review*, December 28, 2008 (reviewing Michael Lewis, ed., *Panic: The Story of Modern Financial Insanity*); Jill Drew, "Frenzy," *Washington Post*, December 16, 2008; Nick Paumgarten, "The Death of Kings: Notes from a Meltdown," *New Yorker*, May 18, 2009.

(13) 二〇〇九年七月二九日付のエリザベス女王宛ての書簡は、"The Global Financial Crisis—Why Didn't Anybody Notice?" on the website of the British Academy at britac.ac.uk. An indirect route of access is through Matthew Lynn, "Royal Reasons for Overlooking Financial Meltdown," at bloomberg.com.

(14) Simon Johnson, "The Quiet Coup," *Atlantic*, May 2009; Tett, *Fool's Gold*, 31, 137; "Unfinished Business," *Economist*, February 7, 2009. 資本主義と企業行動におけるグループ思考と群れ行動は、二〇〇二年のエンロン社のセンセーショナルな崩壊の後メディアの大きな注目を集めたが、経済学においては綿々たる研究の系譜がある。入門的文献として、Abhijit V. Bannerjee, "A Simple Model of Herd Behavior," *Quarterly Journal of Economics*, vol. 107, no. 3 (August 1992), 797-817; also Laurens Rook's extensively annotated "An Economic Psychological Approach to Herd Behavior," *Journal of Economic Issues*, vol. 40 (2006), 75-95. なぜ「不合理な熱狂」を鎮静化させ破局を防げなかったのかは、それ自体ひとつの研究テーマになる。

(15) Tett, *Fool's Gold*, 210, 217, 225-26.

(16) Salmon, "Recipe for Disaster." 金融危機の原因に関するグリーンスパンの見解は、オンライン上のあちこちに引用されているが、もとは彼が二〇〇八年一〇月二三日に下院の改革監督委員会で行った証言である。本人が証言の前に準備したテキストは、"Greenspan Testimony on Sources of Financial Crisis" at the *Wall Street Journal* website, wsj.com.

(17) Edward Carr, "Greed-and Fear: A Special Report on the Future of Finance," *Economist*, January 22, 2009. 著者のカーが参照している学術研究によると、「一九七三年から一九九七年までに一三九の危機があった(そのうち四九の危機は所得水準の高い国で起きている)」。だが一九四五年から一九七一年までの経済危機は、全部で三八しかなかった。本文で言及した日本との類推については、Tett, *Fool's Gold*, 180–81.

(18) Joe Nocera, "Risk Mismanagement," *New York Times Magazine*, January 4, 2009; Muller, "Our Epistemological Depression"; Carr, "Greed–and Fear"; Tett, *Fool's Gold*, 100 ("ratings arbitrage"), 131. See also Paumgarten, "The Death of Kings" ("statistical legerdemain" and "tweaking the data and models until they said what you wanted").

(19) George A. Akerlof and Robert J. Shiller, *Animal Spirits: How Human Psychology Drives the Economy, and Why It Matters for Global Capitalism* (Princeton University Press, 2009); see esp. 1–5, 167–74. 洞察に満ちた論評として、Benjamin M. Friedman, "The Failure of the Economy and the Economists," *New York Review of Books*, May 28, 2009; Louis Uchitelle, "Irrational Exuberance," *New York Times*, April 19, 2009. 金融恐慌のあとに出された詳しい批判として、Justin Fox, *The Myth of the Rational Market: A History of Risk, Reward, and Delusion on Wall Street* (HarperBusiness, 2009). この本は市場の効率性という仮説の系譜を追っている。こうした既存の前提を見直そうとする精神は、『エコノミスト』誌(二〇〇九年六月一三日号)掲載のフォックスの著書の書評にうまく表現されている。この書評は、失墜した正統派の学説を「市場合理主義者のニカイア信条」〔紀元三二五年、小アジアのニカイアでキリスト教の教義を統一するために開かれた最初の宗教会議で、アリウス派を異端として追放した〕と呼び、その起源を「シカゴ大学の講壇で市場が悪をなすことはありえないと宣言し」「ノーベル経済学賞を受賞した説教師たち」にあるとしている。

監訳者あとがき

本書は、戦争を人間の文化の一種ととらえ、「戦争の文化 cultures of war が常にわれわれにつきまとうのはなぜか」（プロローグ）という人類史的問題にとりくんだ大作である。

この本の主役は、二〇〇一年の九・一一事件のあと、二〇〇三年三月二〇日からイラクを圧倒的な力で攻撃したアメリカである。本書によると、このイラク戦争はアメリカの「戦争の文化」の所産であり、その主要部分は、第二次世界大戦における対独戦と対日戦のなかで形成された。先制攻撃、重慶等への無差別爆撃、捕虜虐待などの日本帝国の行動は、太平洋戦争やイラク戦争におけるアメリカの行動の先例とみることができる。そしてアラブ世界もそうした歴史と無関係ではないことは、ビン・ラディンが「ヒロシマを実行する」と述べたことに象徴されている（第七章）。日本とアメリカは、まるで鏡を向けあったかのように互いの愚行を映しだしており、イスラム主義者のテロは、その反映でもある。すなわち、かつての日本帝国はこの本の裏の主役でもある。

本書がいう「戦争の文化」とは、「選択としての戦争 war of choice」すなわち先制攻撃への衝動、大国意識による傲慢 hubris、希望的観測 wishful thinking、内部の異論を排除して戦争に走るグループ思考 groupthink、宗教的・人種的偏見、他者の立場に対する想像力の欠落、説明責任の無視、無差別殺戮、拷問、虐待といったものである。こうしたソフト面とともに、ハード面ではつねに相手よりも優位に立とうとして「発達」し続ける兵器体系も含まれる。

本書を読むにつれて、バラバラになりがちなわれわれの歴史観が「戦争の文化」という国家横断的、文化横断的な概念によってつながっていく。

著者ジョン・W・ダワーは、一九三八年米国ロードアイランド州生まれ。一九五八年に来日したことをきっかけに日本文学・日本文化に関心をもった。帰国後、ハーバード大学大学院で日米関係を専攻し、吉田茂の研究により博士号を取得(のち大窪愿二訳『吉田茂とその時代(上下)』と題して一九八一年邦訳刊行。現在中公文庫)。ベトナム戦争を憂慮する若手歴史学者の一人としても発言しつづけた。日本現代政治史、日米関係史に関する研究を精力的に刊行し、アメリカを代表する日本研究者の一人となった。ネブラスカ大学、ウィスコンシン大学マディソン校、カリフォルニア大学サンディエゴ校、マサチューセッツ工科大学(MIT)で教育・研究を続け、二〇一〇年退職(現在MIT名誉教授)。写真、絵画、映画など視覚史料に造詣が深く、MIT在職中には日米の視覚文化を扱ったオンラインサイト"MIT Visualizing Cultures"を制作している。

ダワーの文体には気品と情感があり、広範な調査と慎重な考証に裏付けられた叙述には説得力がある。『吉田茂とその時代』以外に邦訳された著書には、斎藤元一訳『容赦なき戦争――太平洋戦争における人種差別』(平凡社ライブラリー、二〇〇一年。一九八六年全米書評家協会賞(ノンフィクション部門)、一九八九年第五回大平正芳記念賞)、三浦陽一・高杉忠明・田代泰子訳『敗北を抱きしめて――第二次大戦後の日本人（上下）』（岩波書店、二〇〇一年、増補版二〇〇四年。一九九九年バンクロフト賞、一九九九年全米図書賞（ノンフィクション部門）、二〇〇〇年ピューリッツァー賞（一般ノンフィクション部門）、二〇〇一年第一回大仏次郎論壇賞（特別賞）、二〇〇一年第二〇回山片蟠桃賞）、明田川融監訳『昭和――戦争と平和の日本』（みすず書房、二〇一〇年）、外岡秀俊訳『忘却のしかた、記憶のしかた――日本・アメリカ・戦争』（岩波書店、二〇一三年）、田中利幸訳『アメリカ　暴力の世紀――第二次大戦以降の戦争とテロ』（岩波書店、二〇一七年）がある。どの著作も、人間と現実を冷静に分析する目と、人種や文化の違いを超えたヒューマンな平等感覚を感じさせる。

イラク戦争のあとの占領政策の失敗により、ラムズフェルド国防長官が辞任した翌年の二〇〇七年八月、ブッシュ大統領はある演説で、名前をあげずにダワーの著書をひきあいにだし、イラク占領を正当化しようとした。その本とは、日本占領を扱った前述の『敗北を抱きしめて』であった。思わぬところで自著を政治に利用された著者は、歴史をゆがめて利用するアメリカの「戦争の文化」に関心を向けた。これが本書の執筆につながったのであった（プロローグ、第一章注8、第一三章注4）。

著者は日本現代史の専門家であるだけに、日本人が知りたかったこと、知るべきだったことを本書で述べてくれている。本文は生き生きとした引用と的確な分析が続き、うならされることがしばしばである。本書の詳しい注には、本文にはない逸話も盛り込まれており、そうした部分も本書を読む楽しみのひとつである。

以下では、日本人読者の一人として私が読みどころと思ったポイントを、いくつかメモしておこう。

第I部「開戦」は、イラク戦争と日米戦争を例として、戦争を始めることじたいが戦争の文化の産物であることを実証している。まず、〈アメリカによるイラク戦争開戦は、日本によるパールハーバーと同様の国家的愚行であり、アメリカ合衆国の恥 infamy である〉というアメリカの歴史家シュレジンガーの見方が紹介される(第一章)。このシュレジンガーの指摘の妥当性、すなわち国家を超え時代を超えて戦争の文化が国家を戦争へと導き歴史に汚点を残すという実態を、著者は逐一実証していく(とくに第五章)。

機密情報の存在じたいが機密になり、この機密を守るために組織の壁が築かれ、全体として正確な予想ができなくなるという「機密情報のアポリア」を指摘しているのも興味深い(第二章)。九・一一の同時多発テロ事件をはじめ、イスラム主義者による自爆テロの原型が日本の特攻にあるとアメリカではイメージされたことも指摘している(第一章)。いまも一部の日本人が信じている、真珠湾攻撃はアメリカの策謀だったという「ルーズベルト陰謀説」をどう考えればいいか。本書の解答は明快である(第二章、第六章)。

組織が特定の方向に動き出すと、構成員に同調圧力がかかり、異を唱えるのは難しくなる。これが本書のいうグループ思考 groupthink である。戦前の日本政府でもブッシュ政権でも、この現象が発生した。たとえばイラク戦争では、イラクに日本占領のような民主主義建設のための好条件が欠けていることを、「大統領の助言者たちは、それがわかっていた。そしてわからないふりをした」(第一三章)。日米開戦を承認し、いったん開戦すると戦争のエスカレートを督促した昭和天皇の行動も、ある種のグループ思考の文脈で説明されていて、われわれの興味をひく(第五章)。

第Ⅱ部「テロ」は、日米戦争におけるテロ爆撃の発展、その頂点としての原爆投下を中心にあつかう。米軍による空襲は、日本人に恐怖を与えるためのアメリカによるテロ爆撃 terror bombing であった。空からのテロの王者としてアメリカが変貌していくプロセスの叙述には、迫力がある（第八章）。無差別テロは、イスラム過激派に先駆けて、英米の爆撃機が組織的に行っていたのである。

多くの人命を守るために多くの人命を奪う現代戦では、人間が単なる数字に還元され、人道意識は麻痺しがちである。遠くから見るB29の姿と空襲の火災を「美しい」と感じる少年の倒錯した感覚も、戦争が生む「文化」のひとつである（第一一章）。

原爆投下はアメリカによるテロ爆撃の頂点であり、ソ連と、アメリカ国内の共和党に向けた政治的行為でもあった（第九章、第一〇章、第一一章）。原爆製造と投下決定に携わったアメリカ人たちの逡巡と苦悩。巨額をつぎこんだ科学と国力の達成を現実の破壊によって実証したいという願望。巨大な破壊によって、自分たちが神のような力をもったという絶頂感。こうした、合理的のようでありながら同時に野獣的な人間性にまで、本書の考察は及ぶ。それはむしろ普遍的な人間の姿であるとも感じさせる。著者は原爆に関して長年調査し著述してきただけに、この過程についての実証と考察は周到である。本書によって原爆のイメージが変わる人もいるであろう。

第Ⅲ部「国家建設」は、日本でもイラクでも、戦争の継続として行われた軍事占領を扱う。占領は国家建設 nation building のプロセスでもあったが、失態に終わったアメリカのイラク占領に比べて（二〇一一年一二月、米軍はイラクから完全撤退）、日本占領は国家建設の成功例として語られることが多い。しかし本書によれば、日本占領にもマイナス面があった。たとえば、「平和に対する罪」や捕虜虐待などの日本の戦争犯罪は裁判にかけられたが、訴因や手続きの正当性をめぐって、今も議論が絶えない(第一三章)。また、戦勝国は何十万人という日本兵の帰国を遅らせ、強制労働や戦争に使役した。こうした問題について、その後の国際法は見るべき発展を遂げなかった。そのため、イラク戦争や米軍による捕虜虐待に対しても、国際法による規制は弱いままとなった(第一四章)。もともと近代国際法は、「非文明」人に対する無差別殺戮を規制の対象にしていなかった(第七章注11)。戦争を規制すると同時に許容し、包括的だが実効性の乏しい現在の国際法は、「戦争の文化」の一部ということになるだろう。また、日本の軍事占領もイラク占領も、アメリカの軍事拠点の確保の手段とみなされた(第一四章)。

日本を占領した当時のアメリカと、イラク戦争に突入した二一世紀のアメリカでは、どちらも表面では「自由と民主主義」というレトリックを使っているが、意思決定のあり方も実際の行動も、ずいぶん変わってしまったと著者はいう(第一三章)。戦後アメリカは、いわば自身の戦争の文化によって自国の「国家建設」を行ったともいえよう。

このようにみると、戦争の文化に気づかせるために歴史はくりかえしているかのようである。そこからの出口の光は鈍い。東アジアや南アジアが欧米のインパクトによる受難を自力で克服してきたのに対して、イスラム世界では同じ受難の歴史をいまだにテロ犯罪の正当化に用いている(第四章注108)。だがそれでも、著者はその光を見出そうとする。ひとつの光は、宗教や文化の違いを超えて、人類共通の理想を語る言葉が確かに存在することである。無差別テロを理論化したイスラム学者にも理想への憧れがあるし、神、平和、共存など、キリスト教とイスラム教に共通する言葉もある。そこに対話と相互理解の糸口もありうる(第一二章)。

そしてもうひとつの希望の光。それは戦後の日本にあることに、われわれは少しの慰めを感じてもよいかもしれない。著者は、アメリカに比べて日本には反戦の文化が根を張っているという。日本では、二度と戦争への扇動に「騙されない」(第一五章)という感情が一般的である。そのうえで、日本では多元的な価値が許容され、人々は旧敵国との友好にも抵抗を示さない(第一二章)。

本書は、「平和の文化 cultures of peace」という語で始まり(献辞)、同じ語で終わっている(エピローグ)。「戦争の文化」の自覚がないために愚かな戦争が繰り返されるのだとすれば、「戦争の文化」の自覚による「戦争の文化」からの脱却のプロセスがすなわち「平和の文化」なのであり、本書はそのためのパイオニア的な歴史研究であると言えるだろう。

以上は、私が思う本書の読みどころをいくつかメモしたままでである。読者の一人一人が、この本を味読する際の参考になれば幸いである。

本書の翻訳は、凡例に記したように、章毎に分担して行った。原文は難訳部分が多く、翻訳は容易ではなかった。訳者全員の翻訳作業終了後、監訳者が全般にわたって訳文を整える作業も行った。本書の豊かな内容を日本の読者にわかりやすく伝えるため、監訳者が著者の了解を得て、各章のタイトルを簡潔にしたり、複数文を一文にまとめたり、長文を分割したりした部分があることを付記しておく。本書のメッセージが日本でも広く共有されることを願う。

訳者のみなさんの長期にわたる努力と、元岩波書店編集部の小島潔氏、その後を引き継いだ同編集部の吉田浩一氏の采配に感謝したい。

二〇二一年九月

三浦陽一

50, 52, 87, 181, 298, 302, 305
ルメイ，カーティス・E.　239, 244-246, 251, 252, 259, 275, 354, 355, *10, 295*
冷戦　*26, 89, 122, 223, 224, 260, 267*
レーリンク，B.V.A.　*197*
連合国軍最高司令官(SCAP)　*139*
連合国暫定当局(CPA)　xxv, xxix, 143, *152, 157, 173, 185, 223, 228, 239, 241, 243-247, 249, 263*
ローヴ，カール　190, *166*
ローズ，リチャード　*41*
ロートブラット，ジョセフ　*32, 41, 42*
ローレンス，ウィリアム　*67-71, 307, 310*

わ 行

ワイスコップ，ビクター　*42, 43, 46, 48, 78, 80, 303*

ペンタゴン→国防総省
ボーア，ニールス　*296, 297*
ホープライト，アーネスト　*144*
ボールズ，エドワード　*63, 64*
捕虜(虐待・拷問)　xxiii, 145, 180, 330, *73, 178, 179, 181, 194-196, 204, 205, 208, 216*
ホロコースト　12, *12, 187*
ホワイトハウス　xx, 14, 17, 25, 42, 51, 53, 76, 94, 109, 115, 138, 144-146, 150, 177, 181, 182, 184, 293, 295, 316, 326, *95, 121, 166, 173, 180, 193, 238, 275, 280, 283, 284, 286*

ま 行

マーシャル，ジョージ　194, 226, 227, 281, 288, 317, 354, *15, 33, 75*
マーシャル・プラン　*255, 258, 259, 343, 344*
マウントバッテン，ルイス　*210-212, 334*
マクドナルド，ケン　*105, 106*
マクマナラ，ロバート　259
マクレイシュ，アーチボールド　*19, 20*
マクレラン，スコット　171
マッカーサー，ダグラス　12-14, 23, 45, 69, 71, 132, 134, 192, 227, 259, 293, 317, *6, 23-25, 92, 134-139, 141, 145, 146, 173, 174, 183, 185, 190, 191, 200, 223, 226, 229, 237, 240, 261, 293, 322, 328, 329, 340*
マッキンレー，ウィリアム　107, 109, 309, 310
マックロイ，ジョン・J.　*33*
マンハッタン計画(マンハッタン工兵管区)　270, 288, *5, 6, 11, 13, 27, 29, 36, 37, 41, 42, 50, 56, 57, 60, 67, 75, 78, 302, 304*
三島由紀夫　*113*
ミッチェル，ウィリアム　225
民営化　*224, 239, 241, 269*
無差別テロ爆撃　xvi
ムジャーヒディーン(自由戦士，聖なる戦士)　76, 77, 134, 178, 305, *152*
群れ行動　xx, *285, 348*
モリソン，サミュエル・エリオット　21, 22, 34, 158
モリソン，ウィルバー　*52, 64*

や 行

山下奉文　*191-193*
山本五十六　34, 35, 60, 73, 80, 155, 160, 298
ユーリー，ハロルド　*32*
吉田茂　*120, 132, 266-268, 319, 321*
米内光政　*28*

ら 行

ライス，コンドリーザ　19, 47, 52, 53, 143, 145, 151, 152, 195, 196, 207, 208, 294, 300, 322, 333, 335, *157, 158, 165, 166, 244*
ラティモア，オーエン　*298*
ラムズフェルド，ドナルド　81, 115, 143, 145, 147, 155, 159, 160, 166, 167, 174, 179, 197, 199, 202, 311, 324, 327, *105, 156, 158, 160, 161, 166-168, 226, 243, 245, 326*
リーヒ，ウィリアム　*5, 6, 10, 17, 19*
リーボウ，アブリル　*86-89, 91, 102, 113, 311*
リトルボーイ　263, 270, 273, *49, 67, 89*
リミントン，ステラ　*105*
ルイス，バーナード　184
ルーズベルト，セオドア　110, 111
ルーズベルト，フランクリン　xvi, 4, 14, 45, 46, 48, 53, 88, 90, 104, 190, 192, 194, 195, 197, 198, 216, 229, 258, 289, 291, 295, 306, 333, *3, 5, 8, 19, 31, 37,*

102, 105, 107, 109, 110, 112, 113, 115, 116, 271, 273, 314
ファーガソン，ホーマー　193
ファーレル，トマス　273, 288, 352, *66*
ファイス，ダグラス　143-145, 152, 160, 211, 317, 319, 324, *156, 324, 325*
ファイス，ハーバート　*15, 302*
ファットマン　263, 270, *49, 67, 89*
ファトワー(宗教令)　18, 37, 293, 298, *95, 247*
フィアリー，ロバート　*264*
フーバー，ハーバート　285, *6, 17*
フェラーズ，ボナー　23, 259, 296
フェルドマン，ノア　*159, 160*
フェルミ，エンリコ　*47, 304*
フォード，ジョン　86-90, 92, 306
フクヤマ，フランシス　*244*
フセイン，サダム　12, 13, 81, 114, 116, 120, 123, 124, 127-129, 132, 133, 136, 149, 155, 174, 196, 198, 314, 315, *94, 121, 128, 129, 131, 156, 159, 160, 189, 276*
復興人道支援局(ORHA)　*152, 158, 173, 238, 239*
ブッシュ，ジョージ・H.W.　122, 123, 323
ブッシュ，ジョージ・W.　xxi, xxiii, xxv, xxviii, 5, 11, 13, 14, 16, 17, 20, 24, 26, 53, 81, 90, 94-96, 98, 108, 109, 112, 118, 122, 124, 125, 132-134, 136-138, 140, 141, 143, 148, 149, 154, 167, 177, 179, 182, 190, 195-200, 207, 208, 211, 291, 292, 296, 307, 316, 318, 320, 321, 330, *92-95, 98, 120, 151, 152, 161, 165, 180, 229, 238, 254, 271, 282, 286, 320, 347*
ブッシュ，バネバー　*30*
ブッシュ・ドクトリン　98, 100
ブッシュ政権　xvi, xix-xxii, xxiv, xxvii, xxxi, 12, 19, 20, 25, 47, 52, 78, 80, 94, 95, 101, 102, 107, 112, 113, 115, 120, 132, 133, 135, 136, 138, 140-142, 144, 146, 147, 154, 157, 171, 175, 184, 186, 190, 193, 194, 196, 198, 201, 211, 300, 308, 317, 321, 323, 330, *121, 123, 128, 131, 133, 150, 160, 178-181, 195, 216, 237, 243, 272, 274, 278, 279, 282, 283, 287, 291, 325, 338, 347*
ブット，ベナジル　76, 77, 102, 103, 115, *288*
ブラウン，ウォルター　*302, 303*
ブラケット，P.M.S.　*29, 30, 34, 37, 38, 82, 301*
ブラック，コーファー　53
ブラックウィル，ロバート　*244*
フラム，デイヴィッド　94
フランク，ジェームズ　*11, 297*
フランク報告　*11-14, 27, 30, 37, 48, 81*
プランゲ，ゴードン　32, 46, 59, 64, 297, 299, 333
フリーマン，チャールズ　79
ブルースター，オーウェン　193
ブレア，トニー　125, 126, 173, 316, *238, 249*
ブレマー3世，ルイス・ポール　24, 96, 128, 326, *152, 156, 157, 161, 169, 173-175, 185, 217, 223, 228, 231, 239, 244, 245, 247, 326, 338, 340, 342*
フロイト，ジクムント　*62*
フロム，エーリッヒ　*62*
ブロンフェンブレナー，マーティン　*235*
米陸軍航空軍(USAAF)　217, 228, 230, 231, 237, 238, 242-244, 255, 338
ベトナム戦争　x, xviii, 123, 177, 179, 180, 313, 329, *106, 178, 190, 199, 213*

145, 147, 167, 174, 184, 197, 315, 334
チャーチル，ウィンストン　104, 158, 216, 229, 234, 235, 274, 278, 280, 352, *8, 16, 18, 19, 50, 51, 181, 255, 297*
チャラビ，アフマド　*281*
中国派　*19*
朝鮮戦争　180, *140, 141, 266, 293*
諜報活動　xiii, xvi, 58
デイヴィス，リチャード・G.　230, 233
帝王的大統領制　xxii, xxiii, xxviii, 139, 141, 144-146, 319, *180*
「帝国国策遂行要領」　155
ディズニー，ウォルト　228, 229, 341, 342, *51*
ティベッツ，ポール　288, *6*
デ・セヴァスキー，アレクサンダー・P. 228, *51*
テネット，ジョージ　53, 294
テラー，エドワード　*43, 60, 80, 81, 303, 306*
テロとの戦い→対テロ戦争
テロ爆撃　ix, xvii, 213, 217, 233, 252, 257, *103*
天皇制　xxii, xxiii, 139, *8, 16, 18-21, 23, 24, 231*
ドゥーリトル，ジミー　14
ドゥーリトル空襲　223, *73*
東京裁判　*124, 181, 186-190, 197, 198, 329, 330*
統合参謀本部　*134*
東条英機　32, 69, 138, 141, 159, 327
東南アジア連合軍(SEAC)　*210-216, 333*
東松照明　*65*
特殊慰安施設協会　*337*
ドッジ・ライン　*262*
トリニティ実験　272-274, 288, 352, *5, 11, 13, 15, 31, 34, 43, 44, 47-49, 55, 63, 65, 67, 71*
トルーマン，ハリー・S.　262, 274-280, 285, 288, 289, 352, 353, *3, 5, 7, 13, 16, 17, 22, 23, 26, 31, 34-36, 48, 49, 51, 52, 55, 60, 66, 75-78, 87, 88, 90, 92, 183, 185, 196, 212, 257, 293, 294, 308, 313, 322, 328*

な 行

日系人強制収容　90, 306, *180*
日本派　*18-20, 236*
ニュルンベルク裁判　*181, 186, 187, 197*
ネオコン　94, 100, 154, 209, 309, 312, 331, 332, 334, *154, 237, 281*
ノックス，フランク　194

は 行

ハース，リチャード　146, *153*
バード，ラルフ　*15*
パール，リチャード　94
バーンズ，ジェームズ　*22, 31-33, 35-38, 295, 298, 299, 303*
バーンズ回答　*22, 23, 138*
パウエル，コリン　52, 123, 145, 147, 166, 167, 171, 327, *155*
バターン死の行進　*70, 72, 73, 75, 199*
ハリス，アーサー　224, 234
ハル，コーデル　32, 33, 49, 192, 297, *206, 298*
ハルゼー，ウィリアム　*10, 48, 295*
パワーズ，トマス　171
ハンソン，ヴィクター・デイヴィス　98
ビッソン，T.A.　*141*
ピラー，ポール　146, 175
ビン・ラディン，オサマ　xxx, 16, 18, 19, 37, 39, 42, 43, 52-54, 72, 76-78, 80, 97, 113, 114, 118-120, 122, 123, 133, 149, 155, 186, 187, 206, 207, 209, 298, 306, 307, 311-314, 332, 335, *95-97,*

73, 142, 143, 173, 176, 321, *134, 155, 161, 164, 173, 257*
国家安全保障局(NSA)　51, 52
国家建設　*20, 134, 154, 155, 159, 222, 239, 241-244, 270, 284*
国家情報長官室(ODNI)　*279, 280*
コナント，ジェームズ　276, *82*
小林正樹　*215*
コンプトン，アーサー　*54, 81*

さ 行

再軍備　*25, 123*
砂漠の嵐作戦　120, 123
サブプライム・ローン　*284, 290*
サンソム，ジョージ　169, *236, 339*
暫定委員会(原子爆弾)　262, 275, *7*
シェファー，デイヴィッド　*184, 185*
ジェフリーズ報告　*11, 89, 92, 296*
ジェロウ，レナード　194
シスターニ師　24
ジハード(聖戦)　76, 118, 122, 307, *95, 97, 98, 112, 114, 271, 272, 277*
十字軍　95, 101, 114, 115, 307
シュレジンガー・ジュニア，アーサー　20, 21, 135, 295
シュワルツコフ，ノーマン　123, 315
ショイヤー，マイケル　79
蔣介石　*209*
上下両院合同調査委員会(真珠湾)　193
衝撃と畏怖　161, 201, 208-210, 212, *104, 153, 274*
昭和天皇(裕仁)　xxiii, 136, 142, 148-150, 160, 171, 183, 281, 321, 330, *9, 18, 21-24, 28, 127, 128, 137*
ショート，ウォルター　45, 58, 132, 194, 300, 306
ジョンソン，チャルマーズ　*262, 345*
シラード，レオ　*13, 32, 33, 37, 48, 60, 80, 297*
シンセキ，エリック　*157*
スウォープ，ジョン　220, 221, 246, 339, *9*
スカルノ　*210, 212, 218*
スコウクロフト，ブレント　124, 184
スターク，ハロルド　194
スティムソン，ヘンリー　31, 62, 192, 194, 262, 275-277, 281, 285, 297, 333, 352, 353, *18, 31, 33, 34, 48, 50, 52, 54, 61, 82, 298, 302, 305, 306, 332*
世界貿易センター　7, 11, 18, 42, 73, 91, 94, 206, 299, *5, 91, 103*
戦時情報局(OWI)　250
先制戦争　xix
『戦争への序曲』　*97*
戦略的愚行　xix, xx, 158, *275*
戦略爆撃調査団　168, 246, 247, 251, 252, 258, 264, 265, 268, 273, 278, 337-339, 345-348, *9*
総力戦　xvi, 63, *130, 261*

た 行

対テロ戦争　ix, 90, 95, 118, 187, 198, 201, 307, *89, 92, 105, 112, 114, 179, 198, 199, 273, 278, 283*
大東亜共栄圏　68, 103, 171, 304, *201*
大統領執務室(の陰謀団)　xxiii, 101, 147, 320
大本営政府連絡会議　141, 142, 147, 153, 168, 176
大量破壊兵器　xiii, xxiv, 11, 36, 83, 128, 135, *89, 102, 110, 111, 121, 128, 242, 276, 285*
武満徹　*65*
タフト，ウィリアム・ハワード　107, 109, 111
ダブル・スタンダード　xxix, 77, 103, 115, 118, 136, 207, 311, 312, *196, 277*
タリバン　77, 78, *95, 115, 152, 282, 326*
チェイニー，ディック　52, 124, 143,

81, 132, 145, 197, 323, 334, *157*
ウンマ　43, *96, 97, 107*
江藤淳　*320*
エノラ・ゲイ　*40, 66, 87*
大岡昇平　*329*
大西瀧治郎　73
岡田資　*329*
岡村寧次　*209*
オッペンハイマー, J.ロバート　270, 271, 273, 274, 279, *6, 9-11, 17, 42-47, 49, 51, 53, 54, 60, 63, 78, 80, 81, 87, 293, 296, 297, 300, 303, 306, 311*
オバマ, バラク　*283, 291*
オプラー, アルフレッド　*235*
オルブライト, マデレイン　126

か 行

ガーナー, ジェイ　*152, 156, 158, 238, 239*
カーニー, ティモシー　*238*
神風　11, 73, 149, 284, 286, 289, *45, 98, 99, 124*
ガルブレイス, ピーター　174, 175
カンター, ミッキー　*247*
キスチャコフスキー, ジョージ　273, 274
きのこ雲　xiii, 207, 208, 210-212, 266, 267, 272, 335, *40, 68, 69, 121*
キプリング, ラドヤード　107, 191
逆コース　*123*
キャプラ, フランク　*97, 223*
ギラン, ロベール　*64*
キルカレン, デイヴィッド　178, *273*
キンメル, ハズバンド　45, 58-60, 80, 132, 193, 194, 300, 306
グアンタナモ　107, 180, 308, *105, 107, 179, 199*
クトゥブ, サイイド　*109, 112-116, 314*
クラーク, ウェズリー　173
クラーク, リチャード　39, 52, 53, 73, 81, *180*
グラウンド・ゼロ　xvi, xvii, 11, 206, 210, 212, 213, 218, 269, *3, 40, 44, 86, 91, 102, 103, 106, 110, 124*
グリーンスパン, アラン　*289, 290, 348*
グルー, ジョセフ　22, 23, 31, 69, 74, 75, 106, 153, 187, 295, 296, *8, 9, 17, 18, 20, 21, 24, 236, 237, 294, 297, 298*
グループ思考　xx, xxi, 139, 152, 153, 323, *275, 283, 285, 288, 289, 348*
グローヴス, レズリー　275, 288, *32, 37, 44, 49, 50, 52-56, 60, 66, 75, 303-306*
黒澤明　*100, 316*
ケーディス, チャールズ　*237*
ゲルブ, レスリー　*166*
ケロッグ・ジュニア, ジョセフ　*159*
源田実　73
小磯国昭　141
黄禍　31, 61, 65
「降伏後における米国の初期の対日方針」　*135, 139, 257*
コーエン, ウィリアム　*247*
ゴールドスミス, ジャック　*179, 327*
ゴールドスミス, ピーター　*249*
国防総省(ペンタゴン)　xx, 7, 11, 42, 51, 94, 101, 102, 121, 138, 145, 152, 155, 159, 167, 173, 174, 176, 181, 182, 199, 200, 326, *134, 152, 155, 161, 165, 168, 178, 193, 226, 238, 275, 280, 284*
国務・陸軍・海軍三省調整委員会(SWNCC)　*134, 135, 155*
国連安全保障理事会　*169, 184*
御前会議　68, 142, 147, 153, 156, 330
五大改革　*139*
国家安全保障会議(NSC)　19, 52, 53,

索　引

＊上巻の頁数は立体，下巻の頁数はイタリックで表した
＊「9.11」「真珠湾」「原爆」など頻出する語は立項していない

数字・欧文

9.11 調査委員会　17, 50-52, 54, 73, 74, 82, 83, 193, 294
『12 月 7 日』　86, 88-93, 306
B29　217, 223, 236, 238-240, 243-245, 250, 251, 255, 262, 270, 288, 338, 344, 355, *6, 36, 40, 45, 50-52, 55, 56, 64, 65, 76, 83, 86, 130, 305*
CENTCOM（アメリカ中央軍）　143, *153, 320*
CIA（中央情報局）　19, 36, 37, 51, 53, 76, 79, 143, 146, 152, 173, 175, 182, 195, 206, 299, 329, *164, 193, 320*
GHQ（連合国軍最高司令官総司令部）　*132, 183, 223, 224, 235-237, 240, 264*

あ 行

アーノルド，ヘンリー　*75, 76*
アーミテージ，リチャード　94, 145, 198, 306, 334
アイザックス，ハロルド　*217-220*
アイゼンハワー，ドワイト　23, 285, 356, *10*
アギナルド，エミリオ　110
悪との戦争（闘い）　98, 113
悪の枢軸　12, 98, 115, 157, 211, 292, *124*
新しいアメリカの世紀のためのプロジェクト（PNAC）　196, 197, 199, 334
アチソン，ディーン　*19, 20, 218, 298*
アナン，コフィン　127
アブグレイブ　*107, 179, 193, 196, 197, 199*
アラウィ，アリ　*120*
アルカイダ　xiii, xix, 12, 16, 19, 37, 39, 42-44, 53, 72-74, 77, 79, 81-83, 95, 96, 98, 116, 119, 132, 133, 135, 155, 187, 194, 195, 197, 206, 210, 212, 307, 313, *91, 94, 96, 97, 102, 104, 115, 121, 128, 276, 282*
アルジャジーラ　43, 78, 118, 119, 298, 299, *112*
アル＝ファハド，ナーシル・ビン・ハミッド　*110, 112*
イーカー，アイラ・C.　242
イートン，ポール・D.　159
硫黄島　11, 14, 15, 149, 252, 281, 283, *86, 98, 124*
『一番美しく』　*100, 316*
イラク戦後計画局　*152*
イラクの自由作戦　xix, 20, 115, 125, 129, 132, 134, 135, 143, 159, 161, 176, *121, 164, 184, 284*
イラクの未来プロジェクト　*155, 156, 169, 323*
ウィルカーソン，ロレンス　147
ウィロビー，チャールズ　*190, 198*
ウェデマイヤー，アルバート　*209*
ウェルズ，H.G.　*310*
ウォーカー，エドワード　*159*
ウォーリン，シェルドン　144
ウォール街　xxxi, *284, 287, 290*
ウォーレス，ヘンリー　*77*
ウォルステッター，ロバータ　25, 46, 47, 49, 50, 59, 80, 296, 299
ウォルフォウィッツ，ポール　53, 80,

ジョン・W. ダワー(John W. Dower)

1938年生まれ．アマースト大学卒業．ハーバード大学博士号取得．日本近代史・日米関係史．マサチューセッツ工科大学名誉教授．著書に『吉田茂とその時代(上下)』(中公文庫)，『容赦なき戦争――太平洋戦争における人種差別』(平凡社ライブラリー)，『昭和――戦争と平和の日本』(みすず書房)，『敗北を抱きしめて――第二次大戦後の日本人(上下)』『忘却のしかた，記憶のしかた――日本・アメリカ・戦争』『アメリカ 暴力の世紀――第二次大戦以降の戦争とテロ』(岩波書店)など．

三浦陽一

1955年生まれ．一橋大学大学院社会学研究科博士課程単位取得退学．中部大学人文学部教授．現代日本政治外交史．著書に『吉田茂とサンフランシスコ講和(上下)』(大月書店)，訳書にジョン・ダワー『敗北を抱きしめて――第二次大戦後の日本人(上下)』(共訳，岩波書店)など．

田代泰子

1944年生まれ．国際基督教大学教養学部卒業．翻訳家．訳書にテッサ・モーリス-スズキ『過去は死なない――メディア・記憶・歴史』(岩波現代文庫)など．

藤本 博

1949年生まれ．明治大学大学院博士課程単位取得満期退学．元南山大学外国語学部教授．現代アメリカ外交史．博士(国際関係学)．著書に『ヴェトナム戦争研究――「アメリカの戦争」の実相と戦争の克服』(法律文化社)など．

三浦俊章

1957年生まれ．国際基督教大学大学院修士課程修了．朝日新聞記者．著書に『ブッシュのアメリカ』(岩波新書)など．

戦争の文化（下）
——パールハーバー・ヒロシマ・9.11・イラク
ジョン・W. ダワー

2021年12月3日　第1刷発行
2022年2月4日　第2刷発行

監訳者　三浦陽一（みうらよういち）
訳　者　田代泰子（たしろやすこ）　藤本　博（ふじもとひろし）　三浦俊章（みうらとしあき）

発行者　坂本政謙

発行所　株式会社 岩波書店
〒101-8002 東京都千代田区一ツ橋 2-5-5
電話案内 03-5210-4000
https://www.iwanami.co.jp/

印刷・三陽社　カバー・半七印刷　製本・牧製本

ISBN 978-4-00-061486-3　Printed in Japan